MAIN LENDING   **3 WEEK LOAN**   DCU LIBRARY

Fines are charged **PER DAY** if this item is overdue.
Check at www.dcu.ie/~library or telephone (01) 700 5183 for fine rates and
renewal regulations for this item type.
Item is subject to recall.
Remember to use the Book Bin when the library is closed.
The item is due for return on or before the latest date shown below.

2 8 OCT 2003		
1 7 MAY 2007		
0 8 MAY 2008		

Literaturwissenschaft im Grundstudium

herausgegeben von

Werner Faulstich

und

Hans-Werner Ludwig

Band 1 · 1980

Werner Faulstich

Einführung in die Filmanalyse

gn̅v Gunter Narr Verlag Tübingen

CIP-Kurztitelaufnahme der Deutschen Bibliothek

Faulstich, Werner:
Einführung in die Filmanalyse / Werner Faulstich. — 3., vollst. neu bearb.
u. erhebl. erw. Aufl. — Tübingen: Narr, 1980.
(Literaturwissenschaft im Grundstudium; Bd. 1)
ISBN 3 - 87808 - 921 - X

3., vollständig neu bearb. u. erhebl. erweiterte Auflage

© 1980 · Gunter Narr Verlag Tübingen

Druck: Müller + Bass, Tübingen
Printed in Germany

ISBN 3 - 87808 - 921 - X

Vorwort der Herausgeber

Die Reihe LITERATURWISSENSCHAFT IM GRUNDSTUDIUM macht es sich zur Aufgabe, in zentrale Arbeitsgebiete des literaturwissenschaftlichen Studiums einzuführen. Das Programm der Reihe ebenso wie die Themenbehandlung jedes Einzelbandes sind fächerübergreifend konzipiert.

Die Herausgeber wollen mit dieser Reihe von der Praxis des literaturwissenschaftlichen Unterrichts an der Universität her in der kaum noch überschaubaren Sekundärliteratur problemorientiert Akzente setzen und zum selbständigen Weiterarbeiten anregen. Literaturwissenschaft beschäftigt sich heute nach allgemeinem Verständnis über die klassischen Gegenstände hinaus auch mit Hörspiel, Film, Fernsehen und weiteren Formen moderner Massenkommunikation. Gerade auf diesem Neuland herrscht ein besonderer Bedarf an übersichtlichen Einführungen.

Die Reihe richtet sich in erster Linie an Studierende der neuphilologischen Fächer im Grundstudium (1.—5. Semester), darüber hinaus auch an Lehrende an der Universität und an Lehrer der Sekundarstufen. Die ausdrückliche Lernzielorientiertheit weist die Bände dieser Reihe vor allem als *self-study*-Bücher, prinzipiell aber auch als Arbeitsbücher für Proseminare aus. Jeder einzelne Band bringt zum jeweiligen Arbeitsgebiet

— zentrale Problemfelder;

— orientiert am aktuellen Forschungsstand, ausgewählte Kernstellen aus

   Primär- und Sekundärliteratur;

— lernzielorientierte Arbeitsanweisungen;

— weiterführende problemorientierte Fragen;

— Tests zur Selbstkontrolle;

— eine weiterführende Bibliographie.

Ferner enthält jeder Band ein Namens- und ein Sachregister sowie gegebenenfalls die Skizze einer Analyse und Interpretation aus dem jeweiligen Arbeitsgebiet, die exemplarisch die Problemstellung und die Anwendung von Kategorien demonstrieren soll.

Vorbemerkungen zur 3. Auflage

Die erste Fassung dieses Buches entstand im Frühjahr 1975. Anlaß war ein eklatantes Defizit: einerseits lag eine auf den ersten Blick nicht mehr überschaubare Fülle von Filmliteratur aller Art und unterschiedlichster Qualität vor, andererseits war trotz dieser Flut von Materialien der Gesichtspunkt der praktischen Analyse eines konkreten Films, wie er sich dem Lehrer an Schule und Hochschule stellt, weitgehend zu kurz gekommen. Hauptziel der ‚Einführung in die Filmanalyse' (und in der Tat der gesamten Reihe LITERATURWISSENSCHAFT IM GRUNDSTUDIUM) war denn auch zum einen die Gliederung der Forschungsliteratur in Problemfelder, um einen ersten groben Überblick zu ermöglichen und zum eigenständigen Weiterarbeiten anzuregen, und zum andern die handlich knappe, praktisch unmittelbar verwertbare Einführung in die Analyse.

Als erster Versuch hat sich das Buch in seiner damaligen Fassung offenbar bewährt. Die Erprobung im Unterricht, noch vor der Publikation 1976 ebenso wie in weiteren Filmseminaren in den folgenden Jahren, aber auch die überraschend schnell notwendige 2. Auflage 1978 und nunmehr die 3. Auflage 1980 könnten das belegen. Daß mit der 3. Auflage freilich eine völlig neue Fassung vorgelegt wird, war notwendige Folge der Weiterentwicklungen im Bereich sowohl der Filmforschung als auch der Lehre an Schule und Hochschule. Verändert wurden die meisten Kapitel, vor allem im Hinblick auf den neuesten Stand der Forschung; aber auch der Gesamtaufbau des Buches wurde modifiziert, vornehmlich zur Verbesserung der praktischen Arbeit im Unterricht.

Kritische Empfehlungen für die Überarbeitung des Buches verdanke ich den vielen Studierenden, die im Verlauf der Jahre damit gearbeitet haben, dann aber auch denjenigen, die in der Literatur darauf Bezug genommen haben — sei es durch die bloße Aufnahme ins Literaturverzeichnis, sei es als ermutigend positive Rezension, sei es im Kontext einer detaillierten kritisch-wissenschaftlichen Auseinandersetzung. Schließlich danke ich Freunden und Kollegen, die sich die Zeit genommen und die Mühe gemacht haben, mir in ausführlichen Gesprächen konstruktiv-kritische Änderungsvorschläge zu machen und ihre Erwartungen an ein Buch dieser Art zu formulieren. Herrn Bernhard von Dadelsen danke ich für seine engagierte Hilfestellung bei der Vorbereitung der neuen Fassung.

Tübingen, Mai 1980   W.F.

Inhalt

0. Einleitung

Vor fünf Jahren schien eine ‚Einführung in die Filmanalyse', im Rahmen traditioneller Literaturwissenschaft, noch einer expliziten Legitimation bedürftig. Die Notwendigkeit eines solchen Buches wurde seinerzeit begründet
- aus der Relevanz des Gegenstandsbereichs als gesellschaftlichem Phänomen,
- aus der geringen und wenig verbreiteten kommunikativen Kompetenz im Bereich des gleichwohl dominanten Bildes, d.h. aus der Notwendigkeit, nach dem Wort-Analphabetismus im vergangenen Jahrhundert in unserem optischen Zeitalter nun auch den Bild-Analphabetismus zu überwinden, und
- aus der pädagogischen Aufgabe der Vermittlung im Bereich der Lehre: eine umfassende Einführung in die Filmanalyse lag trotz partieller Vorarbeiten[1] damals noch nicht vor.

Norbert Schöll hat in seiner engagierten Kritik an diesen drei Gründen herausgearbeitet, daß sie sich *„nicht auf den Film, sondern aufs Publikum"* beziehen.[2] Was bei ihm freilich als „logische Unzulänglichkeit" firmiert, als angeblich sogar die Ergebnisse jeder Analyse eines Films bedingende „a-priori-Konstruktion eines Erklärungssystems" moralischer, ideologiekritischer etc. Art[3], ist auf eine auch heute noch gängige Vermischung von Perspektiven zurückzuführen, die jeden, der sich zum erstenmal mit Filmanalyse beschäftigt, verwirren muß. Selbstverständlich ließe sich die Notwendigkeit der wissenschaftlich-analytischen Beschäftigung mit dem Film nicht oder nicht nur rechtfertigen aus Gründen, die völlig außerhalb des Films selber liegen und prinzipiell auch für anderes gelten könnten. Selbstverständlich wäre letztlich der Beweis anzutreten, daß der Film gewissermaßen seiner Natur nach einer wissenschaftlichen Analyse bedürfe, d.h. analysier-

---

1 Vor allem von Gerd Albrecht: „Die Filmanalyse — Ziele und Methoden". (*Filmanalyse 2,* hrsg. v. F. Everschor. Düsseldorf, 1964, 233ff.); Bernward Wember: „Filmische Fehlleistungen. Ideologische Implikationen des Dokumentarfilms ‚Bergarbeiter im Hochland von Bolivien'". (*Jugend-Film-Fernsehen,* 2–3 (1971), 90ff.); Friedrich Knilli und Erwin Reiss: *Einführung in die Film- und Fernsehanalyse. Ein ABC für Zuschauer* (Steinbach/Giessen, 1971); und Michael Hild und Wolfgang Längsfeld: „Materialien zu einer Propädeutik der Medienerziehung" (*Jugend-Film-Fernsehen* 3 (1972), 3ff. und 4 (1972), 3ff.).

2 Norbert Schöll. „Die Methoden der Filmanalyse — eine Kritik ihrer Verwandlungen des Gegenstandes". *medien + erziehung,* 22. Jg. (1978), 3, 163–180, hier 164.

3 *Ebd.,* 165 f.

bar, interpretierbar — daß er Kunst sei. Das freilich fällt in eine Perspektive, die wir im folgenden *Filmtheorie* nennen wollen. Hierbei handelt es sich um ästhetische, philosophische, linguistische Überlegungen zu dem, was überhaupt Film sei (als Seinsweise, als Sprache, u.U. als Medium). In einem gewissen Maße muß auch dieser Problembereich hier behandelt werden, aber Thema des Buches ist keineswegs eine Einführung in Theorien vom Film. Das wäre auch schon deshalb unmöglich, weil mit ‚Film' im folgenden ausschließlich ‚Spielfilm' gemeint ist, noch genauer: der *Spielfilm* im *Kino*. Zwar stellen sich prinzipiell ähnliche Fragen und Probleme auch für den Fernsehfilm, für den Spielfilm im Fernsehen wie für Filme überhaupt, aber das Fernsehen als eigenständiges Medium und Reportage- oder Dokumentarfilme implizieren eine Reihe von Momenten, die dem Spielfilm im Kino nicht zu eigen sind. Wenn etwa Schöll bei seiner Kritik von Filmanalysen eine Analyse der Verfilmung der Thomas Mann-Novelle ‚Tod in Venedig' (Ingeborg Faulstich), des Spielfilms ‚Casablanca' (Werner Faulstich), der Fernsehnachrichten (Friedrich Knilli/Erwin Reiss) und des Dokumentarfilms (Bernward Wember) vorschnell über ein und denselben Leisten schert, entgeht ihm genau diese (oft entscheidende) Differenz.[4]

Der Spielfilm im Kino wird im folgenden im Sinne Ulrich Saxers *als Literatur*[5] aufgefaßt, die es zu analysieren und zu interpretieren gilt. Diese Einschätzung differiert aufs schärfste von einer zweiten Perspektive auf den Film, die wir im folgenden *Literaturverfilmung* nennen wollen. Hierbei handelt es sich um die Beschäftigung nur mit solchen Filmen, die in irgendeiner Weise literarische Vorlagen haben; Hauptfragestellung ist stets und häufig ausschließlich der Vergleich der Filmfassung mit der Druckfassung als dem Original. Und ‚Literatur' heißt nur das gedruckte Original. Diese Perspektive spielt hier keine herausragende Rolle; sie erklärt sich im wesentlichen daraus, daß sich auch die Literaturwissenschaft (wie etwa die Kommunikationswissenschaften) zunehmend des Films annahm, dabei aber an einem eingeschränkten Literaturbegriff (Literatur = Buch) defensiv festhielt. Die Perspektive der Literaturverfilmung hat also nur eine eingeschränkte Bedeutung in der historischen Entwicklung literaturwissenschaftlicher Dis-

---

4 Nachweise der zitierten Arbeiten in Anm. 1. Der Band *Modelle der Filmanalyse* von W. und I. Faulstich (München, 1977) wurde ergänzend zur ersten Fassung dieser ‚Einführung in die Filmanalyse', als Darstellung der wissenschaftlich-sachorientierten Ergebnisse, vorgelegt.

5 Siehe etwa seinen Vortrag „Literatur in der Medienkonkurrenz" (gehalten am 14. 9.1977 in Tübingen, gekürzt erschienen in *Media Perspektiven* 12 (1977), 673—685). Zum Gesamtproblem siehe Werner Faulstich: „Thesen zum Verhältnis von Literaturwissenschaft und Medienwissenschaft". *Kritische Stichwörter zur Medienwissenschaft,* hrsg. v. W.F. München, 1979, 9—25.

ziplinen und wird ohne Zweifel im Laufe der Zeit zu dem kleinen Aspekt der Filmproduktion zusammenschmelzen, den sie im Grunde darstellt.[6]

Dieses Buch handelt nicht primär von Filmtheorien, gewiß nicht von Literaturverfilmung, aber auch nicht von *Filmkritik* als einer dritten verbreiteten Perspektive. Filmkritiker ,rezensieren' die im Kino (zumeist neu) angelaufenen, teils aber auch die vom Fernsehen ausgestrahlten Filme, d.h. sie sehen sich die Filme an und erzählen dann darüber *subjektiv* und *wertend*. Die Filmkritik hat eine gewisse Funktion bei der Distribution der Filme, schon weil sie neue Filme per Zeitung oder Fernsehen schlicht bekannt macht; ihr wichtigstes Anliegen allerdings ist derzeit noch immer die unterschwellige Verteidigung und Zementierung eines traditionellen ästhetischen Normensystems, dessen teils bedauerliche Kleinbürgerlichkeit und teils elitär-repressive Herrschaft eher mit Gesellschaftskultur als mit Kultur in Gesellschaft zu tun haben. Filmkritiken haben denn auch, wie etwa Peter Nau unlängst offen eingestand, in diesem Sinne hier nur einen eingeschränkten Wert: als Indikatoren der ,offiziellen' Rezeption eines Films durch die Gesellschaft.[7]

Neben der Filmtheorie gibt es eine ganze Reihe weiterer, aber eher spezieller Perspektiven, so etwa *Filmgeschichte, Filmproduktion, -distribution* und *-rezeption* oder *Filmschaffende*, die ebenfalls partiell vorzustellen sein werden. Eigentlicher Gegenstand dieses Buches aber ist die *Einführung* in die *Filmanalyse*. Als ,Einführung' rechtfertigt es sich ganz selbstverständlich nicht aus dem Film, sondern aus dem ,Publikum', wie Schöll sagte: im Hinblick auf eine besondere Zielgruppe der Leser. Deshalb sind moralische und

6 Eine ,Kritik der Ideologie vom Original' wird vom Verf. demnächst vorgelegt werden. — Zur historischen Grundlage dieser Perspektive siehe etwa die jüngst wieder zugänglich gemachten Dokumente in *Kino-Debatte. Texte zum Verhältnis von Literatur und Film, 1909—1929,* hrsg. v. Anton Kaes (Tübingen, 1978). Als klassische Arbeit im deutschen Raum siehe dazu Alfred Estermann: *Die Verfilmung literarischer Werke* (Bonn, 1965). Weiterführend ist die Bibliographie von Ulrich Wicks, die in der Zeitschrift *Literature/Film Quarterly* (vol. VI (1978), No. 2, 135—143) vorgelegt wurde — eine Zeitschrift, die sich, vielleicht typisch für den angelsächsischen Raum, leider gänzlich der Verfilmungs-Perspektive verschrieben hat. Der Sammelband *Film and/as Literature,* ed. John Harrington (Englewood Cliffs, N.J., 1977) enthält eine große Anzahl klassischer englischsprachiger Positionen dieser Richtung in Ausschnitten.

7 Peter Nau: „Über Filmkritik". Ders., *Zur Kritik des Politischen Films. 6 analysierende Beschreibungen.* Köln, 1978, 7—10. — Dies gilt durchaus auch für Romankritiken oder Theaterkritiken; siehe dazu etwa Werner Faulstich: „Zur Textverarbeitung durch die institutionalisierte Literaturkritik: Rezensionen des Romans ,Geschichte der O' in der Bundesrepublik und in England" (Ders., *Domänen der Rezeptionsanalyse.* Kronberg/Ts., 1977, 11—31), oder Werner Faulstich und Hans-Werner Ludwig: „Die Rezeption von Paul Thompsons Drama ,The Lorenzaccio Story': Ein Vergleich von Theaterkritik und Zuschauerrezeption" (*anglistik & englischunterricht* Bd. 7. Trier, 1979, 133—152).

pädagogische Wertsetzungen (wie z.B. der Absicht, den Bild-Analphabetismus zu überwinden) unverzichtbar; als Einführung soll das Buch im Ausbildungs- und Bildungsprozeß eine Rolle spielen, im besonderen (aber nicht nur) für solche, die später Literatur- (Deutsch-, Englisch, Französisch-) Lehrer werden oder sich für Literatur im Medium Film wissenschaftlich interessieren. Was die ‚Filmanalyse' angeht, so gelten hier in der Tat, zumindest vorerst, mit ihren (wenigstens) drei zentralen Anliegen auch drei zentrale Probleme:

— die Komplexität *des Films'* zureichend zu erfassen,
— nicht nur einen einzigen, speziellen, sondern prinzipiell jeden Kino-Spielfilm zu betreffen, und
— vor allem wissenschaftlich, d.h. methodisch rational und intersubjektiv nachvollziehbar zu sein.

Am ehesten machen noch die seit 1978 (Nummer 1) von der Stiftung Deutsche Kinemathek ermittelten und verbreiteten Informationen zu *Film und Fernsehen in Forschung und Lehre*[8] deutlich, wie umfassend die Beschäftigung mit dem Film in der Bundesrepublik inzwischen geworden ist und wie komplex auch der Film selber heute erscheinen muß. Da die Filmanalyse, vor allem in der Lehre, sich zumeist auf nur einen einzigen Film ausrichtet, stellt sich hier das Problem, in welcher Form und in welchem Ausmaß allgemeine, den konkreten, einzelnen Film übergreifende Fragestellungen, Gesichtspunkte, Informationen in die Analyse des konkreten, spezifischen Films Eingang finden sollen bzw. müssen: der Kontext etwa eines Faßbinder-Films (z.B. Entwicklung des Regisseurs, Vergleich zu früheren Faßbinder-Filmen) oder etwa eines amerikanischen Science Fiction-Films der 50er Jahre (z.B. Genre Science-Fiction-Film, Vergleich mit anderen Science Fiction-Filmen der 50er Jahre) wäre dabei noch fast unmittelbar einsichtig, nicht aber unbedingt etwa der Waren-Charakter, der jedem Film zukommt und ihn prägt, ohne doch direkt an ihm ablesbar zu sein. Im folgenden wird deshalb der Weg gewählt, zunächst in Problemfeldern über solche übergreifenden Momente zu informieren in der Erwartung, daß allgemeine Einsichten in die Bedingtheiten von Film generell und jedes spezifischen Films die konkrete Einzelanalyse positiv befruchten werden. Die ‚Anpassung' allgemeiner Fragestellungen an den jeweils konkreten Film-Fall verhindert eine rein ‚immanente', interne Filmanalyse, welche ihren Gegenstand als ungeschichtlichen und deshalb immer nur verzerrt darstellen müßte.

---

8 Unter der Redaktion von Helga Belach, Berlin, wird jährlich einmal ein auf Umfragen unter den bundesdeutschen Film- und Fernsehforschern an Universitäten und Hochschulen beruhender, hochaktueller Bericht zum Stand der Forschung vorgelegt, der Lehrveranstaltungen und Schriften ebenso wie Forschungsprojekte nach Sektionen unterteilt vorstellt.

Diese ‚Einführung' will möglichst alle Aspekte des Films zumindest ansprechen, wobei sich aber der Widerspruch einstellt, daß zwar zur Analyse nicht
des, sondern eines bestimmten Films hingeführt werden soll, zugleich aber
dieser ‚bestimmte' Film hier nicht bestimmt werden kann. Deshalb werden
im folgenden (vor allem in Kap. 6) Aspekte und Perspektiven der Analyse
von Filmen zwar allgemein — problemorientiert — angeführt, aber konkret
erläutert an verschiedenen Filmen. Der Leser wird dazu aufgerufen, das
jeweilige Beispiel zu übersteigen und es im eigenständigen ‚Transfer' auf den
Film zu beziehen, den er analysieren will.

Sowohl die Komplexität ‚des Films' als auch diese Unmöglichkeit, die gesamte Literatur etwa zu einem bzw. gar zu allen erwähnten Filmen darzu-
bieten, verweist auf eine wichtige Beschränkung dieses Buches. Theorietexte werden mit Notwendigkeit nur stark selektiv vorgestellt; auf explizite
Auseinandersetzungen, soweit sie nicht ganz praktisch die Filmanalyse betreffen, wird verzichtet, und die Literaturangaben haben wie die erwähnten
Filme überwiegend Beispielcharakter. Dieses Buch will die rapide anschwel-
lende Literatur zum Film nicht nur nicht überflüssig machen, sondern problemorientiert gliedern und damit geradezu zu ihr hinführen. Deshalb sei
hier noch auf einige den Gesamtbereich der Filmanalyse betreffende Bibliographien und Informationsquellen ausdrücklich hingewiesen: Abgesehen
von den Berichten der Stiftung Deutsche Kinemathek bieten Dieter Prokop, I.C. Jarvie und Achim Eschbach/Wendelin Rader besonders brauchbare Hinweise.

Prokop[9] gliedert viele der wichtigsten Arbeiten nach Sachgebieten und Ländern und nennt eine Vielzahl wichtiger Bibliographien, Handbücher und
Filmzeitschriften. Jarvie[10] bietet auf 134 Seiten eine alphabetische Bibliographie, deren Wert vor allem darin besteht, daß die meisten Arbeiten in-
haltlich kurz charakterisiert werden. Eschbach und Rader[11] schließlich
offerieren eine ganz neue Bibliographie von nicht weniger als 2.480 Titeln,
die durch ein umfangreiches Register erschlossen werden können; neben
Monographien werden hier Beiträge aus 396 Zeitschriften erfaßt, wobei —
eine wegweisende Besonderheit — möglichst alle internationalen Standard-
beiträge zum Film erfaßt wurden.

Noch drei praktische Anmerkungen: Wer sich über käufliches (neues und
antiquarisches) Schrifttum zum Film informieren will, sei verwiesen auf die

---

9 Dieter Prokop. *Soziologie des Films.* Darmstadt und Neuwied, 1974 (Sammlung
Luchterhand, 160).

10 I.C. Jarvie. *Film und Gesellschaft.* (Stuttgart, 1974).

11 *Film Semiotik. Eine Bibliographie,* hrsg. v. Achim Eschbach und Wendelin Rader.
München etc., 1978.

16

umfangreichen Spezialkataloge der Buchhandlung Hans Rohr (Oberdorf-
straße 5, Ch-8024 Zürich, Tel. 01471252), die annähernd 3000 Titel um-
fassen. Besonders sei auch auf zwei Periodika zum Film hingewiesen: auf
„Die Information", die monatlich vom Deutschen Institut für Filmkunde in
Wiesbaden-Biebrich herausgebracht wird (hier wird in knapper Form über
neueste Entwicklungen im Bereich des Films berichtet, neue Filmliteratur vorgestellt und jeweils eine Filmographie erstellt); und auf die „Quarterly Review of Film Studies", die 1976 erstmals erschien (hier finden sich
eigenständige Aufsätze ebenso wie Kongressberichte und vor allem ausführliche Rezensionen der neuesten Fachliteratur).

Für die ‚Filmanalyse' als den im Unterschied zur Filmkritik explizit wissenschaftlichen und auf objektive Erkenntnisse ausgerichteten Ansatz mag bei
dem Grad, in dem sie sich bis heute im Schul- und Universitätsbereich weitgehend als legitime und wichtige Beschäftigung mit Literatur durchgesetzt
hat, gelten, daß defensive Legitimationsanstrengungen eher sekundär geworden sind.[12] Andererseits scheint sie aber auch noch nicht so langfristig etabliert
und selbstverständlich, daß etwa ein geschichtlicher Abriß bisheriger film-
analytischer Bemühungen bereits möglich wäre. Der entsprechende Versuch

12 Die Verbreitung der Film- und generell der Medienanalyse in bundesdeutschen
Schulen und Hochschulen ist in der Alltagspraxis sehr viel größer, als es in program-
matischen Stellungnahmen zum Ausdruck kommt; man vergleiche dazu etwa das
von Thomas Finkenstaedt herausgegebene Heft *Philologien in der Planung (LiLi,*
H.25, 1977), in denen nur sehr selten bis gar nicht von Medien oder gar von Film
die Rede ist. Dagegen hat Gerhard Müller-Schwefe bereits vor Jahren weitsichtig die
Einbeziehung des Spielfilmes in das Literaturstudium gefordert und gerechtfertigt
(„Spielfilm und Fernsehspiel in Hochschule und Schule. Ein Beitrag zur Neuorientierung des Literaturstudiums" (*Literatur in Wissenschaft und Unterricht,* Bd.
VI (1973), H.1, 52—70). Am Beispiel der anglistischen Literaturwissenschaftler in
der Bundesrepublik konnte aufgezeigt werden, daß nur ein Drittel der Berufsgruppe
ausschließlich auf den traditionellen Kanon ‚echter' bzw. Buchliteratur als Gegen-
standsbereich festgelegt ist; die allermeisten akzeptieren auch Schlager, Werbespots
oder Filme als ‚Literatur', freilich fast ausschließlich nur im Hinblick auf die ‚text-
lichen' (= sprachlichen), nicht ganzheitlich unter Einschluß auch der medialen Bestandteile (vgl. Werner Faulstich: „Literaturwissenschaftler als Provokation der Literaturwissenschaft. Ergebnisse einer empirischen Untersuchung zu impliziten Lesern"
Ders., *Domänen der Rezeptionsanalyse,* a.a.O., 32—67, 54f.). — Die Überzeugung,
daß die Filmanalyse *von der Sache her* mit Notwendigkeit zum Arbeitsfeld des
Literaturwissenschaftlers gehört, wurde neuerdings auch andernorts zum Ausdruck
gebracht (vgl. Faulstich: „Thesen zum Verhältnis von Literaturwissenschaft und
Medienwissenschaft".). — Zur Verbreitung der Beschäftigung mit dem Film in den
USA siehe vor allem die Berichte von Dudley Andrew: „Film and Power in Ameri-
can Universities" (*Quarterly Review of Film Studies,* vol. 1 (Nov. 1976), No. 4,
417—423), und von Ronald Gottesman: „Film Culture: The State of the Art"
(*Quarterly Review of Film Studies,* vol. 2 (May 1977), No. 2, 212—226). Bemerkenswert mag erscheinen, daß mehrere Forderungen aus dem 8-Punkte-Katalog
Gottesmans auch in der Bundesrepublik gestellt bzw. teils bereits eingelöst sind.

jedenfalls von Thomas Kuchenbuch[13] muß wohl als gescheitert betrachtet werden. Aber auch die systematische Bilanz von Jan-Uwe Rogge macht eher die Dürre bisheriger Ansätze deutlich.[14] Offenbar bedarf es noch einer Vielzahl von Analysen einzelner Filme, bevor praktische Arbeitsweisen in ihren

13 Kuchenbuchs „Methodenkritisches Nachwort", Kapitel V seines Buches *Filmanalyse. Theorien, Modelle, Kritik* (Köln, 1978, 171—184), muß enttäuschen, weil er mit seinen Äußerungen zu formalistischen Tendenzen der Filmanalyse (Strukturalismus), zu quantitativer und qualitativer Filmanalyse (Berelson, Kracauer), und endlich gar zu Hermeneutik und empirischem Ansatz (Habermas, Popper) viel zu allgemein und damit vage und unverbindlich bleibt. Nicht nur wird nicht deutlich, was die Filmanalyse mit Popper oder Habermas zu tun hat, sondern zahllose weitere Arbeiten im deutschen Raum werden als Versuche zur Filmanalyse allenfalls im Literaturverzeichnis, überwiegend aber überhaupt nicht genannt, so etwa der Versuch von Peter Beckmann: *Formale und funktionale Film- und Fernsehanalyse* (Diss. Stuttgart, 1975), oder von Leonid Koslow über „Einige Aspekte der Methodologie in der gegenwärtigen Filmwissenschaft" (*Filmwissenschaftliche Beiträge,* vol. 17 (1976), H. 2, 7—48), oder von Holger Rust über die „Differentielle Filmanalyse. Ein Verfahren zur Untersuchung audiovisueller Informationen" (*Rundfunk und Fernsehen,* 25. Jg. (1977), H. 4, 355—364), oder Dieter Prokops allgemeinere „Anmerkungen zur Produktanalyse" (*Massenkommunikationsforschung 3: Produktanalysen,* hrsg. v. D.P. Frankfurt, 1977, 9—31) So wundert nicht, daß französische oder amerikanische Ansätze fast völlig unterschlagen werden. Allerdings wäre anzumerken, daß all diese Arbeiten auch selber wiederum weitgehend oder völlig wirkungslos für die praktische Filmanalyse geblieben sind. Kuchenbuch selber suchte vergeblich auf nur 62 Seiten wenigstens die wichtigsten Aspekte der Filmanalyse darzustellen. Sein eingeschränktes und stark ideologisches (= produktionsästhetisches) Ziel der Filmanalyse, wie es das folgende Zitat (*Ebd.,* 58) zusammenfaßt, kann kaum überzeugen: „Von der Wahl des Stoffes, seiner dramaturgischen und sprachlichen Aufbereitung, bis zur Wahl der Schauspieler, des Dekors, der Drehorte und der Wahl der Kamerastrategie und der Montageformen gleicht die Summe der Entscheidungen, die in der Filmproduktion getroffen werden, einem komplizierten kybernetischen Prozeß, in dem die Verknüpfung der verschiedenen Wahlmöglichkeiten nach Maßgabe ihres entsprechenden Codes und im Hinblick auf das Endergebnis geleistet wird. Filmanalyse beschreibt den umgekehrten Weg. Sie rekonstruiert das intendierte und das tatsächliche Endergebnis der Produktion als integrierte Summe der auf einzelnen Ebenen getroffenen Gestaltungsentscheidungen. Dabei ist nicht nur die Auswahl des Codex und der singulären Zeichen, sondern auch die konkrete Anordnung dieser Elemente in einer Abfolge von Segmenten zu berücksichtigen." Vielleicht kann die derzeit vorbereitete Habilitationschrift von Norbert Schöll über Theorie und Praxis der Filmanalyse hier in absehbarer Zeit Abhilfe schaffen.

14 Rogges prägnante Zusammenfassung („Praxisbezogene Überlegungen zur Film- und Fernsehsprache als Analyseansatz". *Beiträge zur Medienforschung,* hrsg. v. Horst Dichanz und Günter Kolb. Köln, 1979, 46—80) unterstreicht nicht nur nochmals die Relevanz und den Stellenwert von Begründungen für Filmanalyse (z.B. der Kompetenzerweiterung im Sinne der Überwindung des Bild-Analphabetismus), sondern sie macht zumindest implizit auch dreierlei deutlich: daß semiotische Ansätze und analytische Kategorien durch eine tiefe Kluft voneinander getrennt sind (vgl. Problemfeld II); daß der Rezipient als für die konkrete Filmanalyse eigentlich uner-

Möglichkeiten und Grenzen so erhellt sind, daß ein umfassendes Handbuch der Filmanalyse, als wissenschaftlich begründetes Instrumentarium, bereitgestellt werden kann.[15] Diese neue Fassung der ‚Einführung in die Filmanalyse' will dabei, als Zwischenbilanz, die fortgeschrieben werden soll, Hilfestellung geben.

Die Gliederung dieses Buches soll ein optimales Arbeiten ermöglichen. Insgesamt teilt es sich in sechs *Problemfelder* (Kapitel) ein, von denen jedes eingeleitet wird von *Groblernzielen,* die vor allem die Lektüre richtlinienhaft leiten sollen. Anschließend werden jeweils *Einzelaspekte* entfaltet. Übergreifende Fragestellungen, Grundprobleme und spezielle Literaturangaben zur eigenständigen Vertiefung bzw. Erweiterung des jeweiligen Aspektes sind in den enger gedruckten *Zwischenteilen* enthalten. Das Buch wird abgeschlossen mit einem *Test,* der die wichtige Selbstkontrolle der Lektürearbeit erleichtern soll.

---

läßliche Kategorie gleichwohl kaum eine Rolle spielt (vgl. Problemfeld V); und daß die praktischen Vorschläge zur Filmanalyse in Kategorienraster und Methodik prinzipiell nicht über den Stand von 1975/76 hinausgelangt sind. Was er in dem gegebenen Rahmen nur bruchstückhaft an einem Beispiel andeuten kann, nämlich ganz praktisch die methodischen Schritte jeglicher Analyse eines konkreten Films, wird im Problemfeld VI ausführlicher dargestellt.

15 Zahlreiche Analysen einzelner Filme seit 1976/77 zeigen zumindest implizit auf Probleme der Filmanalyse schlechthin. Besonders die Arbeit von Christine Noll Brinckmann sei in diesem Zusammenhang hervorgehoben („Analyse eines Hollywood-Spielfilms: ‚Holiday' von 1938". *Amerikastudien,* Sonderheft 1977, hrsg. v. Martin Christadler und Günter H. Lenz. Stuttgart, 1977, 179—222). Brinkmann gelingt in der Tat die versuchte „exemplarische Filmanalyse", vor allem weil sie zugleich das kulturwissenschaftliche, interdisziplinäre Konzept der *American Studies* demonstrieren will.

1. Problemfeld I: Kommunikation und Film

1.0. Groblernziele

Der Beginn mit dem Bereich Kommunikation ist kein Anfang ‚bei Adam und Eva', sondern wird als ein unverzichtbarer Ausgangspunkt betrachtet, der allein die unterschiedlichen Problemfelder der wissenschaftlichen Filmbetrachtung vollständig entfalten und begründen läßt. Bei der einführenden Behandlung dieses Problemfeldes sollen zumindest die folgenden Groblernziele erreicht werden: Der Leser soll
— die wichtigsten Faktoren des Kommunikationsvorgangs benennen und definieren können und mit zentralen Beschreibungskategorien vertraut sein;
— einzelne Erkenntnisse ebenso wie ganze Theorien über Kommunikation und nicht zuletzt seine eigenen Bemühungen als historisch, d.h. vor allem als veränderbar begreifen können;
— das Modell der Kybernetik vom Modell der Informationstheorie unterscheiden können und unter dem Aspekt der unterschiedlichen Brauchbarkeit bewerten;
— im Vergleich zur Individualkommunikation die charakteristischen Merkmale der Massenkommunikation benennen und begründen können;
— zwischen affirmativer und kritischer Kommunikationsforschung unterscheiden;
— abschließend die sich aus Kommunikationsmodellen ableitenden, für die Filmanalyse relevanten Arbeitsgebiete benennen können.

1.1. Der Begriff ‚Kommunikation'

Zunächst soll der Grundbegriff der *Kommunikation* reflektiert werden, von dem es noch 1971 hieß, daß „über dessen Inhalt und Umfang bis heute keine fachlich relevante Übereinkunft erzielt worden ist, die als Grundlage kooperativ weiterführender empirisch-theoretischer Arbeit hinreichen könnte".[1] Wer sich über Kommunikation schnell und schlagwortartig informieren will, greift in der Regel zu Enzyklopädien, Lexika oder einschlägigen Handwörterbüchern. TEXT 1 gibt eine kurze Definition aus dem Jahre 1955[2]:

---

1 Jörg Aufermann. *Kommunikation und Modernisierung.* München-Pullach/Berlin, 1971, 11.

2 *Der Große Brockhaus.* Wiesbaden, [16]1955, 503.

TEXT 1

Kommunikation [lat.], 1) Mitteilung, Verbindung, Verkehr; Tele-
kommunikation, Nachrichtentechnik: Fernverbindung, Fernverkehr.
2) in der Existenzphilosophie von K. JASPERS das verstehende
Miteinander von Mensch zu Mensch.

Hierbei handelt es sich unter 1) teils um eine sprachliche Erklärung des la-
teinischen Wortes, teils um eine Erklärung der mit dem Wort gemeinten
Sache. Bestimmend ist dabei offenbar der *alltägliche Sprachgebrauch,* wobei
vor allem drei Aspekte implizit Erwähnung finden: es geht um eine Beziehung zwischen *zwei* Punkten; die Beziehung kann mittels *Technik* und *Medien* hergestellt werden; und sie kann eine *räumliche Distanz* überbrücken.
Unter 2) wird Kommunikation dagegen als spezifischer Begriff in einem spezifischen philosophischen System definiert.

TEXT 2 ist einem fachwissenschaftlichen Handwörterbuch aus dem Jahre
1971 entnommen[3] und gibt detailliertere Auskunft:

TEXT 2

In einem weiten Sinn wird der Begriff *Kommunikation* häufig für alle
Prozesse der Informationsübertragung verwendet. Eine so umfassende
Betrachtungsweise kann ihre Berechtigung daraus herleiten, daß alle
technischen, biologischen, psychischen und sozialen Informationsvermittlungssysteme einander strukturell ähnlich sind und weitgehend
den gleichen *syntaktischen* Gesetzen unterliegen... Im engeren Sinne
versteht man unter Kommunikation einen Vorgang der *Verständigung,*
der Bedeutungsvermittlung zwischen Lebewesen. Kommunikation
zwischen Menschen ist ... eine Form *sozialen Handelns,* das also mit
einem ,subjektiven Sinn' verbunden und auf das Denken, Fühlen,
Handeln anderer bezogen ist; Kommunikation ist eine Sonderform des
sozialen Handelns oder der *Interaktion* insofern, als der ,gemeinte
Sinn' *direkt* (mit Hilfe meist eigens für diesen Zweck bestimmter
Zeichen) vermittelt wird.

Vergleicht man die beiden Texte miteinander, so fällt auf, daß ,Kommuni-
kation' in TEXT 2 nicht mehr als Wort der Alltagssprache noch als Begriff
eines spezifischen philosophischen Systems aufgefaßt wird, sondern als wissenschaftlicher Begriff. An die Stelle von Schlagworten und implizierten
Aspekten tritt die Differenzierung in einen weiten und einen engeren Sinn;
einerseits ist Kommunikation Informationsübertragung überhaupt, anderer-

---

3 Das Fischer-Lexikon *Publizistik*. Frankfurt am Main, 1971, 89.

seits Bedeutungsvermittlung bzw. soziales Handeln. Zugleich wird diese Unterscheidung ansatzweise von der Sache her begründet: zum einen aus der strukturellen Ähnlichkeit aller Informationsvermittlungssysteme, zum andern aus der Beziehung zwischen Menschen und der Direktheit der Bedeutungsvermittlung.

Bereits wenige Jahre später stellt sich Klaus Merten der Aufgabe, die bis dahin vorliegenden rd. 160 verschiedenen Definitionen von ‚Kommunikation' zu sammeln, zu katalogisieren und auf dieser Grundlage nach einer synoptischen Definition zu suchen.[4] Unter steter wissenschaftstheoretischer Reflexion gelangt er aber zunächst zu dem trivialen Ergebnis, „daß Kommunikation die Verbindung zweier Kommunikanden bedeutet"[5]. In einem zweiten Schritt ermittelt er neun verschiedene *Definitionstypen:*

1) Kommunikation als Transmission: eine Information oder Mitteilung wird von einem Ort zum andern transportiert;

2) Kommunikation als Reiz-Reaktions-Handlung: dieser Typus schließt an die vorgenannte Klasse von Definitionen an, nur daß hier die Transmission dreifach näher qualifiziert wird (als vom Kommunikator initiiert, als nicht zufällig sondern intendiert, als kalkuliert im Hinblick auf bestimmte Wirkungen);

3) Kommunikation als Interpretation: auch dieser Definitionstypus ist den ersten beiden ähnlich, nur daß nicht von der Intentionalität des Kommunikators, sondern von der des Rezipienten ausgegangen wird.

Bei diesen drei Typen erscheint Kommunikation jeweils als einseitiger, gerichteter Prozeß, bei den folgenden dagegen als symmetrisch strukturierter Prozeß:

4) Kommunikation als Verständigung: ist Verständigung oder hat Verständigung zur Folge oder ist ihrerseits Resultat von Verständigung;

5) Kommunikation als Austausch: ähnlich wie der vorhergehende Typ der Alltagssprache entnommen, wobei stets wechselseitige Transmission teils der Rollen im Kommunikationsprozeß, teils der Kommunikate gemeint ist;

6) Kommunikation als Teilhabe: wenn etwas zum Gemeinsamen wird, wobei Teilhabe wieder teils als Voraussetzung, teils als Folge von Kommunikation und teils als Kommunikation selber erscheint;

7) Kommunikation als Beziehung: (erneut) die Vorbedingung oder die Folge von menschlichen, sozialen Beziehungen oder diese selber, wobei der Aspekt der Symmetrie und der Reziprozität ebenso hervorgehoben

---

4 Klaus Merten. *Kommunikation. Eine Begriffs- und Prozeßanalyse.* Opladen, 1977, 29–89.

5 *Ebd.,* 88.

wird wie der des Sozialen, dabei allerdings teils von den konkreten Kommunikationspartnern abstrahiert werden kann;

8) Kommunikaton als soziales Verhalten: kausale Annahmen wie die von Reiz und Reaktion werden stets auf eine Situation, auf den gesamten Erfahrungskontext bezogen, findet stets zwischen Partnern statt, bezeichnen ein Bündel von Prozessen, die simultan auf verschiedenen Kanälen ablaufen und darüber hinaus aufeinander bezogen sind usf.;

9) Kommunikation als Interaktion: läuft vollkommen symmetrisch und als hochkomplexer Prozeß zwischen Kommunikator und Rezipient (als komplementären Rollen) ab.

Jede dieser typischen Definitionen ließe sich freilich auch kritisieren; um nur einige *Beispiele* zu nennen:

— Auch bei der Wahrnehmung von Wärme oder Licht wird etwas transportiert, aber deswegen wird keineswegs von Kommunikation gesprochen (= gegen 1).

— Wäre Kommunikation absolut einseitig, würde sie gar nicht stattfinden; außerdem kann es Kommunikation geben, die völlig zufällig und ungerichtet stattfindet (= gegen 1 bis 3).

— Die Definition von Kommunikation als Verständigung oder als Austausch, d.h. mit Begriffen der Alltagssprache, verschiebt nur das Definitionsproblem, denn was heißt denn ,Verständigung' oder ,Verstehen' oder ,Austausch' usw. (= gegen 4)?

— Manche Definitionen sind relativ inhaltsleer und willkürlich, weil die Frage, was Explikat und was Explikandum sei, nicht schlüssig beantwortet wird; oft liegen hier Zirkelschlüsse vor (= gegen 4 bis 6).

Usw. Letztlich gibt Merten der Definition von Kommunikation als Interaktionsprozeß den Vorzug, erweitert dieses, auf die soziale Dimension beschränkte Verständnis aber noch um die Sachdimension und um die Zeitdimension, so daß sich im einzelnen drei Definitionen ergeben:

1. Kommunikation ist ein Interaktionsprozeß.
2. Kommunikation ist ein Prozeß der Behandlung von Handlungen.
3. Kommunikation ist ein Prozeß der Strukturgenese.

In allen drei Definitionen spielt der Begriff der *Reflexivität* die zentrale Rolle; ohne Reflexivität sei keine Kommunikation denkbar: als Reflexivität des Wahrnehmens, Erwartens und Handelns (ad 1); als reflexiver Bezug der Kanäle als Voraussetzung für Sprache und Bewußtsein (ad 2); und als Rückwirkung der Folgen von Kommunikation auf den Kommunikationsprozeß selber, d.h. Kommunikation als selbstreferentieller Prozeß (ad 3).[6]

---

6 *Ebd.*, 161ff. Merten unternimmt eine differenzierte Prozeßanalyse von Kommunikation entlang einer Evolutionsdimension mit vier zueinander hierarchisch angeord-

Man mag einwenden, daß der Streit ‚um Worte', zumal um so hochabstrakte Worte eher müßig sei. Abgesehen davon, daß man aber schon um der Verständlichkeit willen auf eine möglichst große Eindeutigkeit der verwendeten Worte angewiesen ist, bringen solche Definitionsversuche auch neue Aspekte und Momente der Sache selber ans Licht. Auf beides: Nominaldefinitionen (beziehen sich auf die Bezeichnungen von Dingen, Prozessen usw.) und Realdefinitionen (beziehen sich auf das Wesen der Dinge, Prozesse usw. selber), kann in jeglicher Wissenschaft nicht verzichtet werden. Siehe dazu genauer das Stichwort ‚Definition' etwa im *Philosophischen Wörterbuch*, hrsg. v. G. Klaus und M. Buhr (Bd. 1, Berlin, 1972, 216—220). Übergreifend sei vor allem auf die entscheidenden Unterschiede zwischen Worten des alltäglichen Sprachgebrauchs und wissenschaftlichen Begriffen hingewiesen; darüber, was ein ‚Begriff' ist, informieren einleitend und verständlich u.a. das Fischer Lexikon *Philosophie* (hrsg. von A. Diemer und J. Frenzel. Frankfurt/ Main, 1967, 340f.) und Bela Fogarasis *Dialektische Logik* (Berlin, 1954).

1.2. Kommunikationstheorien in ihrer historischen Entwicklung

Was bisher nur implizit erkenntlich und bei der Darstellung des systematischen Versuchs von Klaus Merten völlig unterschlagen wurde, ist die *historische* Dimension kommunikationstheoretischer Bemühungen. Welche historische Entwicklung die Forschung hier genommen hat, beschreibt auf kürzestem Raum am besten Frieder Naschold in seinem Beitrag ‚*Kommunikationstheorien*[7]: Erst durch das Aufkommen der Massenmedien wurden Kommunikationsprozesse in gesellschaftlichen Systemen überhaupt zum Problem wissenschaftlicher Forschung. Deswegen ist Kommunikationsforschung auch heute noch primär oder letztlich Massenkommunikationsforschung. Dabei stand und steht insgesamt vor allem die Frage im Mittelpunkt, inwieweit das System der Massenkommunikation zur inhaltlichen Programmierung der Gesellschaft beiträgt.

Ein erster Ansatz waren die *Stimulus-Response-Theorien* (S-R-Theorien) der Kommunikation in den 20er und 30er Jahren. Sie werden auch als *transmission belt theories* bezeichnet. Vor allem die Propaganda während der beiden Weltkriege nährte den Glauben an die gewaltige Macht der Massenmedien, die Stimuli geben, auf die die Individuen entsprechend reagieren.

Allerdings brachte die schnell einsetzende empirische Forschung schon bald

---

neten Ebenen (subanimalisch, animalisch, Humanebene, technisch), die im einzelnen hier nicht näher beschrieben werden kann.

7 Frieder Naschols. „Kommunikationstheorien". *Gesellschaftliche Kommunikation und Information* Bd. 1, hrsg. v. J. Aufermann, H. Bohrmann und R. Sülzer. Frankfurt am Main, 1973, 11—48.

Ergebnisse, die *S-R-Theorien mit intervenierenden psychologischen Variablen* notwendig machten, d.h. Theorien, die statt von einer Instinktbindung und Uniformität der Menschen von seiner Fähigkeit zu lernen ausgehen, und damit unterschiedlichen Meinungen und Einstellungen Rechnung tragen. 1948 stellte der Kommunikationsforscher H.D. Lasswell seine berühmte Formel vor: „Who says what in which channel to whom with what effect?" — die im folgenden zum Ausgangspunkt weiterer Theorien wurde. In kontrollierten Experimenten konnten einzelne Faktoren der Kommunikation isoliert und systematisch variiert werden, wobei das alte Ursache-Wirkung-Schema zwar nicht aufgegeben, aber erheblich modifiziert wurde. So entstand in den 50er Jahren z.B. die Theorie der kognitiven und emotiven Dissonanz: „Trifft ein Kommunikationsstimulus auf ein Individuum, so kann er zu einer Dissonanz, zu einem Ungleichgewicht zwischen der kognitiven und der emotionalen psychischen Komponente bzw. zwischen diesen Komponenten und den tatsächlichen Verhaltensweisen führen. Die Individuen sind bestrebt, dieses Ungleichgewicht zu beseitigen. Dies kann durch eine Anpassung der kognitiven an die emotionalen Komponenten und umgekehrt, wie auch durch eine Anpassung der Verhaltensweisen an die veränderte psychische Struktur erfolgen."[8]

Bald jedoch wurde deutlich, daß neben psychologischen auch soziologische Variablen einbezogen werden müssen. Untersuchungen ergaben beispielsweise, daß entgegen ersten Annahmen Kleingruppen (Familie, Arbeitskollegen usw.) einen außerordentlich wichtigen Einfluß auf Kommunikationsprozesse bei Massenkommunikation haben. Die pessimistische Annahme einer Massengesellschaft als Ansammlung anonymer, isolierter Individuen konnte in ihrer Pauschalität nicht aufrechterhalten werden. *S-R-Theorien mit intervenierenden soziologischen Variablen* ersetzten sie durch eine Gruppentheorie der zwischenmenschlichen Beziehungen in Form von Kommunikationsprozessen. Dabei fand man u.a. heraus, daß persönliche Kontakte zwischen Individuen häufig den Einfluß der Massenmedien steuerten. Demgemäß wurde z.B. die Hypothese des *two-step flow of communication* aufgestellt, nach der die Kommunikation mehrstufig vonstatten geht („ich habe gestern im Radio gehört, daß...") und vor allem sog. *opinion leaders* als Zwischenstationen wichtig sind („du mußt unbedingt den neuesten Bestseller lesen ...").

Alle vom S-R-Schema ausgehenden Theorien akzentuieren freilich einseitig die Rolle des Kommunikators und schreiben ihm häufig eine Art Monopol an Initiative und Manipulationsfähigkeit zu. Dadurch wird die Intention der Kommunikation mit deren Wirkung gleichgesetzt. In den 60er Jahren entstanden entsprechend *Transaktionstheorien*. Der Kommunikationsprozess

---

8 Naschold, 25f.

wird hier als ein *transactional process* verstanden, bei dem das Publikum keineswegs nur passiv reagiert, sondern demgegenüber eingehenden Stimuli Widerstand leistet und sogar einen wesentlichen Teil der Initiative im Kommunikationsprozess übernimmt, z.B. durch Selektion.

Welche Bemühungen in den 70er Jahren vorherrschend waren, wurde mit Mertens Versuch bereits angedeutet. Auch heute noch sind Begriff und Theorie der Kommunikation umstritten, haben sich aber in der Regel vom modischen Beiwerk, das Aktualität vorspiegelt, zu einem funktional grundsätzlich die Zusammenhänge präsent haltenden und darin unverzichtbaren Ansatz vieler Einzelwissenschaften und zahlloser spezieller Fragestellungen entwickelt.

Die Beschäftigung mit *Kommunikation* gehörte formal ursprünglich in das Fachgebiet der *Publizistik,* findet aber heute längst fächerübergreifend Aufmerksamkeit. Naschold leitet seinen Beitrag wie folgt ein:

TEXT 3

Zwischen der Erkenntnis von der Bedeutung von Kommunikation für die Sozialwissenschaften und dem relativ späten Beginn spezieller kommunikationstheoretischer Untersuchungen wie auch dem allgemeinen Stand der Kommunikationsforschung heute besteht eine starke Diskrepanz. Die ungenügende Verbreitung dieser allgemeinen kommunikationstheoretischen Überlegungen verhinderte lange Zeit wissenschaftliche Neuerungen auf diesem Gebiet. Überblickt man kursorisch den heutigen Stand der Kommunikationsforschung, so lassen sich zwei allgemeine Feststellungen treffen: Kommunikationsforschung ist in den Sozialwissenschaften nicht Grundlagenwissenschaft, sondern eine unter einer Vielzahl von Einzeldisziplinen, in der eine Variable — nämlich Kommunikation — im Zusammenhang mit anderen Variablen, meist soziologischer, psychologischer oder politischer Art, untersucht wird. Die Kommunikationsforschung ist ihrerseits wieder aufgesplittert in Teilgebiete, die von der Linguistik über die Sozialpsychologie bis zur vergleichenden politischen Systemlehre reichen.

Prägnant deutlich gemacht wird letzteres etwa durch die folgende Graphik:[9]

---

9 *Einführung in die Kommunikationswissenschaft. Der Prozeß der politischen Meinungs- und Willensbildung,* Teil 1. Erarbeitet von einer Projektgruppe am Institut für Kommunikationswissenschaft der Universität München. München, 1976, 40.

TEXT 4

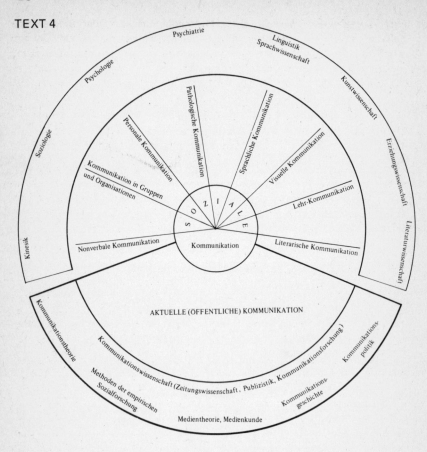

Der Gegenstand der Kommunikationswissenschaft

Nascholds erste allgemeine Feststellung, nämlich Kommunikation werde häufig nicht eigentlich als Grundlage und vielmehr eher nur als eine unter vielen Variablen aufgefaßt, soll hier umgesetzt werden in den Versuch, Film als Kommunikation zu begreifen, und das heißt: Filmanalyse als Kommunikationsanalyse aufzufassen und zu betreiben. Daß sich dabei die in der Graphik (TEXT 4) verdeutlichte Vielfalt der an Kommunikation interessierten Disziplinen auch als Beschränkung auswirkt — etwa in dem Sinne, daß in der Literatur- und Medienwissenschaft nur bedingt psychologische, ganz gewiß nicht Kinesik- oder Psychiatrie-Forschung betrieben werden kann —, muß dabei nicht unbedingt schaden; nur müssen die entsprechenden (umfangreichen, komplexen) Fragestellungen, Methoden, Resultate der anderen Disziplinen berücksichtigt werden. Andererseits stimuliert die Vielzahl der von jeder Disziplin entwickelten Fragestellungen zur Kommunikation dazu, ganz neue Problembereiche in den Blick zu bekommen. Die in der Graphik angedeutete Frage der „öffentlichen Kommunikation" etwa thematisiert so u.a. den *politischen* Bezugsrahmen einer kommunikationsorientierten Einzelwissenschaft. Es wird zu zeigen sein, daß sich auch bei den wissenschaftlichen Bemühungen um den Film und um Filmanalyse speziell oft genug wissenschaftspolitische Momente unmittelbar auswirken. Nicht nur der Film selber also kann als scheinbar ungeschichtlicher oder un-gesellschaftlicher oder quasi ‚an sich' analysiert werden (bzw. was man so ‚Analyse' nennt); auch die Filmanalyse als Bemühen um den Gegenstand Film kann·eher affirmativ sein und eher emanzipativ. Insbesondere als Kritik generell an der Kommunikationsforschung hat sich diese Globalperspektive bereits fruchtbringend niedergeschlagen (vgl. 1.6).

1.3. Grundmodelle der Kommunikation

Man kann heute historisch im wesentlichen vielleicht von zwei Theorien eines Kommunikationsnetzes ausgehen, die aufeinander zustreben und in der Praxis schon nicht mehr ganz zu trennen sind: Auf der einen Seite stehen Modelle der *Kybernetik,* die im Kern auf S-R-Theorien beruhen und diese um die Theorie des *Feed-back* erweitern. Auf der anderen Seite stehen Modelle der *Informationstheorie,* die sich vor allem um die *Syntaktik* der Kommunikation allgemein bemühen, d.h. von folgenden Fragen geleitet werden: Welche Zeichen werden zur Kommunikation benutzt? Wie ist ihre Beziehung untereinander? Wie lassen sie sich technisch möglichst sorgfältig und ökonomisch übertragen? Deutlich läßt sich eine Beziehung dieser Zweiteilung zur Definition des Begriffs Kommunikation in *Text 2* erkennen. Kybernetik wie Informationstheorie haben entscheidenden Einfluß genommen auf die Bildung von Modellen im Rahmen insbesondere der Massenkommunikationstheorie.

Es ist sinnvoll, zunächst ein Schema zu betrachten, das mittlerweile als *Grundmodell der medialen Kommunikation* allgemein Verwendung findet[10]:

---

10 J. Aufermann. *Kommunikation und Modernisierung,* 13.

TEXT 5

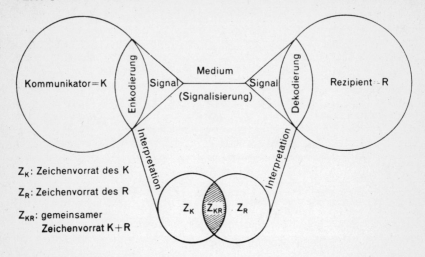

Z_K: Zeichenvorrat des K

Z_R: Zeichenvorrat des R

Z_{KR}: gemeinsamer
Zeichenvorrat K+R

Diese Abbildung enthält zunächst vier Grundbestandteile, die in fast jedem Kommunikationssystem vorhanden sind:

1. den *Kommunikator* (Sender, Sprecher, Adressant)
2. den *Zeichenvorrat*
3. das *Medium* (Signalsystem, Kommunikationsmittel)
4. den *Rezipienten* (Empfänger, Hörer, Adressat).

Hier faßt K den Inhalt einer Nachricht mit einem Zeichenvorrat zusammen (Enkodierung) und übermittelt ihn durch Signale an R, der ihn mit seinem Zeichenvorrat zu verstehen sucht (Dekodierung). Demnach besteht zwischen K und R mindestens eine doppelte Verbindung: eine physikalisch nachweisbare Verbindung und eine zumindest teilweise Gemeinsamkeit über die Benutzung und Bezeichnungsfunktion der Signale, also ein gemeinsamer Zeichenvorrat. Zugleich aber ist über die Grundbestandteile hinaus mit ,Enkodierung', ,Signalisierung' und ,Dekodierung' die Kommunikation zwischen K und R auch als Prozeß gefaßt.

Der Prozeßcharakter der Kommunikation wird deutlicher in dem Schema von Horst Reimann[11], das zudem bereits vor Jahren unterschiedliche Definitionstypen von Kommunikation (im Sinne Mertens, vgl. 1.1.) vorwegnehmend in Bezug zueinander setzt:

---

11 Horst Reimann. *Kommunikations-Systeme. Umrisse einer Soziologie der Vermittlungs- und Mitteilungsprozesse.* Tübingen, 1968, 88f.

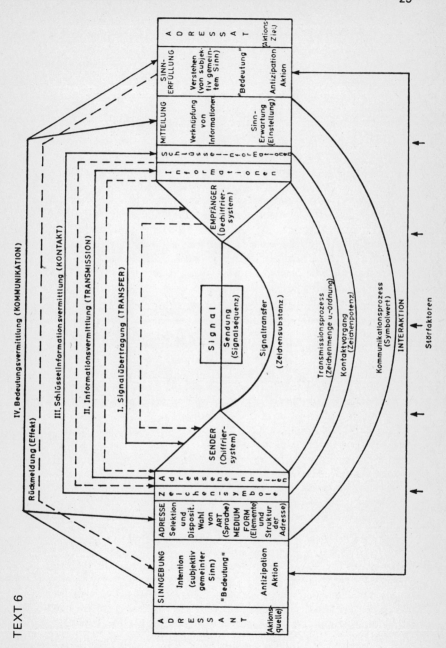

Transfer als die erste Stufe (bzw. Ebene) ist hier die Signalübertragung als rein physikalischer Akt. *Transmission* ist die Signalerkennung, d.h. die Informationsvermittlung. Der Transfer ist ohne Transmission denkbar, und die Transmission kann den Prozeß bereits abschließen (z.B. wenn die aufgenommenen Signale in einer fremden Sprache sind). Der *Kontakt* als dritte Stufe oder Ebene besagt, daß das Signal als Information nicht nur aufgenommen, sondern auch ‚erkannt‘ wurde (z.B. der Glockenton als ‚Nahrungszeichen‘ beim Pawlowschen Hund oder der durch das Gesicht eines Filmstars ausgelöste unmittelbare Response beim potentiellen Kinobesucher). Dieser Erkennens-Vorgang geschieht nicht bewußt; deshalb ist er typisch für den Bereich von Maschinen und Automaten mit ihren programmierten Schaltungen. ‚Reflektiert‘, d.h. bewußt verläuft der Prozeß erst auf der vierten Stufe, und hier erst vollzieht sich, unter der Voraussetzung der Fähigkeit zum Symbolverständnis, Bedeutungsvermittlung und menschliche *Kommunikation* im eigentlichen Sinn. „Die vom Adressaten als Aktionsquelle intendierte (Sinngebung), in einer spezifisch artikulierten (Sprache), nach Elementen (z.B. Wortwahl) und Struktur (z.B. Satzbau etc.) sinnadäquaten Adresse aus Symboleinheiten formulierte und von einem Agenten (Sender) in (optische etc.) Signale umgesetzte und direkt oder indirekt — über ein konservierendes Medium (Buch, Zeitung, Schallplatte, Film) — übertragene Verhaltensbestimmung des Aktionszieles (Adressaten) wird auf dieser Stufe (im Kommunikationsprozeß) durch Verstehen des subjektiv gemeinten Sinnes (Sinnerfüllung) seitens des Adressaten zur Mit-Teilung."[12]

Dieses Modell sieht, als Interaktionsmodell, natürlich auch die Rückmeldung vor ebenso wie etwa die Antizipation. Vor allem wird hier deutlich, daß ein großer Unterschied besteht zwischen der Zeichensubstanz, den Zeichensymbolen und dem, was hier mit Mitteilung und Sinnerfüllung beschrieben wird: die Aussage, die Botschaft, der Inhalt — davon war bisher ja noch gar nicht gesprochen worden. Diese wichtige Differenz als Differenz zwischen Sprache als System und Sprache als Aussage hat sich in der Beschäftigung mit dem Film bereits niedergeschlagen (vgl. 2.2.).

Schemata wie das von Reimann haben Modellcharakter, d.h. sie sollen veranschaulichen und zugleich strukturieren. Natürlich ist eine konkrete Kommunikation, z.B. ein Telefongespräch, viel zu komplex und spezifisch, als daß sie jemals im Modell gänzlich dargestellt werden könnte. Ein Modell stellt ein Hilfsmittel dar, ein bloßes Konstrukt, mit dem z.B. ein Gesetz, eine Hypothese oder eine Theorie erläutert wird. In eben dem Punkt, den es veranschaulichen soll, ist es aber so exakt wie z.B. der Eisenbahnfahrplan, der die *Zeiten* abfahrender und ankommender Züge wiedergibt (nicht aber etwa die *Länge* der Züge). Im Unterschied zu sog. ikonischen Modellen (früher

---

12 *Ebd.*, 91f.

nannte man sie physikalische, z.B. Modellflugzeuge oder Modelleisenbahnen) handelt es sich bei den vorgestellten um graphische Modelle. Im Gegensatz zu ikonischen Modellen sehen graphische (oder auch verbale) Modelle den dargestellten Objekten nicht ähnlich. Über Probleme der Modellbildung informieren u.a. Karl R. Popper: *Logik der Forschung* (Tübingen, ^{2}1966), das *Philosophische Wörterbuch,* hrsg. v. G. Klaus und M. Buhr, Bd. 2 (Berlin, 1972) und Horst Flaschka: *Modell, Modelltheorie und Formen der Modellbildung in der Literaturwissenschaft* (Köln-Wien, 1976).

1.4. Der Begriff ‚Massenkommunikation'

Das Grundmodell der Kommunikation ist im wesentlichen ein kybernetisches; es neigt dazu, in den Kategorien der Aktion und der Beeinflussung des Rezipienten zu denken (vom Sender aus), und legt den Hauptakzent auf die Differenzierung der Partner voneinander, die sich um eine Kommunikation bemühen. Es läßt sich gut anwenden auf die Kommunikation Mensch-Maschine, für die es ursprünglich auch geschaffen wurde. Die Informationstheorie dagegen interessiert sich für Nachrichten eher unter dem Gesichtspunkt ihrer Auswirkungen beim Empfänger. Die Information wird verstanden als Verringerung der Ungewißheit auf seiten des Empfängers, wobei der Kommunikationsprozeß weitaus komplexer gefaßt werden muß.[13] Das läßt sich überzeugend an Modellen der Massenkommunikation demonstrieren, wobei jedoch zunächst der Begriff *Massenkommunikation* näher erläutert werden muß. Winfried Schulz bietet eine gute Begriffsbeschreibung[14]:

TEXT 7

Man kann unterscheiden zwischen *direkter Kommunikation* (von Angesicht zu Angesicht) und *indirekter Kommunikation* (bei räumlicher und/oder zeitlicher Distanz wird die Verständigung zwischen den Kommunikationspartnern durch ein meist technisches Medium vermittelt), ferner zwischen *gegenseitiger* (ständiger Rollentausch zwischen Kommunikator und Rezipient, z.B. im Gespräch) und *einseitiger Kommunikation* (ohne Rollentausch, z.B. beim Vortrag), schließlich zwischen privater und öffentlicher Kommunikation. Die *private Kom-*

---

13 Siehe Roger Mucchielli. *Kommunikation und Kommunikationsnetze.* Salzburg, 1974, Kap. 3.

14 Das Fischer-Lexikon *Publizistik,* 91f. Kategorien wie ‚privat' und ‚öffentlich' werden ausführlich dargestellt von Jürgen Habermas: *Strukturwandel der Öffentlichkeit* (Neuwied und Berlin, ^{5}1971), und von Oskar Negt und Alexander Kluge: *Öffentlichkeit und Erfahrung* (Frankfurt am Main, 1972). Zum soziologischen Begriff ‚Masse' bietet David Riesman eine gute Einführung: *Die einsame Masse* (dt. Hamburg, 1958).

munikation richtet sich an einen eindeutig definierten begrenzten Personenkreis (z.B. Brief; Hausmitteilung in einem Betrieb), die *öffentliche Kommunikation* an ein prinzipiell unbegrenztes und dem Kommunikator überwiegend unbekanntes Publikum. Das Publikum wird dann ein *Präsenzpublikum* genannt, wenn es zu einer bestimmten Zeit an einem bestimmten Ort versammelt ist (z.B. beim Vortrag, im Theater, beim Konzert). Von einem *dispersen Publikum* spricht man dann, wenn die Rezipienten, die derselben Kommunikation zugewendet sind, überwiegend räumlich verstreut und ohne Kontakt zueinander sind...

Im Unterschied zur personalen (,*face-to-face'-*) *Kommunikation* ist *Massenkommunikation* immer 1. *indirekt,* also durch ein technisches Medium vermittelt, 2. *einseitig,* also ohne Rollentausch zwischen Kommunikator und Rezipient, ohne Umkehrung der Mitteilungsrichtung, 3. *öffentlich,* also an ein prinzipiell unbegrenztes und anonymes Publikum gerichtet, das 4. immer ein *disperses* Publikum ist.

... Mit dem Ausdruck *Masse* soll ... darauf hingewiesen werden, daß sich die Kommunikation an eine *Vielzahl* von Menschen richtet, die sich in keiner sozialstrukturellen Beziehung (also ohne Status- und Rollenverteilung, ohne emotionale Verbindung) zueinander befinden. Das Entscheidende ist, daß eine solche Form der Kommunikation nur möglich ist, wenn die Mitteilungen auf technischem Wege ,massenhaft verbreitet' werden. *Verständigung mit Hilfe eines technischen Mediums* ist also, auf eine sehr knappe Formel gebracht, das zentrale Kennzeichen der Massenkommunikation.

Im Kontrast zum oben skizzierten Kommunikationsbegriff muß hier allerdings angemerkt werden, daß zwei Gesichtspunkte[15] sowohl bei Schulz als auch bei anderen Stellungnahmen zur Massenkommunikation unterschlagen werden. Zum ersten wäre der Begriff der ,Masse' zu kritisieren, der in der Massen*psychologie* bei Gustave le Bon und seinen Nachfolgern ganz andere Implikationen hat als in der Massen*kommunikation,* z.B. auf ein spezielles Verhalten des einzelnen in einer Menschenmenge, etwa auf dem Fußballplatz, abhebt, das sich von seinem Verhalten anderswo durchaus unterscheidet, oder auf das Fehlen sozialstruktureller Beziehungen, die sich bei Lesern einer bestimmten Zeitung oder bei Zuschauern eines bestimmten Films durchaus nachweisen ließen. Die sog. Massenkommunikation wendet sich nicht an *eine* Vielzahl von Menschen, sondern an eine große Zahl bzw. an viele Menschen. Der Mensch im Stadion verhält sich ganz anders, wenn um ihn herum noch siebzigtausend andere Menschen das Fußballspiel se-

---

15 Vgl. Merten, *Kommunikation,* 144ff.

hen, während es für den Kinobesucher eher gleichgültig ist, ob er allein im Kino ist oder nicht.

Zum zweiten und vor allem aber ist hier der Begriff der ‚Kommunikation' partiell ein anderer, z.B. ist der Kommunikator relativ anonym und hat nur wenig auf den gleichen persönlichen Erfahrungskontext zurückgreifende Bezüge, außerdem ist ein Feedback auf gleicher Ebene prinzipiell nicht möglich, d.h. ein Dialog kann gar nicht stattfinden. Massenkommunikation ist also nicht Interaktion, sondern para-soziale, symbolische Interaktion. Dabei rückt die Aufmerksamkeit zunehmend ab von den jeweils spezifischen Sendern und Empfängern, die ja weniger wichtig bzw. völlig unwichtig für Massenkommunikation sind, nämlich austauschbar (jedenfalls unter gewissen Bedingungen). In manchen Zeitungen sind die Verfasser der einzelnen Artikel gar nicht genannt: ‚die Zeitung' spricht zu uns. Im Fernsehen lassen sich Moderatoren oder Nachrichtensprecher relativ leicht austauschen: eine Programmform oder gar ein ganzes Medium spricht zu uns. Ähnlich durchaus auch beim Film: viele Menschen gehen ins Kino, nicht um einen Film zu sehen, sondern um (beispielsweise) einen Western zu sehen oder (und dies nicht selten) nur um ins Kino zu gehen, d.h. irgendeinen (unterhaltenden) Film zu sehen. Und bekanntlich existiert die Zeitung, sendet das Fernsehen, läuft der Kinofilm, auch wenn ich die Zeitung ungelesen wegwerfe, vor dem Fernsehgerät einschlafe oder das Kino vorzeitig verlasse. Deshalb sind es einesteils die Aussagen, die Botschaften, die Inhalte selber, die in den Mittelpunkt des Interesses rücken: eben deshalb bedarf es hier vordringlich einer Produktanalyse (generell)[16] bzw. Filmanalyse (speziell)[17], und gerät andernteils Kommunikation als Prozeß, vor allem als medienbedingter Prozeß ins Blickfeld: eben deshalb kann das einzelne Produkt, der einzelne Film nur als eine Manifestation des übergreifenden Mediums, dieses wiederum in Konkurrenz zu anderen Medien und damit letztlich nur in der geschichtlichen, je unterschiedlichen Abhängigkeit der Produktivkräfte und Produktions- (= Kommunikations-)Verhältnisse ganz verstanden werden. Wenn die Massenkommunikation im Gegensatz zur Kommunikation vordringlich auf das einzelne Produkt und zugleich auf das umfassende Medium verweist, so wird in der Sach- und Problemlage ein dialektisches Verhältnis offenbar, dem sich die Filmanalyse nicht wird entziehen können.

---

16 Siehe dazu genauer Dieter Prokop: *Einführung in die Medien-Produktanalyse.* Tübingen, 1980.

17 Von anderen speziellen Produktanalysen vgl. vor allem Hans-Dieter Kübler: *Das Fernsehen: Produktion, Kommunikate, Rezeption. Eine Einführung* (Tübingen, 1981), und Werner und Rose Waldmann: *Einführung in die Analyse von Fernsehspielen* (Tübingen, 1980).

1.5. Modelle der Massenkommunikation

Ein kybernetisch orientiertes Modell der Massenkommunikation kann etwa so aussehen wie dieses.[18]

TEXT 8

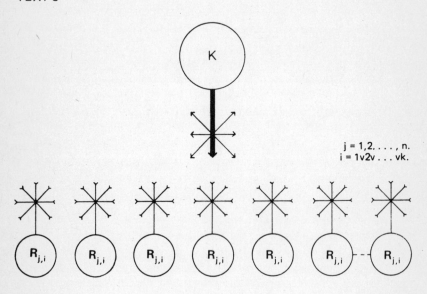

$$j = 1,2 \ldots , n.$$
$$i = 1v2v \ldots vk.$$

Hier steht dem Kommunikator eine große Zahl von Rezipienten gegenüber (starre Rollenteilung), die mit Ausnahme von R_{6i} und R_{7i} weder direkten Sozialkontakt haben noch in einem oder mehreren Sozialmerkmalen übereinstimmen.

Weitaus differenzierter ist demgegenüber etwa das folgende informationstheoretisch orientierte Modell der Massenkommunikation[19]:

---

18 J. Aufermann. *Kommunikation und Modernisierung,* 19.

19 G. Maletzke. *Psychologie der Massenkommunikation.* Hamburg, 1963, 41.

TEXT 9

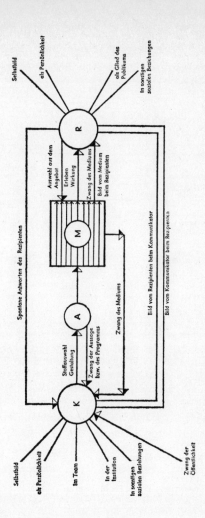

Dieses Feldschema der Massenkommunikation — *Feld* deshalb, weil es die ganzheitliche Struktur des Kommunikationsprozesses ausdrücken soll — betont die vielfältigen Interdependenzen zwischen Kommunikator, Aussage, Medium und Rezipient. Natürlich vernachlässigt es wiederum die Beziehungen zwischen K und R, die auch dann bestehen, wenn es zwischen K und R gar nicht zu einer Kommunikation kommt, bzw. die über die konkreten Kommunikationsbeziehungen zwischen K und R, dieses u.U. noch beeinflussend, weit hinausgehen. Die folgende Graphik von Riley/Riley[20] verdeutlicht die verbindlich sozial vorstrukturierte Kommunikation zwischen C und R durch gruppenspezifische Wertfindungen, Normen, Regeln des Takts, Sprachgebrauchs usw.:

TEXT 10

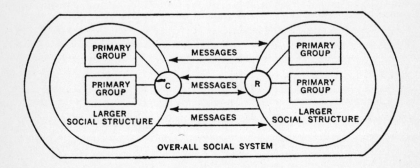

Hieran wird deutlich, daß Massenkommunikation als Prozeß weniger auf einzelne, individuelle Kommunikatoren und Rezipienten abhebt als vielmehr auf Gruppen auf beiden Seiten. Für die Rezipienten hat man das schon seit längerem erkannt. Daß aber auch z.B. Zeitungsredakteure[21] oder Macher der Fernsehnachrichten[22], auf unterschiedlichste Weisen, aber mit demselben Effekt, zu gruppenspezifischem (Sende-)Verhalten finden, gilt heute als erwiesen. Immerhin hatte sich diese Erkenntnis im Bereich des Films — vor allem am Beispiel der sog. ‚Traumfabrik' Hollywood — schon sehr früh durchgesetzt.

20 John W. Riley, Jr., and Matilda White Riley. „Mass Communication and the Social System". *Sociology Today. Problems and Prospects,* vol. II, ed. by Robert K. Merton. Leonard Broon, and Leonard S. Cottrell, Jr. New York, 1959, 1965, 537—578, hier 577.

21 Vgl. dazu die gesamte Literatur zum Gatekeeper-Problem; zu Rekrutierungs- und Konformierungsprozessen bei Zeitungen siehe insbes. Christel Hopf: „Zur Struktur und Zielen privatwirtschaftlich organisierter Zeitungsverlage" (*Kapitalismus und Pressefreiheit,* hrsg. v. P. Brokmeier. Frankfurt/M., 1969; abgedruckt in *Massenkommunikationsforschung 1: Produktion,* hrsg. v. D. Prokop. Frankfurt/M., 1972, 193—211).

22 Siehe z.B. Glasgow University Media group: *Bad News,* vol. 1 (London etc., 1976); Werner Faulstich: „Zum Schein des Objektiven als Problem der Fernseh-Nachrichten. Überlegungen anhand einer Fallstudie" (*LiLi,* Nr. 29 (1978), 127—140).

1.6. Zur Kritik an der Kommunikationsforschung

Die Kommunikationsforschung ist seit ihrem Wiederaufblühen mehrfach, von rechts wie von links, scharf kritisiert worden. Die einen brandmarkten sie als einen bloß modischen Trend, der die ‚bleibenden Werte' eines jeden Kunstwerks oder ästhetischen Gebildes, welches ja gerade ‚an sich' und ohne die in der Kommunikation angelegten Funktionen besteht, leugne; die andern bezeichneten sie u.a. als einen neuen Abwehrmechanismus der defizitären bürgerlichen Geistes- und Gesellschaftswissenschaften, mit dem der Schritt zum ‚wissenschaftlichen Sozialismus' um ein weiteres verhindert werden solle. Kaum deutlicher ließe sich ansprechen, daß und in welchem Maße (jegliche) Wissenschaft im Kontext auch *politisch*-gesellschaftlicher Bezüge steht — von den finanziellen Bedingungen, d.h. von den Geldgebern der Forschung, ganz zu schweigen. Daß die Kommunikationsforschung ganz besonders heftig angegriffen wurde, liegt nicht zuletzt auch daran, daß sie sich als eine neue Art ‚Super-Wissenschaft' zu etablieren schien, im Verhältnis zu der andere Wissenschaften (wie z.B. Soziologie, Psychologie, Publizistik) an Eigenwert zu verlieren, zu bloßen Einzelwissenschaften, zu ‚Zuträgern' abzusinken drohten. Es sollte stets bewußt bleiben, daß, wer von Wissenschaft, Forschung und Lehre spricht, zumindest *auch* von Wissenschaftlern, Forschern und Lehrern, gewissermaßen von deren Trägern, redet. Mit anderen Worten: Wie mit jeder Art Tätigkeit sind auch mit der Kommunikationsforschung bzw. mit der Filmanalyse stets bestimmte Interessen, oft subjektive Schwächen verbunden.

Die Erkenntnis von der unmittelbaren Interessenabhängigkeit der Kommunikationsforschung hat u.a. wie bei Wolfgang Gehrmann[23] zu einer Kritik an den praktisch immer noch wirksamen Grundannahmen bei der Beschreibung gerade von Massenkommunikationssystemen geführt. Dabei wird beispielsweise für die oben genannte Laswell-Formel *who says what in which channel to whom with what effect* festgestellt, daß hier — ein analytisch durchaus legitimes Verfahren — der Kommunikationsprozeß funktional, d.h. zur besseren Erkenntnis einzelner daran beteiligter Faktoren, auseinandergerissen, zersplittert wird. Bemängelt wird freilich, daß die Formel kein theoretisches Prinzip angibt, das den analytisch getrennten Zusammenhang wieder zu integrieren vermag. Schon Dieter Prokop hatte das als „die empirische Ausklammerung des einzig relevanten Wörtchens..., des *why*", herausgestellt.[24]

23 Wolfgang Gehrmann. *Disparate Kommunikation. Grundlagen der sozialwissenschaftlichen Medientheorie.* Bochum, 1977, 98—124.

24 Dieter Prokop. „Zum Problem von Konsumtion und Fetischcharakter im Bereich der Massenmedien". *Massenkommunikationsforschung 2: Konsumtion,* hrsg. v. D.P. Frankfurt/Main, 1973, 9—41, hier 24.

„Die Entfaltung dieses ‚why‘, das ja wohl die Kardinalfrage jeder Forschung und Kritik ist, würde erst eine integrierte Massenkommunikationstheorie, auch eine integrierte und nicht beliebige Bestandsaufnahme der Massenkommunikation ermöglichen.“[25]

Hier zeigt sich deutlich, daß ein Zusammenhang besteht zwischen
— dem ‚Vergessen‘ der Funktionalität des Kommunikationsprozesses *als Ganzem* und
— dem ‚Vergessen‘ der Funktionalität der Kommunikationsforschung selber.

Das umgangssprachliche Bild vom ‚Wald, den man vor lauter Bäumen nicht mehr sieht‘, bezeichnet dieses einmal die Sache (Kommunikation), einmal die Betrachtung der Sache (Forschung) betreffende Defizit. Der Zusammenhang zwischen beidem liegt nach Prokop und Gehrmann gerade darin, daß ‚Kommunikation‘ bzw. ‚Kommunikationsforschung‘ jeweils nicht mehr global auf ‚Gesellschaft‘ bezogen wird. Nur die Frage jeweils nach dem *Warum:*
— Warum beispielsweise werden Filme produziert? warum gehen Menschen ins Kino? warum spielt der Film die Rolle in unserer heutigen Gesellschaft, die er nun einmal spielt? usw., sowie
— Warum sollen Filme analysiert werden? warum gehört die Filmanalyse in den Literaturunterricht an Schule und Hochschule? warum werden der Integration der Filmanalyse in die Literaturwissenschaft immer noch Hindernisse entgegengestellt? usw. —
kann global gesellschaftlich geprägte Merkmale ins Blickfeld bringen, die bei der fleißigen Analyse einzelner Instanzen der Filmkommunikation bzw. beim fleißigen Analysieren oder Nichtanalysieren von Filmen vergessen bleiben müßten. Und es ist eben diese Frage nach dem Verwertungszusammenhang, nach den Funktionen von Film und Filmanalyse, die es uns erlaubt, einen Unterschied zu machen zwischen dem, was so ist, wie es ist, dem Faktischen auf der einen Seite, und dem, was anders sein kann, als es ist, dem Denkbaren, dem Fiktiven auf der anderen Seite. Das heißt: Die Kommunikationsforschung darf sich *nicht nur* darauf beschränken zu untersuchen, wie Kommunikation faktisch in Gesellschaft abläuft, analog die Filmanalyse *nicht nur* darauf, wie Filme produziert und rezipiert werden, wie sie faktisch beschaffen sind. Vielmehr muß die Frage nach dem Warum des Faktischen den Blick erweitern darauf, daß *auch* untersucht wird, wie Kommunikation in Gesellschaft *besser* ablaufen *könnte;* analog bei der Filmanalyse: wie Filme *besser* produziert und rezipiert, wie überhaupt *bessere Filme* beschaffen sein *könnten.* Es ist dieses Denken in Alternativen, welches allein Wissenschaft, welches allein Filmanalyse letztlich zu rechtfertigen vermag.

---

25 Gehrmann. *Disparate Kommunikation,* 104. Als Versuche siehe dazu beispielsweise Horst Holzer: *Kommunikationssoziologie* (Reinbek, 1973), oder Hamo Beth/ Harry Pross: *Einführung in die Kommunikationswissenschaft* (Stuttgart etc., 1976, vor allem Teil II).

Die wissenschaftliche Beschäftigung mit einem Gegenstand, einer Tätigkeit wie z.B. Kommunikation oder Film, hat nur dann einen Sinn, wenn sie eine Verbesserung erbringt oder doch prinzipiell ermöglicht. Ohne diese Perspektive bliebe die Kommunikationsforschung, bliebe die Filmanalyse eine rein akademische Beschäftigung, die sich über ihre Verwertungszusammenhänge in die eigene Tasche lügt; denn wer nicht explizit verbessern will, unterstellt die gegebene Wirklichkeit als das Ideal und hilft so dabei mit, das Faktische affirmativ zu zementieren.

1.7. Der Film als Kommunikation und Massenkommunikation: Problembereiche der Filmanalyse

Albrecht stellte 1964 fest: „Es unterliegt keinem Zweifel, daß über die Standort- und Aufgabenbestimmung der Filmanalyse gegenwärtig noch keine Einigkeit besteht, wie ja auch die Methoden noch keineswegs geklärt" sind.[26] Und noch fünf Jahre später konstatierten Silbermann und Luthe: „Bei der Durchsicht der Publikationen über den Film ergibt sich ein relativ einfaches Kriterium in bezug auf ihre sozialwissenschaftliche Relevanz. Entweder überwiegt die Faszination gegenüber dem Medium als solchem, oder aber es ergibt sich eine kritisch-analytische Distanz gegenüber der Behandlung des Films als einer in den sozialen Prozeß integrierten soziokulturellen Institution. Obwohl der Film zu den älteren Massenkommunikationsmitteln gehört, wird die wissenschaftliche Auseinandersetzung mit diesem Medium bisweilen stets noch an Hand eines rein medienorientierten Apriorismus betrieben, der sich als Filmologie oder als Filmästhetik zu tarnen sucht."[27] Albrechts Ansatzpunkt hat über zehn Jahre lang fast unverändert den Stand der Forderung festgeschrieben, ja muß überwiegend auch heute noch als gültig betrachtet werden[28]:

TEXT 11

Die Einheit der filmanalytischen Betrachtungsweise ist gegeben durch das Verständnis des Films als kommunikativer Prozeß. Demnach ist die Fragestellung sozialpsychologisch orientiert: die Filmanalyse untersucht den Film unter dem Aspekt der Frage, welche Bedeutung er durch Gestalt und Gehalt als Massenkommunikationsmittel für die

---

26 G. Albrecht. „Die Filmanalyse — Ziele und Methoden." *Filmanalysen 2,* hrsg. v. F. Everschor. Düsseldorf, 1964, 234.

27 Alphons Silbermann und Heinz Otto Luthe. „Massenkommunikation". *Handbuch der empirischen Sozialforschung,* hrsg. v. R. König. II. Band. Stuttgart, 1969, 675—734; hier 700.

28 Albrecht. „Die Filmanalyse", 233. Siehe ergänzend dazu die *Einleitung* oben.

Meinungsbildung innerhalb der Gesellschaft hat. Filmanalyse ist dementsprechend keine Beschäftigung filmbegeisterter Fans, auch keine allein der Filmkunst oder allein der Filmindustrie dienliche Feststellung über den rechten Gebrauch der filmkünstlerischen Mittel: sie ist keine Betrachtungsweise, bei der die ästhetischen Werte allein ausschlaggebend sind, und sie will nicht in erster Linie eine Verbesserung der Filme oder ihres geschäftlichen Erfolgs erreichen. Filmanalyse ist vielmehr eine Untersuchung der Frage, inwiefern die Filme in ihrem Inhalt, ihrer sozio-kulturellen Funktion und ihrer tatsächlichen Wirkung durch die jeweilige Gesellschaft bedingt sind und auf welche Weise sie rückwirkend durch Gehalt und Gestalt ihrer Darstellungen die Gesellschaft ihrerseits zu beeinflussen vermögen. Daß bei diesem Bemühen zahlreiche andere Fragen der filmischen Ästhetik, Psychologie und Soziologie ebenso beantwortet wie Probleme der Filmindustrie geklärt werden mögen, ist nicht Aufgabe oder Ziel der Filmanalyse, kann aber zu den Ergebnissen ihrer Arbeit gehören.

Der weitgespannte Aufgabenbereich, wie er hier angedeutet wird, konnte bis zum Ende der 70er Jahre vor allem durch konkrete Analysen einzelner Filme aufgegliedert und spezifiziert werden. Filmanalyse ist ja kein Konzept oder Instrumentarium, das theoretisch und abstrakt, gleichsam deduktiv entwickelt werden könnte. Vielmehr steht Filmanalyse in der Spannung zwischen apriorischen Arbeitszielen, -hypothesen und (häufig noch aus anderen Wissenschaftsbereichen versuchsweise entlehnten) -kategorien auf der einen Seite und ihrer praktischen Verwirklichung, Überprüfung, Erprobung am konkreten Fall auf der anderen Seite. Filmanalyse selber ist geschichtlich. Zwar hat sich an dem von Albrecht genannten zentralen Aufgabengebiet der Filmanalyse: dem Verhältnis von Filmen/eines Films zur Gesellschaft, inzwischen nichts geändert, aber in der Übertragung von Modellen der Kommunikation und Massenkommunikation allgemein auf den Film und unter Berücksichtigung neuer kritischer Einwände lassen sich verschiedene Arbeitsbereiche der Filmanalyse differenzierter als früher ableiten.

Übergreifende Fragestellung ist hier die Entwicklung der Filmforschung: Welches war ursprünglich ihr fachlicher Standort und welche Voraussetzungen und Erkenntnisinteressen waren vorhanden? Am knappsten geben dazu Silbermann und Luthe Auskunft („Massenkommunikation", siehe Anm. 27). Gewichtiger ist das Problem, was unter ‚Gesellschaft' verstanden werden kann. Ausführliche Begriffserläuterungen finden sich im *Philosophischen Wörterbuch,* hrsg. von G. Klaus und M. Buhr (Berlin, [8]1972), und ergänzend im Fischer Lexikon *Soziologie,* hrsg. von R. König (Frankfurt am Main, 1967).

Das Grundmodell der Filmkommunikation könnte zunächst wie folgt aussehen:

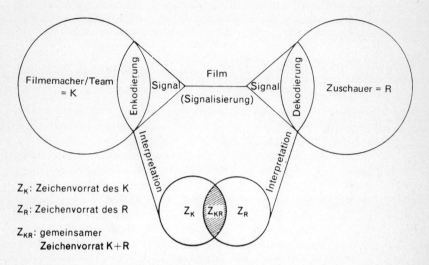

Z_K: Zeichenvorrat des K

Z_R: Zeichenvorrat des R

Z_{KR}: gemeinsamer Zeichenvorrat K + R

Hier würden vor allem die Problembereiche Kommunikator, Zeichenvorrat und Rezipient herausgestellt werden:

Kommunikator	Zeichenvorrat	Rezipient
Drehbuchautor	Einstellung	soziale Schicht
Regisseur	Sequenzen	Familienstand
Kameramann	Musik	Alter
Bauten	Dialoge	Geschlecht
Kostüme	Geräusche	Präferenzen
Requisiten	Kamerabewegung	Bedürfnisse
Schauspieler	Objektbewegung	Ängste
Produktionsgesellschaft	Achsenverhältnisse	Gewohnheiten
usw.	usw.	usw.

Über das *Medium* als den oben erwähnten vierten Grundbestandteil des Modells macht insbesondere das Interaktionsschema von Horst Reimann nähere Angaben. Hier erscheint der Film als ein visuell-auditives Medium (Signalübertragung), dessen Signale als sinnvoller Zusammenhang, als Spiel wahrgenommen werden (Informationsvermittlung), das als solches auch spezifiziert erkannt (Schlüsselinformationsvermittlung) und schließlich ‚reflektiert' wird (Bedeutungsvermittlung).

Von einer Medientheorie im umfassenden Sinn sind wir noch weit entfernt. Arbeiten wie vor allem von Marshall McLuhan und seinen Nachfolgern halten gleichwohl präsent, daß beim Film *als Medium* Grundprobleme generell des Mediuums angesprochen sind. Viele Theorien des Films wie z.B. die von Kracauer (siehe dazu 2.2.) unterschlagen diesen Aspekt grundsätzlich. Zum Begriff des Mediums allgemein siehe genauer Marshall McLuhan: *Understanding Media. The Extensions of Man* (London, 1964), und Friedrich Knilli: „Medium". *Kritische Stichwörter zur Medienwissenschaft,* hrsg. v. Werner Faulstich (München, 1979, 230—251).

Die Vorstellung des Films als Massenkommunikation macht deutlich, daß die bisher genannten Bereiche z.T. eigentlich gar nicht präsent bzw. relevant sind. Nicht der Kommunikator begegnet uns, sondern wir erleben den Film im *Kino* und nur in dieser Vermittlung (die Analyse des Films anhand einer Viedeoaufzeichnung ist ja ein Sonderfall der Rezeption). Nicht explizit mit Zeichenvorrat oder Medium setzen wir uns auseinander, sondern mit einem ganz konkreten Film, mit einem spezifischen *Inhalt,* einer ganz bestimmten Mitteilung, einer individuellen Botschaft. Und schließlich wird auch die Rezeption noch konkretisiert als: einseitig, d.h. ohne Möglichkeiten zur Antwort gegenüber dem Kommunikator; öffentlich zwar, aber nur um den Preis einer Eintrittskarte und in der eigentlich paradoxen Form, daß es im Kino während des Films keine Öffentlichkeit, keine Kommunikation mit anderen Rezipienten geben darf; usw. Daraus ergeben sich zwei weitere Problembereiche:

Kino	**‚Inhalt'** (Botschaft eines Films)
Werbung	Genre
Große Leinwand	Thematik
Vorhang	Handlungsstruktur
Vorfilm	Handlungszeit
weiche Sessel	Charaktere (Stars)
Filmtheaterketten	Musik
usw.	Ideologie
	usw.

Film im Feldschema der Massenkommunikation läßt darüber hinaus an die vielfältigen Interdependenzen zwischen Kommunikation, Aussage, Medium und Rezipient denken — beispielsweise an die Abhängigkeit der Produktion neuer Filme von dem Erfolg oder Mißerfolg vorangegangener Filme, an die Veränderung des Mediums Kino/Kinofilm in der Konkurrenz zu anderen Medien wie etwa dem Fernsehen, oder auch an die Abhängigkeit der Rezeption von der jeweiligen Aussage des konkreten Films, usw. Diese Aspekte werden den genannten Problemfeldern jeweils zugeordnet, ebenso wie diejenigen Gesichtspunkte, die sich aus der die soziale Vorstrukturierung der Filmkommunikation veranschaulichenden Graphik von Riley/Riley und aus der Kritik an der Kommunikationsforschung ergeben. Damit sind nicht nur *soziale* Momente gemeint, wie z.B. der Kinobesuch als Freizeitaktivität, sondern auch *psychologische* wie z.B. Identifikationsmechanismen bei der Filmrezeption sowie *ökonomische* wie z.B. der Warencharakter des Films oder seine maßgebliche Distribution durch große, marktbeherrschende Verleihfirmen. An der Zahl der fünf grundsätzlich zu unterscheidenden größeren Arbeitsgebiete der Filmanalyse, wie sie im folgenden genauer vorgestellt werden, ändert sich dabei aber nichts. Ziel der Filmanalyse ist *per definitionem* die Analyse eines Films / mehrerer Filme; insofern wäre als Problemfeld VI nur der Bereich von Belang, der bisher (mangels eines besseren Begriffs) mit ‚Inhalt' umschrieben wurde. Gleichwohl bedarf es zu einer solchen Analyse eines begrifflichen Rasters sowie einer Bewußtheit über Probleme des Films, die zunächst erworben werden müssen. Die Reihenfolge der Arbeitsgebiete

1. *Filmsprache* (Problemfeld II)
2. *Produktion/Distribution* (Problemfeld III)
3. *Kino* (Problemfeld IV)
4. *Rezeption* (Problemfeld V)
5. *Filmanalyse* (‚Inhalt')

ist also in dem Sinn auf die praktische Arbeit zugeschnitten, daß zunächst die ersten vier Problemfelder durchgearbeitet werden müssen, bevor man sich auf diesem Hintergrund dem (in der Regel) *einen* konkreten Film zuwendet, den man analysieren will.

2. Problemfeld II: Filmsprache

2.0. Groblernziele

Das derzeit wohl immer noch umstrittenste Problemfeld der wissenschaftlichen Beschäftigung mit dem Film ist die Filmsprache, die aus ganz verschiedenen Perspektiven zum Gegenstand wird. Die komplexen Diskussionen, schon die Masse des hierzu Publizierten lassen in diesem Rahmen aber wenig mehr zu als nur einige grobe Schneisen und vielleicht provozierende Wertungen. Bei der Behandlung dieses Problemfeldes sollen die folgenden Groblernziele erreicht werden: Der Leser soll
- das Problem der Filmsprache als Problem begründen können;
- filmtheoretische Ansätze beschreiben und voneinander sowie von semiotischen Ansätzen unterscheiden können;
- den Gegenstand der Semiotik benennen und wichtige Positionen innerhalb dieses Wissenschaftsbereiches differenzieren können;
- einen Ansatz zum Filmcode (Metz) beschreiben und im Hinblick auf seine Brauchbarkeit für die konkrete Filmanalyse bewerten können;
- technische Begriffe der Filmproduktion benennen und erklären können;
- die sich aus dem visuellen und (in der Regel) zugleich auditiven Charakter des Mediums Film ergebenden Probleme hinsichtlich des Verhältnisses von Bild und Sprache (Ton, Musik) als für die Filmsprache relevantes Arbeitsfeld erkennen.

2.1. Zum Grundproblem einer Filmsprache

Bei seinen Bemühungen um *Filmsprache und Filmsyntax*[1] geht Gunter Schanz von folgender „Trivialität" aus: „Wenn uns Bilderfolgen nichts sagen würden, gäbe es weder Film noch Fernsehen. Jedermann weiß, daß mit Filmen ‚Aussagen‘ gemacht werden, daß sie einen ‚Inhalt‘ haben, daß mit ihnen etwas ‚gemeint‘ ist, daß sie etwas ‚bedeuten‘ — kurz: daß man Filme wie sprachliche Äußerungen ‚verstehen‘ kann (oder auch nicht)." Daraus folgt, daß es vielleicht so etwas wie eine Filmsprache gibt, die es zu erlernen gilt, wenn man Filme zureichend verstehen will.
Anhand anschaulicher Beispiele macht Schanz u.a. wichtige Aspekte einer solchen Filmsprache deutlich:

---

1 Gunter Schanz. „Filmsprache und Filmsyntax.", *Das glückliche Bewußtsein. Anleitungen zur materialistischen Medienkritik.* Hrsg. v. M. Buselmeier. Darmstadt und Neuwied, 1974, 81, Text 1: 104f., Text 2: 82f.

TEXT 1

Zweifellos zeigen Wörter und Sätze nicht die Dinge oder Vorgänge selber, so wie es die Bilder — scheinbar — tun, sondern geben einen allgemeinen Begriff von ihnen. Gerade mittels dieser allgemeinen Bedeutung können die Wörter/Sätze sich auf konkrete Dinge/Vorgänge beziehen... Vermutlich gehört sogar zu dieser allgemeinen Bedeutung ein bildähnliches Element, nämlich die *Vorstellung,* die man bei einem Wort oder einem Satz hat. Wenn man z.B. sagt: ‚Ein Mann läuft die Straße runter', so hat man dabei wohl die Vorstellung von einem Mann, der eine Straße runter läuft.

Aber auch ein Film zeigt einen Vorgang nicht ‚so, wie er ist', sondern auf eine ganz bestimmte Weise, mit ganz bestimmten Mitteln. Nehmen wir als Beispiel den Vorgang, der durch den Satz ‚ein Mann läuft die Straße runter' ausgedrückt wird. Wenn dieser Vorgang ‚so, wie er ist' gezeigt würde, dann müßte er von Anfang bis Ende ohne Unterbrechung gezeigt werden. Aber von welchem Platz aus müßte er aufgenommen werden? Doch wohl von dem, den ein ‚natürlicher' oder ‚normaler' Beobachter des Vorgangs einnehmen würde. Aber wo ist dieser Standort des ‚normalen Beobachters'? Auf der Straße, im dritten Stock, vor oder hinter dem laufenden Mann, in der Nähe oder weit weg? Und sieht der ‚normale Beobachter' den Vorgang auch tatsächlich in seiner ganzen Länge?

Diese Fragen zeigen, daß es unmöglich ist, den Vorgang zu zeigen ‚so, wie er ist'...

Filme sind keineswegs bloß ‚technische Reproduktionen von natürlichen Wahrnehmungen', wie oft gesagt wird. Sondern sie zeigen das, was sie zeigen, auf eine bestimmte *Weise,* mit bestimmten *Mitteln* und ... in einer bestimmten *Absicht.*

Man kann demnach sagen, daß der Film ‚erzählt', d.h. gemäß den Intentionen des Filmemachers aus einer großen Zahl denkbarer Möglichkeiten *eine* Wirklichkeitssicht selektiert. Bei dieser Selektion wird freilich noch ein weiteres Moment wirksam:

TEXT 2

Eine inhaltliche Aussage über einen Film... kann nur der machen, der den Film gesehen und — so oder so — verstanden hat. Dabei versteht man den Film unmittelbar beim Sehen schon in irgendeiner Weise, auch wenn man oft beim Nachdenken hinterher zu anderen Auffassungen kommt. Dies ist dasselbe wie bei umgangssprachlicher Kommunikation; auch da hört man irgendeine Äußerung und versteht sie, indem man sie hört, schon irgendwie.

Daraus, daß man einen Film verstehen kann, folgt aber nicht nur, daß Filme eine Art von Sprache sind; man muß auch bestimmte Annahmen über diese Filmsprache haben, um einen Film verstehen zu können. Dies will ich an folgendem Beispiel verdeutlichen:
In einer Filmszene sieht man, wie ein Reiter auf einem staubigen Weg an einem Seil einen wankenden Fußgänger hinter sich herzieht. Man wird unwillkürlich interpretieren, daß der Unberittene der Gefangene des Berittenen ist; und man wird annehmen, daß diese Szene aus einem Western stammt, und nicht etwa zeigt, wie ein berittener Polizist in einer westdeutschen Großstadt einen Demonstranten abführt. Wenn nun die Szene so gefilmt ist, daß man das Paar auf sich zukommen sieht, bis es vor der Kamera stehen bleibt, so wird man erwarten, daß darauf der Fortgang der Handlung zwischen den beiden Personen gezeigt wird. Wenn dagegen an dieser Stelle ein Schnitt kommt, und wenn in der nächsten Einstellung der gerade noch Gefangene in einem Saloon an der Theke steht, so wird man schließen, daß der Gefangene sich irgendwie befreien konnte, und man wird erfahren wollen, wie das geschah; überrascht wäre man aber, wenn man erfahren würde, daß der Berittene den Gefangenen freiließ.

Für die Filmsprache heißt das, daß dem Film auch von Seiten des Betrachters Bedeutungen zugeordnet werden. Diese Einschränkung in der Verwendung filmsprachlicher Mittel auf jeder Seite ist durchaus miteinander verknüpft; so beeinflußt ebenso das Vorverständnis des Betrachters die Auswahl des Filmemachers wie umgekehrt die Auswahl das Vorverständnis beeinflußt.

Dabei handelt es sich — im Grundmodell der Kommunikation gesprochen — um den Zeichenvorrat bzw. Code, der dem Film, soweit er Kommunikation ist, zugrundeliegt. Die beiden Textbeispiele haben den Code einmal als System von Intentionen, dann als System von Erwartungen beschrieben. Das Problem der Filmsprache ist also das Problem des Filmcodes; ein Film wird in dem Maße verstanden, in dem sich der *gemeinsame* Zeichenvorrat von Filmemacher und Betrachter vergrößert.

2.2. Filmtheorien

Man sollte heute zwei verschiedene Ansätze unterscheiden, die sich dem Problem der Filmsprache zuwenden — wobei hervorzuheben ist, daß sie auch im Hinblick auf ihre Brauchbarkeit für die praktische Filmanalyse stark differieren. Unter *Filmtheorien* im engeren Sinn verstehen wir ästhetische Theorien zum Film oder Theorien zum Film als Medium; sie nähern sich dem Filmcode eher vom konkreten Film her. Auch die *Filmsemiotik* als der zweite Ansatz versteht sich häufig — die Begriffe sind hier leider immer noch weniger eindeutig als es wünschbar wäre — als eine Theorie des Films, aber sie faßt den Film als ‚Zeichensystem' auf; sie nähert sich der Filmsprache eher allgemein von der Sprache her. Beide Ansätze stehen freilich in einer historischen Abfolge zueinander, vor allem hat sich der Hintergrund verändert, vor dem sie seinerzeit entstehen konnten. Was beispielsweise die Anfänge der Filmtheorie im engeren Sinn maßgeblich beeinflußt hat, nämlich die Notwendigkeit, das neue Medium bzw. seine Produkte gegen vielfältige Angriffe als Kunst auszuweisen[2], hat heute seine Bedeutung im wesentlichen verloren; keinem Kritiker oder Wissenschaftler würde es mehr einfallen, am prinzipiellen Kunstwerkcharakter des Films zu zweifeln (wobei heute das Qualitätsmerkmal ‚Kunstwerk' selber einem Bedeutungsverfall ausgesetzt ist).

Es war Franz-Josef Albersmeier, der in der Bundesrepublik, als Einleitung zu einer Textsammlung zur Theorie des Films, u.a erstmals auch Phasen der Entwicklung der Filmtheorie vorschlug, und zwar in Anlehnung an die von Dieter Prokop als historisch-ökonomisches Modell unterschiedenen Phasen des Mediums Film selber (vgl. 3.3.)[3]:

TEXT 3

> In der ersten Phase, der des Polypols (1895—1909), überwiegen die Darstellungen der technischen Entstehung und Entwicklung der „bewegten Fotografie" sowie der Grundlagen ihrer Wahrnehmung. Selbst bei Lumière gerinnt die „Filmtheorie" zu einer Theorie der kinematographischen Projektionen. Die Faszination der Technik resorbiert verständlicherweise die theoretische Aufmerksamkeit; sie durchdringt noch die Theorie und Praxis des „truquage" bei Méliès, obschon bei ihm (wie bei Lumière) die Kamera ganz in den Dienst der weitgehend abfotografierten realen (bei Méliès theatralisch-phantastischen) Welt gestellt wird.
> In der zweiten Phase, der des Oligopols (1909—29), wird das Kino von verschiedenen Positionen aus behandelt: In Deutschland fühlen sich vor allem die Soziologie (E. Altenlohs Studie *Zur Soziologie des Kino* von 1914 mit dem Untertitel „Die Kino-Unternehmung und die

---

2 Vgl. etwa V.F. Perkins. „A Critical History of Early Film Theory". *Movies and Methods. An Anthology,* ed. Bill Nichols. Berkeley etc., 1976, 401—422.

3 Franz-Josef Albersmeier. „Einleitung: Filmtheorien in historischem Wandel". *Texte zur Theorie des Films,* hrsg. v. F.-J.A. Stuttgart, 1979, 3—17, hier 8ff.

sozialen Schichten ihrer Besucher" darf noch immer Modellcharakter beanspruchen) und die sogenannte Kino-Reformbewegung (K. Lange) vom Film herausgefordert. In Frankreich begründen Canudos Konzeption von der „usine aux images" sowie seine Bestimmung des Films als „siebente Kunst" neben den erst vor einigen Jahren wieder insgesamt zugänglich gemachten Schriften von Epstein die Filmtheorie im engen Kontakt zur Avantgarde des sogenannten „Impressionismus" (A. Gance, M.L.Herbier, G. Dulac u.a.). Balázs' Theorie einer visuellen, auf den Kleinbürger zugeschnittenen Kultur, Arnheims „Film als Kunst"-Theorie sowie Kracauers Entlarvung des zeitgenössischen Kinos als Ort sozialromantischer Verbrämung entsprechen in ihrem jeweiligen ideologiekritischen, materialästhetischen und sozialpsychologischen Ansatz avantgardistischen Filmformen bzw. Positionen der „Neuen Sachlichkeit". Allein in der Sowjetunion brachte die politische Umwälzung durch die Oktoberrevolution von 1917 eine Kinematographie hervor, in der Theoriebildung und Filmpraxis zusammenfallen und sich wechselseitig befruchten. Einen Sonderstatus innerhalb dieser Periode darf die erst vor wenigen Jahren wiederentdeckte Filmtheorie der russischen Formalisten (insbesondere B. Ejchenbaum, J. Tynjanov und V. Šklovskij) für sich beanspruchen, welche untrennbar mit der gleichzeitig entwickelten Literaturtheorie einhergeht. Die Konvergenz von theoretischem Diskurs und künstlerischer Praxis, die bereits als Charakteristikum der sowjetischen Kinematographie der zwanziger Jahre herausgestellt wurde, führt einerseits zum Entwurf einer „Poetik des Films", deren Hauptarbeitsgebiete das Verhältnis von Poesie und Prosa im Film, Gesetze der Sujetfügung sowie der Semantik des Filmgegenstandes sind; andererseits ermöglicht sie, im Rekurs auf die Literaturtheorie als erkenntnistheoretische Matrix, die Analyse seiner spezifischen Bedeutungen, welche jene damals übliche Reduktion des Films auf den Status einer Spielart der traditionellen Ausdrucksformen aufhebt. Insofern die russischen Formalisten die Frage nach dem sprachlichen Status des Films stellen, nehmen sie die Ausarbeitung der Filmsprache qua „langage" (und nicht „langue") durch Metz vorweg.
In der dritten Phase, der des Monopols (1930—46), gekennzeichnet durch die alle anderen Nationalkinos beherrschende Stellung Hollywoods, gelingt es der Filmtheorie (etwa bei Benjamin oder Brecht) nur noch vereinzelt, das Niveau apologetischer Festschreibung bestehender Filmstrukturen zu verlassen und die bisherige material-deskriptive Theorie durch eine produktions- und rezeptionsästhetisch orientierte Theorie zu ergänzen. Immerhin liefert Malraux in seiner *Esquisse d'une psychologie du cinéma* (1939) nicht nur Ansätze zu einer Theorie des Films im Kontext der traditionellen Künste, sondern

auch eine vielzitierte Analyse des Kinos als bevorzugt mythenbildender Institution. Reflektiert seine These vom Kino als Inkarnation von Mythen die zeitgenössische Vormachtstellung Hollywoods, so stigmatisieren I. Ehrenburgs „Traumfabrik" und R. Fülop-Millers „Phantasiemaschine" (beide von 1931) Hollywoods Filmserien als Produkte, die Phantasie und Traum nur als Evasion oder systemkonformes Verhalten zulassen.

Der Schritt zu einer umfassenderen Theorie des Films bzw. Kinos gelingt erst in der letzten Phase, der des internationalen Monopols (1947 bis etwa 1970), und ist gebunden an die Ausstrahlungskraft bedeutender Filmzeitschriften (*Revue Internationale de Filmologie, Cahiers du Cinéma, Cinéthique; Bianco e Nero, Cinema Nuovo; Sight and Sound; Filmkritik, Film* u.a.). Wie das Beispiel der *Cahiers du Cinéma* zeigt, wird die Wechselbeziehung zwischen Kritik und Praxis der „Autorenpolitik" zum bestimmenden Element der Veränderung festgefahrener kinematographischer Strukturen in Produktion, Distribution und Rezeption. Die genannten Zeitschriften lassen Schulen und Tendenzen zu Wort kommen, in denen strukturalistisch-linguistische (Peters, Barthes, Metz), semiotische (Eco, Garroni, Bettetini), phänomenologische (Bazin, Agel, Ayfre) und materialistische (die Gruppe Cinéthique) Ansätze aus anderen Wissenschaftsgebieten auf den Film übertragen werden. Noch einmal ist hier Kracauer hervorzuheben, dessen sozialpsychologische Analyse des deutschen expressionistischen Films in *From Caligari to Hitler* (1947) eine ganze Generation von Filmkritikern und -theoretikern ins Brot setzte.

Bedingt durch politische Entwicklungen (Entkolonialisierung, Entdeckung des Kinos durch die Nationen der „Dritten Welt") und ökonomische Faktoren (Ausbreitung der 16-mm-Filmproduktion etwa im „Cinéma direct", im englischen „Free Cinema", im amerikanischen „Independent Cinema" oder im unabhängigen Kino Lateinamerikas; Entwicklung neuer Distributionsformen in den Kooperativen und Kommunalen Kinos), zeichnet sich etwa seit 1970 — die französische Mairevolution von 1968 könnte als historischer Einschnitt bezeichnet werden — eine unzweideutige Tendenz zu einem neuen Polypol ab, gekennzeichnet vor allem durch die Stoßrichtung des politisch-revolutionären und militanten Kinos gegen Hollywoods neu erwachenden Kinoimperialismus. Während die Entwicklung der Apparaturen und die Reflexion über den Film in der ersten Phase des Polypols auf unreflekte Weise konvergieren, verlaufen Filmproduktion und Filmtheorie in der zweiten Phase des Oligopols zuweilen in kritischer Distanz zueinander; gelegentlich gelingt es der Filmtheorie sogar, in Überwindung der bestehenden Strukturen, neue Ansätze zu einem Kino im Dienste demokratischer Willensbildung zu entwerfen. Fallen Filmproduktion und Theoriebildung in der dritten Phase des Monopols, nicht zuletzt durch das Aufkommen des Faschismus und der verheerenden Folgen seines Übergriffs auch auf das Kino, völlig auseinander, so gelingt es erst in der vierten Phase, der des internationalen Monopols, Filmpraxis und Theoriebildung langsam wieder in sinnvoller Wechselwirkung einander zuzuordnen. Die vorläufige Entwicklung dieser engen Verbindung zwischen Theorie und Praxis ist im politischen und militanten Kino der „Dritten Welt" zu sehen.

Während hier filmsemiotische und strukturalistisch-linguistische Ansätze noch einbezogen sind, wurden sie in dem bisher (in deutscher Sprache vorliegenden) besten, wenngleich auch allzu kurzen Überblick über Filmtheorien von Andrew Tudor[4] ausgeklammert; die Skepsis über Sinn und Brauchbarkeit dieser Ansätze dominiert. Stattdessen konzentriert sich Tudor auf vier große Richtungen: auf die hochkomplexe Filmtheorie des Russen Sergej M. Eisenstein, die bisher nur erst teilweise ins Deutsche übertragen und ganz zu Unrecht zu einer simplen, eindimensionalen Montagetheorie verdünnt wurde; auf die Theorie des Engländers John Grierson, der ebenso wie Eisenstein selber Filmemacher war, wenngleich vor allem Dokumentarfilmer, und der Film und Kino in den Kontext von Gesellschaft einordnete und damit die Ästhetik auf eine Moral sozialer Verantwortung ausrichtete; auf die Ästhetik des Realismus, wie sie sich in ähnlicher Ausprägung bei dem deutschen (emigrierten) Akademiker Siegfried Kracauer und dem französischen Kritiker André Bazin formuliert findet; und schließlich auf die von verschiedenen Zeitschriften propagierten Ansätze der sog. Autorentheorie (die sich weniger auf die Filme als vielmehr auf die Regisseure bezog) und der sog. Genretheorie (die sich weniger auf den einzelnen Film als vielmehr auf Gruppen wie den Western, den Gangsterfilm, den Horrorfilm ausrichtete).

Die Entwicklung der Filmtheorie verläuft, wie aus Text 3 und bei Tudor zu ersehen ist, durchaus international: und noch längst nicht alle wichtigen Theorietexte sind ins Deutsche übertragen worden. Abgesehen von der von Albersmeier zusammengestellten Textauswahl und der Zusammenfassung von Tudor sei deshalb vor allem auf den angelsächsischen Bereich verwiesen, in dem zahlreiche Textsammlungen und Einführungen angeboten werden. Besondere Beachtung verdient dabei wohl — trotz der Kritik von David Cook („In Praise of Theory". *Quarterly Review of Film Studies,* vol. 2 (February 1977), No. 1, 114—130) — das Buch von J. Dudley Andrew: *The Major Film Theories, An Introduction* (London etc., 1976), in dem erstmals der Versuch gemacht wird, die einzelnen Filmtheorien nicht nur in den historischen Zusammenhang, sondern auch zugleich in den Kontext der Gei-

---

4 Andrew Tudor. *Film-Theorien.* (London, 1973) Frankfurt/M., 1977.

stes- und Ideengeschichte (Rudolf Arnheim in die Gestaltpsychologie, Eisenstein in den Russischen Formalismus usw.) einzuordnen.

Ansonsten sei verwiesen auf die gerade neuerdings zunehmend erscheinenden, teils auch sehr preisgünstigen Ausgaben bzw. Übersetzungen ‚klassischer' Filmtheorien, wobei es durchaus wünschenswert wäre, wenn frühere Ansätze kritisch weitergedacht würden wie etwa Siegfried Kracauer von (z.B.) Jochen Beyse: *Film und Widerspiegelung. Interpretation und Kritik der Theorie Siegfried Kracauers* (Diss. Köln, 1977), oder von Jürgen Ebert: „Kracauers Abbildtheorie" (*Filmkritik,* 21. Jg. (April 1977), H.4, 196—217). Einen knappen Versuch über den Film als Medium legte jüngst Klaus Kreimeier mit „Film" vor (*Kritische Stichwörter zur Medienwissenschaft,* hrsg. v. Werner Faulstich. München, 1979, 127—164).

Für die Film*analyse* kann die Nutzung von Filmtheorien gewiß nicht gehandhabt werden wie bei Thomas Kuchenbuch[5], der gleich zwei vielleicht vermeidbare Fehler macht:
— bestimmte filmtheoretische Kategorien (z.B. Montage) eklektizistisch und völlig ungeschichtlich zu verwenden (die auf nur wenige Seiten komprimierten Anmerkungen zur Geschichte der Filmtheorien sind denn auch eher Pflichtaufgabe als sinnvoll), und
— vorab filmsemiotische Begriffe vorzustellen, die bei der modellhaften Analyse von (verschiedenen) Filmarten/Filmen dann eigentlich überhaupt keine Rolle mehr spielen.

Während letzteres verständlich und wohl unabdingbar ist (vgl. 2.3.), soll hier vertreten werden, daß die zahllosen Anregungen, welche die Filmanalyse von den bereits vorliegenden Filmtheorien erhalten kann, noch nicht einmal ansatzweise voll ausgeschöpft worden sind — und wie unverzichtbar etwa Kracauer (vgl. 2.4.) oder Eisenstein (vgl. 6.2.) auch *praktisch* sind, soll noch belegt werden —, daß aber auch umgekehrt neue filmtheoretische Konzepte von den Resultaten modellhafter Filmanalysen u.U. befruchtet und vorangetrieben werden.[6]

---

5 *Filmanalyse;* vgl. Kap. III: „Zur Geschichte der Filmtheorie", 60—68.

6 So auch die dritte der drei Forderungen, die Tudor an den Abschluß seines Überblicks stellt (*Film-Theorien,* 109).

2.3. Ansätze der Semiotik

Seit den 30er Jahren hat sich ein Feld von Untersuchungen unter dem Begriff Semiotik etabliert; als Zeichentheorie geht es hier zunächst *generell* um Zeichen und um Sprache. Friedrich Knilli[7] hat auf kürzestem Raum das Gebiet wie folgt beschrieben:

TEXT 4

Die Semiotik ist eine allgemeine Theorie der Zeichen (griechisch *sema* und *semeion*), wobei diese Geräusche, Laute, Bilder, Gesten oder Dinge sein können, vorausgesetzt, daß sie zur Bezeichnung von Gegenständen und Sachverhalten benutzt werden. Idealistische Semiotiker (Peirce, Morris, Bense) unterscheiden am Zeichenprozeß *(emiosis)* drei Komponenten: *sign vehicle* (S), *designatum* (D) und *interpretant, interpreter* (I) und charakterisieren diese folgend: „S is a sign of D for I to the degree that I takes account of D in virtue of the presence of S. Thus in semiosis something takes account of something else mediately, i.e., by means of a third something. Semiosis is accordingly a mediated-taking-account-of. The Mediators are *sign vehicles;* the taking-account-of are *interpretants;* the agents of the process are *interpreters;* what is taken account of are *designata.“* [8] Materialistische Semiotiker (Klaus, Resnikow) unterschieden vier Faktoren: „1. die Objekte der gedanklichen Widerspiegelung (O), 2. die sprachlichen Zeichen (Z), 3. die gedanklichen Abbilder (A), 4. die Menschen (M), die die Zeichen hervorbringen, benützen, verstehen." [9] Die Differenz zwischen idealistischer und materialistischer Semiotik ist eine erkenntnistheoretische, betrifft das Verhältnis von Objekt (O) und Zeichen (Z), dessen Widerspiegelungsfunktion. Klaus: „Wir sind der Ansicht, daß die Sprache in gewisser Hinsicht tatsächlich eine Widerspiegelungsfunktion ausübt, und zwar insofern, als Strukturen der objektiven Realität in sprachlichen Strukturen widergespiegelt werden. Dabei handelt es sich natürlich nicht um eine sinnlich konkrete, sondern um eine abstrakte Widerspiegelung, gewissermaßen um eine Isomorphierelation zwischen Wirklichkeit und Zeichenbereich. . ." [10] Dieser Realitätsbezug wird von den idealistischen

7 *Semiotik des Films. Mit Analysen kommerzieller Pornos und revolutionärer Agitationsfilme,* hrsg. v. F. Knilli. Mitarbeit E. Reiss. München, 1971, 10f. Zitatnachweise: [8] Ch. W. Morris. *Foundations of the Theory of Signs.* Chicago, 1938, 4; [9] G. Klaus. *Semiotik und Erkenntnistheorie.* Berlin, 1963, 35; [10] Ebd., 43; [11] *Wörterbuch der Kybernetik,* hrsg. v. G. Klaus. Berlin, 1967. Stichworte „Zeichen" und „Semiotik". — Insgesamt siehe auch *Semiotik. Anwendungen in der Literatur- und Textwissenschaft,* hrsg. v. Rul Gunzenhäuser (*LiLi,* H. 27/28). Göttingen, 1977, und den brauchbaren Überblick von Günter Bentele und Ivan Bystrina: *Semiotik Grundlagen und Probleme* (Stuttgart etc., 1978).

Semiotikern geleugnet, weshalb diese auch nur drei Disziplinen: *Syntax, Semantik* und *Pragmatik* entwickelt haben, die vierte, die *Sigmatik*, gibt es nur in materialistischen Semiotiken, – entsprechend den vier Zeichenfunktionen: „Der *syntaktische Aspekt* (...Syntax) bezieht sich auf die Beziehungen zwischen Zeichen und anderen Zeichen bzw. zwischen Zeichenreihen und anderen Zeichenreihen. Der *semantische Aspekt* (... Semantik) behandelt die Beziehungen zwischen den Zeichen und ihren Bedeutungen. Der *pragmatische Aspekt* (... Pragmatik) untersucht die Beziehungen zwischen den Zeichen und den Schöpfern, Sendern und Empfängern von Zeichen. Der *sigmatische Aspekt* behandelt die Beziehungen zwischen den Zeichen und dem, was sie bezeichnen." [11]

Demgemäß ist die Semiotik des Films nur eine *spezielle* Zeichentheorie. Dieser Ansatz unterscheidet sich von anderen genannten Filmtheorien (vgl. 2.2.) vor allem durch seinen umfassenden Charakter – erneut eine Art ‚Super-Wissenschaft', der einzelne Bereiche oder Gegenstände wie etwa der Film nur gleichsam zu Anwendungsfeldern zu geraten scheinen. Im Gegensatz zur Kommunikationsforschung hat die Semiotik und auch die sog. Filmsemiotik aber einen Boom zustimmender Publikationen provoziert, die – nicht zuletzt auch in ihrer höchst unterschiedlichen Terminologie – kaum mehr überschaubar sind und erst in jüngster Zeit kritisch bis vernichtend rezensiert werden.

Es wird aus den einschlägigen Darstellungen kaum klar, was denn das nun eigentlich ist: Filmsemiologie oder Filmsemiotik. Mit Sicherheit läßt sich wohl sagen, daß die Namen *Christian Metz* und *Umberto Eco*[8] immer wieder genannt werden. Da die einzelnen Nachfolgearbeiten[9] ebenso wie die Arbeiten von Metz und Eco selber mehr Fragen aufwerfen als sie beantworten, sei es im Zusammenhang mit der Filmanalyse erlaubt, einen neueren Beitrag von Günter Bentele zur sog. „semiotischen Filmanalyse" heranzuziehen.[10] Bentele befindet vorab als „klar, daß [die semiotische Filmanalyse] nicht die einzige Form der Filmanalyse darstellen kann, umgekehrt wird aber

---

8 Siehe insbesondere: Christian Metz und Umberto Eco: „Die Gliederungen des filmischen Code" (*Sprache im technischen Zeitalter*, H. 27 (1968) 230–252).

9 Verwiesen sei hier wieder auf die Bibliographie *Film Semiotik* von Eschbach/Rader, in der die meisten Arbeiten genannt werden. Wer ein knappes Exempel solcher Arbeiten rezipieren möchte, sei auf ein (völlig willkürlich herausgegriffenes) Beispiel wie den Aufsatz von Werner Burzlaff: „Semiotische Taxonomie des kinetischen Bildes" (*Die Einheit der semiotischen Dimensionen*, hrsg. v. der Arbeitsgruppe Semiotik. Tübingen, 1978, 217–231) verwiesen.

10 Günter Bentele: „Aufgaben der Filmsemiotik". *Publizistik,* Jg. 23 (1978), H.4, 369–383.

kaum eine Filmanalyse in Zukunft an der Semiotik vorbeigehen können".[11] Damit folgt er ziemlich genau Umberto Eco, der 1977 defensiv klarstellte: „I shall want to make just a few statements about the contribution of filmic experience to a semiotic enquiry and about the semiotic nature of film images... but I refuse the responsibility of proposing to someone a new key for the understanding of the artistic problems of film".[12] Bentele skizziert und kritisiert Metz als einen strukturalistisch fundierten Ansatz: „Der Film wird betrachtet, *als ob* er eine Sprache wäre bzw. als ob er eine Sprache hätte". Dieses Analogieverfahren „bringt eine Reihe von Problemen mit sich: man muß im filmischen Bereich nach den Dingen suchen, die nicht einmal in der Linguistik einheitlich definiert sind: Phonem, Wort, Satz, Syntax, Lexikon. Mit diesem Verfahren läßt sich allerdings Diskussionsstoff für mehrere Jahre produzieren. Außerdem ist eine Filmsemiotik, die sich allein an der Sprache und damit an der Linguistik ausrichtet, immer auf die gerade in der Linguistik herrschenden Theorien angewiesen." Abgesehen davon aber betrachte die Metzsche Filmsemiotik den Film nur als theoretisches System, abstrahiere „von den Prozessen der Filmzeichen*produktion* und denen der Filmzeichen*rezeption*".[13] Bentele will deshalb die strukturalistisch fundierte Filmsemiotik durch einen umfassenderen handlungstheoretisch orientierten Ansatz ersetzen, der es zu berücksichtigen erlaubt, daß der Film z.B. nicht nur Zeichen, sondern *auch* Ware ist. Nach einer längeren Begründung und einer Reflexion der Folgen benennt Bentele schließlich drei filmische Analysemethoden, die jedoch nicht alternativ, sondern komplementär zu sehen seien: eine qualitative-intuitive Richtung (Filmkritik), eine quantitativ orientierte Filmanalyse (Länge, Anzahl der Einstellungen usw. werden erfaßt, daraus werden „eventuell" Schlüsse gezogen) und „ein Teil dessen, was bisher unter dem Namen Filmsemiotik diskutiert worden ist".[14] Schließlich verweist er auf „hermeneutische Verfahren" sowie auf „Standardmethoden der empirischen Sozialforschung" und formuliert abschließend: „Die Arbeit der Filmsemiotiker sollte sich nicht in der Bildung immer neuer Begrifflichkeiten und Theorieansätze erschöpften, sondern sollte diese wichtige Arbeit auf ein sicheres empirisches Fundament stellen. Nur dann wird es möglich sein, präzisere Vorstellungen von der ‚Sprache des Films' zu gewinnen."[15] Da er nicht sagt, was er unter dem zu rettenden

11 *Ebd.,* 11

12 Umberto Eco. „On the Contribution of Film to Semiotics". *Quarterly Review of Film Studies,* vol. 2 (Febr. 1977), No. 1, 1–14, hier 1.

13 Bentele, „Filmsemiotik", 370.

14 *Ebd.,* 381. — Siehe dazu etwa den Versuch von Ferrucio Rossi-Landi: *Semiotik, Ästhetik und Ideologie* (München, 1976, 131ff), der auch der Ware Zeichencharakter zumessen will.

15 *Ebd.,* 383.

„Teil" der Filmsemiotik versteht, hat er damit die Filmsemiotik in den Abgrund geführt: Über Filmanalyse lassen sich ganze Bücher schreiben und Filme lassen sich zu tausenden fruchtbringend analysieren, ohne daß auch nur einmal das Wort ‚Zeichen' oder der Begriff ‚Semiotik' fallen müssen.

Benteles Beitrag unterscheidet sich wohltuend von anderen filmsemiotischen Arbeiten, weil er verständlich geschrieben ist. Er unterscheidet sich jedoch nicht in den zwei Punkten, die auch für die anderen zentral sind: Soweit Filmsemiotik sinnvoll und verständlich ist, ist sie banal. Und: Sie ist für die Analyse einzelner Filme vollständig überflüssig. Beide Erkenntnisse sind nicht neu[16] und sollen hier nur nochmals nachdrücklich in Erinnerung gerufen werden. Nehmen wir Gilbert Harman nur als ein Beispiel[17]. Er untersuchte u.a. den Gebrauch des Wortes ‚code' bei Metz und faßt zusammen: „any sort of system or structure might be called a code... Furthermore, any system of assumptions, beliefs, ideology, or stereotypes that is relied on or alluded to in a film or other work of art can be called a code... What is the point of this usage? Why call all these different things codes, especially when they are not all codes in the same sense of the term and some are not codes at all in any ordinary sense of the term? The answer is that Metz [is] cheating . . . To say, for example, that the love triangle functions as a specific code in the films of Max Ophuls is to say no more than that the love triangle is a feature of many of Max Ophuls's films and to say it in a way that wrongly suggests that you are saying something semiotic." „That can be fun, for a while, but it does not constitute a science." Was bleibt, seien einige Klassifikationskategorien — Metz spricht etwa von den überall in Filmanalysen zitierten und ausführlich erläuterten acht sogenannten „Syntagmen", d.h. bestimmten Einstellungsfolgen —, die für sich genommen aber ohne jede Bedeutung sind und leicht durch andere Klassifikationen zu ersetzen wären. Albersmeier disqualifiziert semiotische Ansätze diplomatischer, aber nicht weniger klar, wenn er etwa befindet, daß „auch die neueren strukturalistischen, linguistischen und semiotischen Beschreibungsverfahren *insgesamt* nicht über Eisenstein hinausgekommen" sind und daß „bislang eine eigens für den Film entwickelte semiotische Methode" fehlt.

16 Beispielsweise Karl Held hat schon 1973 eine solche Kritik unmißverständlich ausgesprochen (*Kommunikationsforschung — Wissenschaft oder Ideologie? Materialien zur Kritik einer neuen Wissenschaft.* München, 1973, 151—157). Siehe auch etwa die vorsichtigen Zweifel von Calvin Pryluck: „The Film Metaphor Metaphor: The Use of Language-Based Models in Film Study" (*Liberature/Film Quarterly,* vol. 3 (1975), 2, 117—123).

17 Gilbert Harman. „Semiotics and the Cinema: Metz and Wollen". *Quarterly Review of Film Studies,* vol. 2 (Febr. 1977), No. 1, 15—24, hier 22f. Siehe auch die übrigen Beiträge zu dieser Debatte von Seymour Chatman: „Discussion of Gilbert Harman's Paper" (25—31), und von J. Dudley Andrew: „Film Analysis or Film Therapy: To Step Beyond Semiotics" (33—41), im selben Heft der Zeitschrift.

„Wollens Übertragung der Peirceschen Unterscheidung von ikonischen, indexikalischen und symbolischen Zeichen auf den Film sei als Beispiel einer ,von außen' an den Film herangetragenen Nomenklatur genannt, deren Praxisrelevanz im umgekehrten Verhältnis zur plakativen Programmatik steht. Inzwischen sind auch ... erhebliche Zweifel an der Logik und Praktikabilität der ,großen Syntagmatik des narrativen Films' von Metz geäußert worden."[18]

Da bleibt denn freilich die Frage, auf welchem Boden die Beschäftigung mit filmsemiotischen Ansätzen so prächtig gedeihen konnte. Das hat, bis heute weitgehend übersehen, James Roy MacBean bereits Mitte der 70er Jahre aufs treffendste herausgearbeitet.[19] Der Erfolg des Metzschen Ansatzes lag demnach zum ersten an dem aufblühenden Interesse am Film an amerikanischen, englischen und französischen Universitäten; zum zweiten an der damaligen Popularität des Strukturalismus; und zum dritten an seiner scheinbaren Ideologielosigkeit (immerhin in einer Zeit Ende der 60er Jahre, in denen von Godard bis zu den Mai-Revolten eine umfassende Politisierung eingetreten war). Geschrieben in einem kaum verständlichen Stil konnte das Buch von Metz „very easily pass for a work of the political as well as the artistic avant-garde."[20] Nach einer in mitunter scharfen Zwischenergebnissen (z.B. „Metz's semiology boils down to little more than a tedious taxonomy of the banal"[21]) gegliederten Ideologiekritik der Metzschen Filmsemiotik faßt MacBean zusammen[22]:

TEXT 5

Metz's avoidance of ideology and his cloak of scientificity are bound to be attractive to academics who are threatened by the intrusion of politics into their sanctuaries. With Metz, though, they have nothing to fear. No unruly disturbances by proletarian and Third World youths here... just the reverential murmurings of the mumbo-jumbo of semiological jargon. The academics of film studies, uptight about their intellectual respectability, get a whiff of salvation when they encounter semiology. They rediscover the religious vocation of the pedagogue. At last they have some densely obscure mysteries to impart to the uninitiated.

---

18 „Einleitung: Filmtheorien in historischem Wandel", 15f.

19 James Roy MacBean. „Contra Semiology, A Critical Reading of Metz" Ders., Film and Revolution, Bloomington-London, 1975, 285—311.

20 Ebd., 287.

21 Ebd., 302.

22 Ebd., 310.

The distressingliy egalitarian, even plebeian, aspect of the study of films gives way to a hierarchically structured ritual presided over by a glib priestly elite, which, in the name of Metz, excuses iteself from the need to bother with the critical analysis of individual films.

Die Funktion, die eine grammatikalisch orientierte Linguistik seinerzeit (bis heute) in Bezug zur Literaturwissenschaft wahrgenommen hat, wird hier der Fimsemiotik für die Filmanalyse zugesprochen. Damit ist Filmsemiotik, als akademisch und politisch affirmativ, ein Negativbeispiel für die stets auch politische Dimension jeglicher Wissenschaft.

2.4. Produktionstechnische Begriffe zur Beschreibung von Einstellungen

Angesichts einer Situation, in der Anregungen von den verschiedenen Filmtheorien nur erst spärlich aufgegriffen wurden und sich filmsemiotische Ansätze so nachdrücklich als unpraktikabel erwiesen, hat sich die Filmanalyse vor allem mit Kategorien behelfen müssen, die in der Filmproduktion und der Filmtechnik Verwendung finden. Die damit gegebene Bevorzugung einer *produktions*orientierten Perspektive, ihrerseits ideologisch nicht ganz unproblematisch, hat in einer denkbaren und für den Film als Kommunikation unabdingbaren *rezeptions*orientierten Perspektive noch kein gleichgewichtiges Gegenüber finden können. Die Filmsprache wird also in der Praxis der Filmanalyse überwiegend als eine von Produzenten aufgefaßt, allenfalls durch subjektive (filmkritische) Interpretationen des einen, analysierenden Rezipienten korrigiert (vgl. dazu genauer 5.4.).

Ekkat Kaemmerling versucht die rhetorischen Figuren als Montageformen zu interpretieren und setzt bei den kleinsten bedeutungtragenden Einheiten an: den Einstellungen. Vor allem mit der Systematisierung produktionstechnischer Termini liefert er ein Instrumentarium, ohne das keine umfassende Filmanalyse auskommen dürfte. Die Bedeutung der Einstellung liegt für ihn darin, daß die Haltung der Kamera zum Objekt eine *bestimmte* ist: „Das Objekt wird aus einer bestimmten Perspektive in bestimmter Größe für eine bestimmte Zeit unter bestimmter Beleuchtung durch eine bestimmte Bewegung der Kamera in einer bestimmten Richtung aufgenommen, kann sich an einer bestimmten Stelle im Raum in eine bestimmte Richtung bewegen und dadurch in ein bestimmtes axiales Verhältnis zur Kamera und zu möglichen anderen Objekten gelangen."[23] Wie genau eine Einstellung zu de-

23 Ekkat Kaemmerling. „Rhetorik als Montage". *Semiotik des Films*. 94–109; Zitat und Text 95. – Für die folgenden englischen Begriffe wurden vor allem Daniel Arijons *Grammar of the Film Language* (London/New York, 1976) und Laurence Goldsteins und Joly Kaumans *Into Film* (New York, 1976) verwendet.

finieren ist, wird ihm nicht zum Problem. Es scheint sich allerdings gemäß dem englischen Terminus *take* (manchmal identisch mit dem amerikanischen *shot*) eingebürgert zu haben, unter einer Einstellung im Regelfall die Abfolge von Bildern zu verstehen, die von der Kamera zwischen dem Öffnen und dem Schließen des Verschlusses aufgenommen werden. Im folgenden sollen nicht die auf der gleichen Ebene wie die Syntagmen von Metz liegenden rhetorischen Figuren wie Anapher, Distinctio, Enumeratio usw. behandelt werden, sondern ausschließlich die von Kaemmerling zusammengefaßten produktionstechnischen Begriffe.

TEXT 6

1	Einstellungsgröße [engl. *distance*]	Detail/Groß/Nah/Amerikanisch/Halbnah/Halbtotal/Total/Weit
2	Einstellungsperspektive [engl *camera angle*]	Untersicht/Bauchsicht/Normalsicht/Aufsicht
3	Einstellungslänge	m (sec., Bildkader)
4	Einstellungskonjunktion [engl. *editing*]	Schnitt/Abblende/Aufblende/Überblende/Klappblende/Jalousie-/Schiebe-/Rauch-/Zerreiß-/Unschärfe-/Fettblende/Cash.
5	Belichtung [engl. *exposure*]	Unter-/Normal-/Über-/Mehrfach-Belichtung
6	Kamerabewegung [engl. *camera movement*]	Schwenk/Parallelfahrt/Aufzugsfahrt/Verfolgungsfahrt/Handkamera/statische Kamera
7	Kamerabewegungsrichtung	oben/untern/links/rechts/Zoom
8	Objektbewegung [engl. *subject movement*]	Haupt-/Nebenbewegung/im Vordergrund/im Hintergrund
9	Objektbewegungsrichtung	heraus/hinein/entlang des Bildes
10	Achsenverhältnisse [engl. *visual axis*]	z.B. spitzer Winkel mit Gleichläufigkeit der Achsen usw.

Diese Begriffe, sowie sie nicht evident sind, sollen im folgenden durch Beispiele erläutert werden.

Zu 1. Man unterscheidet im wesentlichen acht *Einstellungsgrößen,* d.h. jeweils die Größe des Ausschnitts des in der Einstellung gezeigten Objekts, wobei zu beachten ist, daß sich die Einstellungsgröße auch innerhalb der Einstellung verändern kann.

Detailaufnahme [engl. *extreme close-up*]: z.B. die Nase im Gesicht eines Menschen;

Großaufnahme [engl. *close-up*]: z.B. das Gesicht eines Menschen;

Nahaufnahme [engl. *close shot*]: z.B. Kopf und Oberkörper eines Menschen bis zur Gürtellinie;

Amerikanische Einstellung [engl. *medium shot*]: z.B. ein Mensch vom Kopf bis zu den Oberschenkeln (wo bei den ersten Amerikanern angeblich immer der Colt zu hängen pflegte);

Halbnahaufnahme [engl. *full shot*]: z.B. ein Mensch von Kopf bis zu den Füßen;

Halbtotale [engl. *medium long shot*]: z.B. Teil eines Raumes, in dem sich mehrere Menschen aufhalten;

Totale [engl. *long shot*]: z.B. der gesamte Raum;

Weitaufnahme [engl. *extreme long shot*]: z.B. eine weitausgedehnte Landschaft.

Zu 2. An *Einstellungsperspektiven* werden im wesentlichen ähnlich gestaffelt die folgenden vier unterschieden: der Blick z.B. auf einen Menschen vom Boden aus [engl. *extreme low camera*], aus Bauchhöhe [engl. *low shot*] in Augenhöhe des Menschen [engl. *normal camera height*] und von oben auf ihn herab [engl. *high shot*].

Zu 4. Die *Einstellungskonjunktionen* bezeichnen die Formen, in denen Einstellungen begonnen/beendet bzw. verbunden werden: beim ‚harten‘ *Schnitt* [engl. *cut*] hört eine Einstellung schlagartig auf; die nächste Einstellung folgt unmittelbar. Im Gegensatz dazu kann eine Einstellung auch mit einer *Abblende* [engl. *fade out*] enden bzw. mit einer *Aufblende* [engl. *fade in*] beginnen, d.h. dunkel werden bzw. aus dem Dunkel kommen. Die *Überblende* [engl. *dissolve*] ist das teilweise Überlappen von Einstellungsende und Anfang der nächsten Einstellung. Wenn die nächste Einstellung wie eine Klappe von oben nach unten folgt, spricht man von einer *Klappblende* [engl. *wipe*]. Geschieht der Wechsel in Form von Querstreifen auf dem gesamten Bild, liegt eine *Jalousieblende* vor. Bei der *Schiebeblende* folgt die nächste Einstellung wie beim Diawechsel von links nach rechts. Bei der *Rauchblende* verschwindet die erste Einstellung im Rauch, aus dem sodann die folgende Einstellung wieder sichtbar wird. Bei der *Zerreißblende* [engl. *split-screen*] reißt das Bild der ersten Einstellung und dazwischen erscheint die nächste. Ähnlich wie bei der Rauchblende vollzieht sich der Wechsel der Einstellungen auch bei der *Unschärfeblende* [engl. *focusthrough*], nur daß hier das natürliche Element Rauch durch Defokussierung ersetzt wird. Ähnlich macht auch die *Fettblende* die erste Einstellung ,schmierig', wobei aus dieser Verschwommenheit die nächste Einstellung erwächst. Beim *Cash* schließlich handelt es sich um eine Maske, d.h. einen Aufsatz vor die Linse, der das Bild z.B. verkleinert oder den Bildrand ausgefranst erscheinen läßt. Andere Blenden wie die *Fernrohr-* oder *Schlüssellochblende* [engl. *mask*] sind demgegenüber verhältnismäßig selten.

Zu 6. Die *Bewegung der Kamera* auf gleicher Ebene nach rechts oder links wird als *Schwenk* [engl. *pan* oder *panning shot* oder *travelling shot*] bezeichnet, die Bewegung auf gleicher Höhe mit dem sich bewegenden Objekt als *Parallelfahrt* [engl. *parallel tracking shot*]. Bei der *Aufzugsfahrt* [engl. *crane shot*] bewegt sich die Kamera von oben nach unten oder umgekehrt, während sie bei der *Verfolgungsfahrt* [engl. *forward tracking shot*] dem sich bewegenden Objekt hinterherfährt.

Zu 7. Ein *Zoom* [engl. *zoom*] nach vorne oder zurück ist eine Veränderung der Brennweite bei feststehender Kamera; z.B. zeigt die Kamera zunächst einen Menschen von Kopf bis Fuß, ,nähert' sich dem Menschen dann schnell, bis das ganze Bild nur noch seine Nase zeigt, bzw. beginnt bei der Nase und ,geht zurück', bis der ganze Mensch zu sehen ist.

Zu 10. Mit den *Achsenverhältnissen* ist das Verhältnis von Handlungsachse und Kameraachse gemeint; bewegt sich z.B. ein Mensch im Bild von rechts nach links, stehen die Achsen in einem rechten Winkel [engl. *across the scene*]; bewegt er sich direkt auf den Zuschauer zu, sind sie parallel [engl. *towards the camera*].

2.5. Die Synchronisierung von Bild und Ton

Ein Film besteht (in der Regel) nicht nur aus Bildelementen, sondern in ihm bilden Bild und Ton eine Einheit. Im Gegensatz etwa zum Comicheftchen oder zur Rundfunksendung ist der Film Kommunikation auf der visuellen *und* der auditiven Ebene. Die Synchronisation von Bild und Ton stellt deshalb ein zentrales Problem der Filmsprache dar.

Siegfried Kracauer hat sich u.a. mit diesem Phänomen beschäftigt. Im Rahmen seiner *Theorie des Films*[24] unterscheidet er verschiedene Typen der Synchronisierung:

---

24 Siegfried Kracauer. *Theorie des Films. Die Errettung der äußeren Wirklichkeit.* Frankfurt am Main, **1964**, Kap. 7 u. 8. — Helga la Motte-Haber hat die Formen des Miteinander auf verschiedenen Ebenen insbesondere im Hinblick auf die

TEXT 7

A. Synchronismus — Asynchronismus. Der Ton kann mit Aufnahmen seiner natürlichen Quellen oder mit anderen Bildern synchronisiert werden.

Beispiel für die erste Möglichkeit:
1. Wir hören eine Person reden und sehen sie gleichzeitig an.
Beispiel für die zweite Möglichkeit:
2. Wir wenden unsere Augen von der sprechenden Person ab, der wir zuhören; das Resultat ist, daß ihre Worte nun zum Beispiel mit der Aufnahme einer anderen Person im Raum oder der eines Möbelstücks synchronisiert sind.... Gewöhnlich spricht man von „Synchronismus", wenn Ton und Bild nicht nur auf der Leinwand zusammentreffen, sondern auch im wirklichen Leben synchron sind, so daß sie also im Prinzip von den synchronisierten Ton- und Filmkameras aufgenommen werden können. Und man spricht von „Asynchronismus", wenn Geräusche und Bilder, die in der Realität nicht gleichzeitig vorkommen, dennoch im Film zusammengebracht werden....

B. Parallelismus — Kontrapunkt. ... Wort und Bild können derart miteinander kombiniert sein, daß eines von beiden alle Mitteilungen übernimmt — in welchem Fall beide mehr oder weniger parallele Bedeutungen ausdrücken. Oder sie können verschiedenartige Bedeutungen haben; in diesem Fall tragen beide zu der aus ihrer Synchronisierung erwachsenden Mitteilung bei.

Beispiel für die erste Möglichkeit:
[3.] Man nehme Beispiel 1 — eine sprachliche Mitteilung, die mit Bildern des Sprechenden synchronisiert ist. Wenn wir voraussetzen, daß es im Augenblick allein auf den Inhalt seiner Worte ankommt, dann fügen die gleichzeitigen Bilder nichts hinzu, was in Betracht gezogen werden müßte. Sie sind so gut wie überflüssig. Selbstverständlich kann auch das Gegenteil eintreten: Gesten und Mimik einer sprechenden Person können, wenn sie uns durch beredte Bilder gezeigt werden, deren Intentionen so deutlich ausdrücken, daß die gleichzeitigen Worte auf eine bloße Wiederholung dessen hinauslaufen, was uns die Bilder ohnehin schon sagen. Synchronisierungen dieser Art werden gewöhnlich als *Parallelismus* bezeichnet.

Relevanz der *Musik* für das jeweils gezeigte *Bild* diskutiert („Komplementarität von Sprache, Bild und Musik am Beispiel des Spielfilms". *Zeichenprozesse. Semiotische Forschung in den Einzelwissenschaften*, hrsg. v. R. Posner und H.-P. Reinecke. Wiesbaden, 1977, 146—154), übrigens ohne auch nur einen einzigen Hinweis auf ‚Filmsemiotik' oder ‚Semiotik', obwohl in einem Semiotikband in der Sektion IV. Zeichenebenen. — Zur Analyse der Filmmusik siehe Kap. 6.4.

Beispiel für die zweite Möglichkeit:

[4.] Dasselbe Beispiel mit synchronem Ton kann auch zur Erläuterung der zweiten Möglichkeit dienen: Bild und Ton drücken Verschiedenes aus. In diesem Fall stellt das Bild keine Parallele zu den Worten des Sprechers dar, sondern betrifft Dinge, die in ihnen nicht enthalten sind. Vielleicht entlarvt ihn eine Nahaufnahme seines Gesichts als einen Heuchler, der nicht meint, was er sagt. Oder seine Erscheinung auf der Leinwand ergänzt seine Worte insofern, als sie uns dazu anregt, die ihnen innewohnende Bedeutung in dieser oder jener Richtung weiterzuverfolgen... In der Literatur über den Film wird diese Art von Beziehung zwischen Bild und Ton *Kontrapunkt* genannt.

Es gibt also zwei Paare von Möglichkeiten: Synchronismus-Asynchronismus; Parallelismus-Kontrapunkt. Aber diese beiden Paare realisieren sich nicht unabhängig voneinander. Sie sind vielmehr jeweils derart miteinander verknüpft, daß eine Möglichkeit des einen Paares mit einer des anderen verschmilzt.

Kracauers Hauptinteresse gilt einer normativen Filmästhetik, d.h. einer solchen, die verbindliche Vorschriften machen will darüber, wie ein guter Film sein *soll;* bei der Behandlung der Synchronisierung befindet er: „Die Vorherrschaft der Sprache im Film führt zu problematischen Synchronisierungen" bzw. „Die Vorherrschaft der Bilder begünstigt filmische Synchronisierungen". Läßt man nun außer acht, was denn eigentlich „problematisch" bzw. „filmisch" sei, so läßt sich vor allem festhalten, daß die dem Film (in der Regel) eigenen zwei Kommunikationsebenen eine für den Zuschauer höchst komplexe Weise der Informationsübermittlung darstellen, die über eine bloß verdoppelte bzw. eine Doppel-Information weit hinausgehen.

3. Problemfeld III:
Der Film als Ware (Produktion und Distribution)

3.0. Groblernziele

Ebenso wie bei den Problembereichen *Kommunikation* und *Filmsprache* kann und soll auch das dritte Problemfeld nicht ohne wertende Akzente vorgestellt werden — nur daß die Wertung hier eher kontrovers erscheinen mag: erstens weil Begriffe wie Ware und Produktion offensichtlicher mit gesellschaftspolitischen Positionen verknüpft sind; zweitens weil eine größere Notwendigkeit besteht, Bezug zu nehmen auf die konkrete Geschichtlichkeit der Filmproduktion und -distribution; und drittens weil die hierzu vorgelegte Literatur überwiegend gesellschaftskritisch orientiert ist.

Der Leser soll vor allem lernen,
— welche Stationen ein Film durchläuft, bis er fertig ist und in die Kinos kommt, bzw. daß die Filmproduktion in überwältigendem Ausmaß unter dem Zwang der ökonomisch bedingten Arbeitsteilung steht;
— daß dem Film von der Produktions- und Distributionssphäre her Warencharakter zukommt bzw. daß der Tauschwert gegenüber dem Gebrauchswert dominiert;
— daß die Filmproduktion zum größten Teil — bis in die Thematik des konkreten Films und die einzelne Einstellung hinein — primär vom Profitmotiv bestimmt ist;
— daß die Filmproduktion sich nach Prokop ökonomiegeschichtlich strukturell verändert hat vom Polypol zum internationalen Monopol und schon früh maßgebend war für die Distribution.

Außerdem soll der Leser
— Möglichkeiten, Gefahren und Grenzen einer produktionsorientierten Filmbetrachtung kennenlernen, wie sie sich in den teilgeschichtlichen Kategorien ‚Autor‘ (Regisseur) und ‚Genre‘ anbieten.

3.1. Vom Exposé zum fertigen Film

Walter Dadek[1] gibt einen guten systematischen Überblick über die verschiedenen Stationen der Filmproduktion und macht dabei deutlich, daß sie wie jede Produktion von der Größenordnung industrieller Fertigung arbeits-

---

1 *Die Filmwirtschaft. Grundriß einer Theorie der Filmökonomik.* Freiburg, 1957.

teilig gegliedert ist. Grundlage für die Dreharbeiten ist das *Drehbuch*, an dessen Anfang ein *Exposé* steht. Es legt den Filmstoff und den Handlungs-ablauf oder die ‚Film-Idee' in groben Zügen fest. Das nächste Stadium ist seine Umarbeitung zum *Treatment*. Hier wird der Inhalt ausführlicher dargestellt, wobei bereits Erwähnung findet, was wann und in welcher Reihenfolge und ob aus der Nähe oder von weitem gesehen werden soll. Aus dem Treatment entsteht schließlich das eigentliche *Drehbuch*, das in der Regel mehrere „Teile" unterscheidet, wobei jeder Teil in Segmente und jedes Segment in Einstellungen differenziert wird. Ein Spielfilm von durch-schnittlicher Länge kann zwischen 400 und 800 Einstellungen haben. Die Einstellungen sind zwar fortlaufend numeriert, werden aber nicht in dieser Reihenfolge gedreht. Vielmehr werden immer solche Einstellungen nachein-ander gedreht, die am gleichen Ort oder zur gleichen Zeit oder mit densel-ben Personen spielen. Damit läßt sich das Drehen eines Films zeitlich und kostenmäßig stark einschränken. Das macht einen *Drehplan* erforderlich, aus dem hervorgeht, in welcher Reihenfolge die Einstellungen abgedreht werden. Die entwickelten Filmstreifen werden dann später auseinanderge-schnitten und entsprechend dem Drehbuch wieder montiert. Entsprechend dem Schwierigkeitsgrad der Dreharbeiten kann das tatsächlich belichtete Material die Länge des Endprodukts um das vier- oder fünffache übersteigen.

Die Funktionen bei der industriellen Produktion eines Films sind auf Spe-zialisten verteilt. Das Drehbuch wird zumeist von mehreren Personen geschrieben, zumindest aber vom *Filmautor* und vom *Drehbuchtechniker*. Häufig wird bereits in dieser Phase der Regisseur zugezogen, aber die Rolle des ‚screenwriter' hängt sehr stark von der jeweiligen Zeit ab, in der ein Film entsteht. Albert LaValley hat jüngst den Versuch gemacht, eine Geschichte der bekanntesten Drehbuchautoren zu skizzieren.[2] Die Planung der Produk-tion ist dem *Filmdramaturgen* zugeordnet. Seine Arbeit beginnt mit der Auswahl von Stoffen und Drehbuchautoren, setzt sich fort mit der Beset-zung der Rollen durch Schauspieler und endet erst mit der endgültigen Mon-tage der Einstellungen zum fertigen Film. Große Unternehmen verfügen in der Regel über eine eigene dramaturgische Abteilung, die wiederum geglie-dert ist in Lektorat, Zentraldramaturgie, geschäftsführende Dramaturgie und Führungsdramaturgie. Mit dem Beginn der Dreharbeiten geht die Führung allerdings an den *Regisseur* über. Er hat die Aufgabe, das Drehbuch in die Realität des Filmstreifens umzusetzen. Da für jede einzelne Einstel-lung bei aller vorherigen Festlegung zahllose Variationsmöglichkeiten be-stehen, muß er die letzten Entscheidungen treffen und gestaltet damit die ‚Linie' oder den Stil des Films. Das betrifft auch die Gestaltung der Rollen

---

2 Albert LaValley: „The Emerging Screenwriter". *Quarterly Review of Film Studies*, vol. 1 (1976), No. 1, 19—44.

durch die Schauspieler. Kraft dieser Kompetenzen kommt ihm die größte Verantwortung für den Film zu. Freilich steht dem Regisseur ein technischer Stab zur Verfügung, so etwa ein Schnittmeister für das Montieren der Einstellungen nach Abschluß der Dreharbeiten oder Regieassistenten, an die bestimmte Aufgaben delegiert werden. Am wichtigsten ist der *Kameramann,* der die Einstellungen nach Maßgabe des Regisseurs dreht, ohne freilich damit lediglich ausführendes Organ zu sein. Von der guten Zusammenarbeit zwischen Regisseur und Kameramann hängt oft die Qualität des Films ab. Da auch der Kameramann häufig einen eigenen Stil entwickelt, geht man heute mehr und mehr dazu über, neben dem Namen des Regisseurs auch den des Kameramannes zu nennen. (Entsprechend werden Preise oft auch an die Kameraführung verliehen.) Aber noch zwei weitere, auch dem häufigen Kinobesucher und Filmliebhaber weitgehend unbekannte Funktionen sind bei der Filmproduktion im industriellen Maßstab zu unterscheiden, die des Produktionsleiters und die des Produzenten. Die Filmproduktion wurde schon in den 30er Jahren so kompliziert und so teuer, daß eine übergreifende, die technische und organisatorische Rationalisierung gewährleistende Instanz notwendig wurde: der *Produktionsleiter.* Er ist heute dem Regisseur insofern häufig übergeordnet, als er beispielsweise Drehzeit, Rollenbesetzung, Drehkosten oder Aussage des Films nach wirtschaftlichen Gesichtspunkten (nach den zu investierenden Mitteln ebenso wie nach den Absatzchancen) bestimmen kann. Er ist dem Produzenten verantwortlich und wahrt dessen Interessen. Der *Produzent* ist der Geldgeber der Filmproduktion. In der industriellen Filmproduktion ist er Beauftragter einer Filmproduktionsgesellschaft, deren Aktien wie die jedes anderen großen Wirtschaftsunternehmens an der Börse gehandelt werden.

Dadek faßt zusammen: „Ein Filmwerk ist das Ergebnis einer Vielzahl qualifizierter Leistungen der geistig-künstlerischen, technischen, organisatorischen und wirtschaftlichen planenden und ausführenden Kräfte".[3] Heute macht es freilich einen gewichtigen Unterschied aus, ob ein Film industriell oder eher individuell produziert wird. Die genannten Funktionen bei der Filmproduktion lassen sich entsprechend in eine unterschiedliche Rangfolge ordnen: Die Filmindustrie produziert nicht einen einzigen Film, sondern eine Fülle von Filmen gleichzeitig. Hier dominiert eindeutig der ökonomische Aspekt. Sind dagegen die meisten Funktionen bei der Filmproduktion auf einen einzelnen konzentriert, dominiert weniger die Rentabilität des Produkts, als vielmehr der künstlerische Aspekt. Da die meisten Filme in unseren Kinos nicht von ‚Einzelgängern' stammen, sondern industriell fabriziert wurden, ist die Filmproduktion in weitaus geringerem Maße von idealistischen Motiven bestimmt, als Filmästheten allgemeinhin anneh-

---

3 Dadek, *Die Filmwirtschaft,* 36.

men. Dennoch sind in jedem Fall beide Aspekte zumindest insofern miteinander verknüpft, als auch die industrielle Filmproduktion nicht ausschließlich von Profitinteressen bestimmt ist bzw. auch der einzelne ‚Filmemacher' wirtschaftliche Gesichtspunkte berücksichtigen muß.

Einzelne Aspekte der Filmproduktion erläutern z.B. Ulricht Gregor: *Wie sie filmen. Fünfzehn Gespräche mit Regisseuren der Gegenwart* (Gütersloh, 1966), Hortense Powdermaker: *Hollywood, the Dream Factory* (London, 1951), Howard T. Lewis: *The Motion Picture Industry* (New York, 1933), oder Heinz Bergner: *Versuch einer Filmwirtschaftslehre* (Berlin, 1962—66). Bei den meisten Arbeiten dieser Art zeigt sich das Grundproblem, einen relativ klar abgegrenzten Bereich, nämlich den der Produktion, der einem extrem schnellen historischen Wandel unterliegt, dennoch systematisch zu beschreiben. Die Partikularität des jeweils konkret behandelten Gegenstandes ist der naheliegendste Ausweg aus dem Dilemma; er wird — wohl legitimerweise — auch am häufigsten beschritten. Eine zweite Möglichkeit besteht darin, die systematische Darstellung mit geschichtlichen Aspekten exemplarisch zu erläutern. In jedem Fall wird es notwendig sein, sich bei der konkreten Filmanalyse auf den entsprechenden Stand der Produktionsweise zur Zeit dieses Films zu beziehen. Vorwiegend systematische ebenso wie eher historisch orientierte Arbeiten zur Filmproduktion können dabei fast ausnahmslos wertvolle Hinweise geben.

3.2. Der Warencharakter des Films

Die Frage der Produktion eines Films um des Profits bzw. um des Films willen ist eine Frage der Prioritäten. Auf theoretischer Ebene wurde sie von Karl Marx bei der Analyse der Ware angegangen[4]:

TEXT 1

> Die Ware ist zunächst ein äußerer Gegenstand, ein Ding, das durch seine Eigenschaften menschliche Bedürfnisse irgendeiner Art befriedigt. Die Natur dieser Bedürfnisse, ob sie z.B. dem Magen oder der Phantasie entspringen, ändert nichts an der Sache. Es handelt sich hier auch nicht darum, wie die Sache das menschliche Bedürfnis befriedigt, ob unmittelbar als Lebensmittel, d.h. als Gegenstand des Genusses, oder auf einem Umweg, als Produktionsmittel...
> Die Nützlichkeit eines Dings macht es zum *Gebrauchswert...* Der Gebrauchswert verwirklicht sich nur im Gebrauch oder der Konsumtion... In der von uns zu betrachtenden Gesellschaftsform [Marx be-

---

4 *Das Kapital.* London, 1867. (Zitiert wurde wegen der Verfügbarkeit nach der Ullstein-Ausgabe, Frankfurt am Main etc., [2]1970, 17ff.).

zieht sich auf die kapitalistische Gesellschaft als eine Warensammlung, WF] bildet zugleich den stofflichen Träger des— *Tauschwerts* . . .
Eine einzelne Ware, ein Quarter Weizen z.B. tauscht sich in den verschiedensten Proportionen mit anderen Artikeln aus. Dennoch bleibt sein Tauschwert unverändert, ob in x Stiefelwichse, y Seide, z Gold usw. ausgedrückt. Er muß also einen von diesen verschiedenen Ausdrucksweisen unterscheidbaren Gehalt haben. . .
Als Gebrauchswerte sind die Waren vor allem verschiedener Qualität, als Tauschwerte können sie nur verschiedener Quantität sein . . .

Marx setzt bei der Analyse der Ware an, um auf dem Weg über den Doppelcharakter der in den Waren dargestellten Arbeit (konkrete nützliche Arbeit produziert Gebrauchswerte, abstrakte Arbeit bildet den Tauschwert oder Wert) letztlich auf die Mehrwertproduktion zu kommen (Mehrwert verstanden als Zuwachs über den ursprünglichen bzw. in die Produktion investierten Wert hinaus): in kapitalistischen Gesellschaften komme dem Tauschwertcharakter einer Ware gegenüber ihrem Gebrauchswert eindeutige Dominanz zu. Diese Unterscheidung in Gebrauchs- und Tauschwert ist übrigens schon lange vor Marx von durchaus bürgerlichen Wirtschaftstheoretikern vorgenommen worden und auch der Begriff des Mehrwerts — damals: Gewinns — wurde schon während der Industriellen Revolution in der ersten Hälfte des 19. Jahrhunderts zur Beschreibung der Ziele der industriellen Produktion herangezogen.[5] Nur wurde die Dominanz des Tauschwerts nicht im gesellschafts*kritischen* Sinn interpretiert.

Wichtig ist der Marx'sche Begriff der Ware in unserem Zusammenhang insofern, als Peter Bächlin 1945 in einer neuerdings wieder aufgelegten Arbeit[6] versucht, die bündige Charakterisierung der Ware durch Marx auf den Film zu übertragen. Der folgende Text ist seiner thesenhaften Einleitung entnommen[7]:

TEXT 2

Der Film ist ein Produkt des hochkapitalistischen Zeitalters. Seine Erfindung fällt in das letzte Jahrzehnt des 19. Jahrhunderts. Sie war das Resultat einer sinnvollen Kombination von Erfahrungen und Erfindungen auf den Gebieten der Physik, der Chemie, der Optik und der Mechanik. Gleichzeitig in verschiedenen Ländern wurde das System

---

5 So etwa von Nicholas Barbon, John Locke oder Le Trosne, siehe die Anmerkungen 2 bis 7 des Marx'schen *Kapitals.*

6 *Der Film als Ware.* Frankfurt am Main, 1975.

7 Abgedruckt auch in *Materialien zur Theorie des Films,* hrsg. v. D. Prokop. München, 1971, 147f.

der photographischen Laufbildprojektion heranentwickelt und führte zur Schaffung der Grundlagen des kinematographischen Aufnahme- und Wiedergabeverfahrens, welche im Prinzip bis heute die gleichen geblieben sind. Der Film ist ursprünglich ein von Wissenschaftlern und Technikern geschaffenes Reproduktionsmittel zur Wiedergabe von photographischen, bewegungserfüllten und kontinuierlichen Sehbildern. Ebenso wie bei den modernen akustischen Reproduktionstechniken, dem Grammophon und dem Radio, setzt beim Film sofort nach seiner Erfindung und zum Teil entgegen der Ansicht seiner Erfinder die wirtschaftliche Auswertung ein.

Der Zeitpunkt, das Ausmaß und die Richtung der wirtschaftlichen Auswertung wird in der kapitalistischen Produktionsweise durch den Faktor der Rentabilität bestimmt. Die Voraussetzung einer rentablen Auswertung, d.h. einer Auswertung, die zum mindesten ein Entgelt für die Herstellungskosten plus Durchschnittsprofit erzielt, ist eine diesen Anforderungen entsprechende Nachfrage nach dem Filmprodukt. Nur soweit der Film Konsumgut ist, soweit also die Konsumenten den Film als Gebrauchsgut genießen wollen, ergibt sich die Möglichkeit seiner kommerziellen Auswertung, d.h. seine Funktion als Tauschwert. Diese Voraussetzungen waren beim Film von Anfang an gegeben. Sehr rasch setzte sich das Bedürfnis für dieses neue Produkt fest. Der Warencharakter, den der Film durch die Form seiner wirtschaftlichen Auswertung annahm, bestimmte die Hauptrichtung der gesamten filmischen Produktion.

Bächlin attestiert dem Film eine besonders gute Tauglichkeit für die Verwertung im kapitalistischen Sinn: Der Film ermöglicht bei einem Mindestmaß an geistigen Anstrengungen die Befriedigung bestimmter Bedürfnisse, und zwar die Phantasiebefriedigung als Ersatz. Die dem Film eigentümliche Wirklichkeitsillusion erlaubt die Darstellung einer Scheinwirklichkeit, welche die Wirklichkeit durch eine wunschgemäße Korrektur überhöht. Abgesehen davon, daß durch solche Filme die gesellschaftlichen Verhältnisse stabilisiert werden, der Film also zum sozialen und politischen Machtinstrument wird, eignet er sich nach Bächlin insbesondere dazu, nicht nur vorhandene Bedürfnisse zu befriedigen, sondern zugleich auch neue Bedürfnisse zu erzeugen. Bächlin befindet im Hinblick auf die Produktion zu Recht: „In einer äußerst kurzen Zeitspanne hat die Filmwirtschaft fast alle vor ihrer Entstehung entwickelten kapitalistischen Unternehmungsformen von der privaten Einzelunternehmung bis zum modernen, trustmäßig organisierten Konzern durchlaufen."[8] Ausschlaggebend war dabei gemäß dem Warencharakter des Films der ökonomische Zwang zur größtmöglichen Populari-

---

8 *Ebd.*, 151.

tät; der Idealfall einer Filmwirkung ist entsprechend der sog. *universal appeal,* d.h. die Anerkennung eines Films durch die größtmögliche Zahl von Konsumenten. Dadurch aber wird die Filmproduktion zur Typisierung, zur Standardisierung der Filmware gezwungen. Neben der Rationalisierung der Filmproduktion — erwähnt wurde oben beispielsweise der *Drehplan* — garantiert vor allem die Standardisierung der Filme selber einen relativ gesicherten Absatz. Dabei spielt das Starwesen eine besondere Rolle: Da es nur relativ wenig Stars gibt — die amerikanische Produktion besitzt insgesamt nur etwa 60 solcher Filmdarsteller — und diese zudem in prinzipiell stets gleichen Rollentypen eingesetzt werden (z.B. Marilyn Monroe, Humphrey Bogart, Charlie Chaplin), verbürgt der Filmstar eine gewisse Konstanz der Tauschwerte seiner Filme. Der Konsument weiß vom Star her, *daß* er für sein Geld etwas bekommt und annähernd auch, *was* er erwarten darf. Ausschlaggebend sind dabei für die Filmproduzenten nicht die schauspielerischen Fähigkeiten der Stars, sondern die Höhe der Einnahmen, die deren Film erzielen, d.h. der sog. *boxoffice value* der Filmstars. Die zeitliche Beschränkung des Films auf rd. 90 Minuten und die daraus folgende Typisierung von Nebenfiguren (vgl. dazu 6.3.) hat hier ihre (ökonomische) Grundlage: Neben den Stars sind es auch die *Typen* von Figuren (z.B. der Typ *des* Cowboys, *des* Richters, *des* Gentleman), die von der Masse der Konsumenten als typisch empfunden werden und damit für die Filmproduktion eine kalkulierbare Konstante bzw. eine weitgehende Sicherung der Rentabilität darstellen.

Die Einbeziehung der Produktionssphäre und dort vor allem die Dominanz des Tauschwerts, d.h. die Berücksichtigung des Warencharakters, ist für die Filmanalyse also zentral, will sie den Film als ein Ganzes, in seiner historischen Dimension in den Griff bekommen. Die Eigenheit eines konkreten Films, seine Individualität, bestimmt sich nicht zuletzt aus dem Vergleich mit anderen Filmen, sprich: der Produktion von Filmen im allgemeinen. Um hierfür nur ein konkretes Beispiel anzuführen: Im Film *Casablanca* ist sehr häufig die Untersicht strategisch eingesetzt. Das ist vor allem auf den Kameramann Arthur Edeson zurückzuführen, der bei der Produktionsgesellschaft *Warner Brothers* zu dieser Zeit diesen Filmstil mit einigen anderen entwickelt hat; m.a.W. die häufige Untersicht ist charakteristisch für die meisten Filme, die zu dieser Zeit bei dieser Produktionsgesellschaft gedreht wurden (vgl. auch 3.4.).

3.3. Zur Geschichtlichkeit der Filmproduktion und -distribution

Der Aspekt der Filmproduktion im allgemeinen wirft gewichtige Probleme auf. Es gibt zwar eine ganze Reihe von Filmgeschichten, die jedoch durchweg ein unbehagliches Gefühl beim Leser entstehen lassen. Entweder erschöpfen sie sich in Biographien von Stars bzw. Regisseuren, oder sie beschreiben die Entwicklung einzelner Produktionsgesellschaften, oder sie bestehen aus einer Aufzählung und Beschreibung mehr oder weniger nach persönlichem Geschmack ausgewählter einzelner Filme. Das betrifft allgemeine Filmgeschichten ebenso wie länderspezifische, wobei für die USA noch die meisten Versuche vorliegen. Bei dem Problem der Geschichte des Films wirken sich Probleme der Geschichtsschreibung im allgemeinen aus, d.h. es bleibt nach wie vor relativ willkürlich oder doch problematisch, von welchem Standpunkt aus welche Selektion aus der Fülle der produzierten Filme vorgenommen wird. Es ist kein Zufall, daß in den letzten zehn Jahren keine umfassende Filmgeschichte mehr vorgelegt wurde. Vor allem ist es bisher nicht gelungen, eine Geschichte des Films zu schreiben, die die integrativen Zusammenhänge einzelner Filme mit Produktion und Rezeption als übergreifenden Perspektiven zureichend berücksichtigt.

Die bekannteste Filmgeschichte ist die *Geschichte des Films* von Ulrich Gregor und Enno Patalas (Gütersloh, 1962), jüngst in Taschenbuchausgabe wieder aufgelegt (Reinbek, 1976). Sehr empfehlenswert ist das *Lexikon des internationalen Films,* Bd. 1 u. 2, hrsg. v. Ulrich Kurowski unter Mitarbeit von Jürgen Römhild (München, 1975), in dem auf kürzestem Raum die Geschichte des Films länderspezifisch dargestellt wird. Im angelsächsischen Raum findet sich ähnlich, aber stärker auf einzelne Filme ausgerichtet, etwa *A Concise History of the Cinema,* 2 vols., ed. by Peter Cowie (London/New York, 1971), mit vielen anschaulichen Abbildungen. Aufmerksam gemacht werden soll auch auf ,The International Film Guide Series', die von Peter Cowie bei dem Verlag The Tantivy Press herausgegeben wird; sie enthält neben zahlreichen Überblicken zum Werk von Regisseuren oder zu Genres auch die dekadisch angelegten Standardarbeiten zum Kino in Hollywood, z.B. *Hollywood in the Thirties* von John Baxter (London/New York, 1968), *Hollywood in the Forties* von C. Higham und J. Greenberg (1968) und *Hollywood in the Fifties* von Gordon Gow (1971).
Über Probleme der Filmgeschichtsschreibung reflektierte jüngst Geoffrey Nowell-Smith: „Facts about Films and Facts of Films" (*Quarterly Review of Film Studies,* vol. 1 (1976), No. 3, 272—275). In der Bundesrepublik umgeht man das Problem durch die Form des enzyklopädischen Filmlexikons; mehrere Verlage bereiten derzeit solche Publikationen vor. Unter der Leitung der Stiftung Deutsche Kinemathek in Berlin laufen derzeit die Arbeiten an einer umfangreichen neuen *Geschichte des Films in Deutschland* (also nicht mehr nur einer Geschichte des deutschen Films).

Aus der Vielzahl der Publikationen ragt vor allem die 1970 von Dieter Prokop verfaßte und seither heftig diskutierte *Soziologie des Films* hervor, eine Geschichte der (amerikanischen) Filmproduktion aus soziologischer Sicht.[9] Seine zentralen Thesen sollen im folgenden im Überblick dargestellt werden. Dabei wird vor allem die in unserem Zusammenhang relevante enge Verknüpfung von Produktion und Distribution am Beispiel der amerikanischen Filmwirtschaft deutlich werden.

Prokop will in Anlehnung u.a. an Bächlin offenlegen, welche strukturellen Zwänge bei der Entwicklung des Films seit Beginn dieses Jahrhunderts ausschlaggebend waren − im Hinblick auf sich verändernde Publikumsstrukturen, Strukturen des Freizeitverhaltens und der Selbszensur, vor allem aber in Berücksichtigung der sich verändernden Struktur der Filmwirtschaft. Er unterscheidet dabei vier Stadien der Entwicklung (in den USA mit ihrer am weitesten fortgeschrittenen Filmwirtschaft): ein Polypol, ein Oligopol, ein Monopol und ein internationales Monopol.

Das erste Stadium der Entwicklung, das sog. *Polypol,* umfaßt die Zeit von 1896 bis 1908. In der Marktform des Polypols besteht eine Konkurrenzsituation vieler kleinerer Anbieter, die jeweils wenige Filme mit relativ geringen Unkosten und entsprechend kleinen Gewinnen produzieren. In dieser Phase war es für die Filmproduzenten notwendig, auf die Präferenzen begrenzter Gruppen von Konsumenten einzugehen. Zugleich wurde im Hinblick auf Filmformen und Filminhalte weitgehend experimentiert. Die innerbetriebliche Struktur einer Filmproduktions-Organisation erlaubte eine begrenzte Initiative des künstlerischen und technischen Personals. Verwaltungs- und künstlerische Funktionen waren häufig derselben Person übertragen. Der Produzent hatte nur begrenzte Einflußmöglichkeiten und angesichts der Attraktion des (neuen) Mediums Film war eine allgemein verbindliche Selbstzensur der Filmwirtschaft überflüssig. Zu dieser Zeit bestand das Filmpublikum hauptsächlich aus Angehörigen der städtischen Unterschichten.

Im zweiten Stadium, dem sog. *Oligopol* in der Zeit von 1909 bis 1929, hat sich die Marktsituation insofern verändert, als sich nur noch vergleichsweise wenige Anbieter in einer Konkurrenzsituation befinden, wobei es weniger um eine gesicherte Existenz als vielmehr um Marktanteile ging. Entsprechend mußten Filme produziert werden, die bei steigenden Kosten eine größere Rentabilität garantierten. (Hier wurde beispielsweise das schon erwähnte Starsystem eingeführt.) Es entwickelte sich ein Trend zur Standar-

---

9 Dieter Prokop. *Soziologie des Films.* Darmstadt u. Neuwied, 1970 (als Taschenbuch in der Sammlung Luchterhand, Soziologische Texte Bd. 69, 1974). − Weitere Studien zur (amerikanischen) Filmindustrie aus den 70er Jahren werden u.a. von J. Douglas Gomery vorgestellt: „Film Industry Studies: The Search for a Theory". (*Quarterly Review of Film Studies,* vol. 1 (1976), No. 1, 95−100).

disierung der Filme, die mehr und mehr auf die Präferenzen eines breiteren, kaufkräftigeren Publikums zugeschnitten waren. Die innerbetriebliche Struktur veränderte sich mit der Umwandlung in einen arbeitsteiligen hierarchisch gegliederten Produktionsbetrieb ebenfalls. Die Entscheidungsbefugnisse des künstlerischen und technischen Personals wurden reduziert zugunsten des Managements bzw. der Interessen der Kapitalgeber, d.h. formale und inhaltliche Experimente waren kaum mehr möglich. Die Filmwirtschaft entwickelte zugleich eine Selbstzensur, vor allem um organisierten Protesten einflußreicher Verbraucherverbände (gegen die ‚Unmoral' der Hollywoodfilme) zu begegnen und angedrohte Boykottmaßnahmen abzuwenden. Auf Initiative von Großfirmen wurden Regeln aufgestellt, deren Nichtbeachtung gleichbedeutend war mit dem Bankrott der Produktionsfirma. Um hierfür nur zwei anschauliche Beispiele zu nennen: Geistliche durften nicht lächerlich gemacht werden; Mann und Frau durften nicht zusammen im Bett gezeigt werden. Beim Publikum vollzog sich entsprechend ein Übergang vom Unterschicht- zum Mittelschichtpublikum.

Das *Monopol* als drittes Stadium in der Zeit von 1930 bis 1946 ist geprägt vom Zusammenschluß der Produzenten zu großen Produktionsgesellschaften und der Aufteilung des Marktes, so daß die einzelnen Marktteile von Alleinanbietern beherrscht wurden. Bei weiterhin steigenden Produktionskosten bzw. Investitionen war die Filmwirtschaft noch stärker auf längerfristig kalkulierbare Rentabilität angewiesen. Das wirkte sich u.a. in einer noch präziseren Ausrichtung auf die Präferenzen des breiten Publikums aus. Romantische Liebe und Happy End werden zum Standardmuster des Hollywoodfilms und Bezüge zur gesellschaftlichen Realität (Arbeit, Geldverdienen, Weltkrieg usw.) wurden weitgehend ausgelassen; Prokop nennt das „generelle Rezeptivität".[10] Im Monopol erfolgte die klare Unterordnung des künstlerischen und technischen Personals unter die Verwaltungsspezialisten (wie vor allem den oben erwähnten Produktionsleiter). Schauspieler und Regisseur wurden durch langfristige Verträge, deren Einhaltung durch schwarze Listen gesichert war, an ihre Gesellschaften gebunden. Die freiwillige Selbstzensur der Filmwirtschaft implizierte jetzt auch die Ausschaltung kleinerer Produktionsfirmen, die sich etwa auf sozialkritische Filme oder ästhetische Experimente einließen. Auf der Publikumsseite dominierte nun deutlich die zahlenmäßig größte Schicht, die untere Mittelschicht, bei der sich der Filmbesuch zum institutionalisierten Freizeitver-

---

10 Prokop hat die Bedeutung dieses zentralen Begriffs an anderer Stelle ausführlicher erläutert: „Versuch über Massenkultur und Spontaneität". Einleitung zu *Materialien zur Theorie des Films*, 11—56, und „Zum Problem von Produktion und Kommunikation im Bereich der Massenmedien". *Massenkommunikationsforschung 1: Produktion*, hrsg. von D. Prokop. Frankfurt am Main, 1972, 9—27. Siehe auch Problemfeld V *Rezeption*.

halten entwickelte mit der Funktion, Ventil und Ersatz zu bieten für Versagungen und Frustrationen im realen Leben (z.B. in Form von Aufstiegs- und Konsumidealen).

Im vierten Stadium der Entwicklung, dem *internationalen Monopol* in der Zeit von 1947 bis heute, waren vor allem zwei Strukturveränderungen maßgebend: einerseits ging die Nachfrage der Filmkonsumenten zurück (u.a. auf die Entwicklung und Verbreitung des Fernsehens zurückzuführen), andererseits verfügte das sog. Entflechtungsurteil des obersten Bundesgerichts die Aufgabe der Beherrschung des Filmhandels durch die Produktionsgesellschaften. Jede Produktionsgesellschaft — es gab im wesentlichen nur noch fünf Giganten (Paramount, Loew's (MGM), RKO, Warner Bros. und Twentieth Century-Fox) — mußte sich von ihren Filmtheaterketten trennen. Um den Absatz ihrer Produkte zu garantieren, hatten die Gesellschaften die Produktion mit der Distribution insofern aufs engste verbunden, als sie entweder eigene Kinos bauten, in denen nur Filme der jeweiligen Gesellschaft gespielt werden durften, oder unabhängige Kinobesitzer zum sog. Blockbuchen zwangen, d.h. gute, teure Filme (*A-pictures*) nur zusammen mit schlechten, nicht marktgängigen bzw. billigen Filmen (*B-pictures*) in einem Filmpaket verliehen. Die Filmwirtschaft mußte danach zwangsweise auf Auslandsmärkte ausweichen und konzentrierte sich zugleich auf wenige Prestigefilme mit ausreichendem Attraktionswert für das schwindende Publikum. In dieser Phase erfolgte die Unterordnung auch des europäischen künstlerischen und technischen Personals unter die Befehlsgewalt der amerikanischen Verwaltungsspezialisten. Beim Publikum dominierte zwar immer noch die untere Mittelschicht, aber der Kinobesuch wurde, obwohl die Ventilfunktion nach wie vor dominant war, für die meisten Konsumenten eher ‚zufällig', eine unter vielen Freizeitaktivitäten.

Der schematische Charakter der von Prokop unterschiedenen vier Entwicklungsphasen der Filmproduktion kann, obwohl im Detail überzeugend, insgesamt Zweifel aufkommen lassen an ihrer Stimmigkeit. Ihm gelingt es damit jedoch, einen übergreifenden Zusammenhang der Filmproduktion zu rekonstruieren, der die Relevanz der geschichtlichen Entwicklung der Filmproduktion und zum Teil -distribution für die Analyse des einzelnen Films in ausreichendem Maße belegt. Die Filmanalyse muß sich in Hinsicht auf die Produktion demnach einerseits auf die *spezifische* Produktion des zu betrachtenden Films ausrichten, d.h. auf Regisseur, Kameramann, Cutter und Produzenten, zugleich aber andererseits auch die *allgemeine* Produktionsweise in der Entstehungszeit des Films berücksichtigen, d.h. die strukturellen Verhältnisse der Filmindustrie insgesamt.

Filmwirtschaft und Filmpolitik sind weitgehend länderspezifisch geprägt. Das macht es unumgänglich, sich bei der Filmanalyse auf die jeweils vorliegende umfangreiche Literatur zur Filmproduktion in einem bestimmten Land und zu einer bestimmten Zeit einzulassen. Bibliographien der Literatur zur Filmproduktion sind noch weitgehend unzureichend und vor allem nicht genügend spezifiziert, um schnell und verläßlich ausreichende Informationen zur infrage kommenden Zeitspanne anzubieten. Wichtige Standardwerke nennen teils die in der *Einleitung* angeführten Quellen. Unerläßlich ist es, zu einzelnen Aspekten der Produktion im besonderen wie im allgemeinen nationale und internationale Filmzeitschriften zu Rate zu ziehen: die bibliographischen Angaben sind bei Einzelstudien sei es zu bestimmten Regisseuren, sei es zu bestimmten Produktionsgesellschaften oder auch Dekaden der Filmgeschichte häufig vollständiger als Auswahlbibliographien und zugleich auf dem neuesten Stand. Institutionen wie die *Stiftung Deutsche Kinemathek* (Pommernallee 1, 1 Berlin 19) und vor allem das *Deutsche Institut für Filmkunde* (Schloß, 6202 Wiesbaden-Biebrich) haben ihre Literaturbestände karteimäßig so differenziert, daß auch Zeitschriften-Aufsätze und Zeitungsartikel bibliographisch erfaßt werden; sie geben auf Anfrage gerne Auskunft.

Übergreifendes Problem der Filmgeschichten und Geschichtlichkeit der Produktion (und Rezeption) ist die philosophische Konzeption von Geschichte. Einen ersten knappen Überblick vermittelt hierzu der Artikel „Geschichtsphilosophie" von J. Fetscher im Fischer Lexikon *Philosophie* (107—126); detaillierter das Buch *Seminar: Geschichte und Theorie. Umrisse einer Historik,* hrsg. v. H.M. Baumgartner und J. Rüsen (Frankfurt am Main, 1976). Allgemeine Probleme der modernen Geschichtsschreibung werden prägnant erläutert in *Ansichten einer künftigen Geschichtswissenschaft Bd. 1; Kritik-Theorie-Methode,* hrsg. v. J. Geiss und R. Tamchina (München, 1974) oder auch deutlich in *Die Funktion der Geschichte in unserer Zeit,* hrsg. v. E. Jäckel und E. Weymar (Stuttgart, 1975) und in *Geschichte — Ereignis und Erzählung,* hrsg. v. R. Kosellek und W.-D. Stempel (München, 1973).

3.4. ‚Autor' (Regisseur) und ‚Genre' als teilgeschichtliche Kategorien

Neben *ökonomisch* orientierten filmgeschichtlichen Konzepten gibt es auch eine ganze Reihe von übergreifenden *motiv*geschichtlichen Entwürfen einer Filmgeschichte. Hans Scheugl hat vor einiger Zeit einen solchen Überblick zum Thema ‚Sexualität und Neurose' vorgelegt[11], der zweifellos großen historischen Wert hat. An über 1000 Filmen von den Anfängen bis in die 70er

---

11 Hans Scheugl. *Sexualität und Neurose. Kinomythen von Griffith bis Warhol.* München, 1974. TEXT 3 siehe *ebd.,* 99; dabei handelt es sich nur um einen kurzen Abschnitt aus seiner Zusammenfassung des Buchs I, der hier demonstrativen Charakter hat und die detaillierten Begründungen im Haupttext nicht ersetzen kann.

Jahre untersucht Scheugl die Veränderungen der Rollen von Mann und Frau und die sich daraus ergebenden variablen Beziehungsmuster zwischen den Geschlechtern. Auf dem Hintergrund der politischen und der Wirtschaftsgeschichte gelingen ihm dabei übergreifende Perspektiven auf den Film, wie sie der folgende TEXT andeuten kann:

TEXT 3

Die Emanzipation der Frau wurde vom Mann ungern gesehen und im Film nur zögernd eingestanden. Die erotischen und dämonischen Frauen sind zwar Manifestationen solcher Veränderung, doch stellen sie zugleich die Antwort des Mannes dar, denn sie sind Produkte seiner Phantasie. So kommt es, daß sich das Bild der emanzipierten, erotischen und dämonischen Frau meist deckt. Die erotische Frau tritt stets in Krisenzeiten auf und immer in Verbindung mit der dämonischen Frau. Im 1. Weltkrieg wurde der Vamp zur Verkörperung sexueller Freizügigkeit und zugleich als dämonische Frau zur Negation solcher freiheitlicher Bestrebungen. Im 2. Weltkrieg trat derselbe Vorgang in zwei Etappen ein. Der Pin-Up-Star war während des Krieges das Idol der Soldaten. Mit der Rückkehr zu Heim und Familie wurden die Bedürfnisse wieder auf normalem Weg befriedigt und die Macht des Sex-Stars kräftig beschnitten: er wurde dämonisiert und später lächerlich gemacht. Eine scheinbare Freiheit im Sexuellen dauerte nur so lange, als sie für den Mann Gebrauchswert hatte. Der Vamp und das Pin-Up-Girl waren als Wunschvorstellungen männlicher Phantasie letztlich a-emanzipatorische Erscheinungsformen. Durch die beiden Weltkriege ergab sich für die Frau jedesmal die Gelegenheit (bzw. Notwendigkeit), ihr Schicksal ohne den Mann zu bestimmen. Die starken gesellschaftlichen Veränderungen der zwanziger Jahre erlaubten der Frau, ihre neuerlangte Selbständigkeit weiter zu behaupten. Sie führte nun vor Augen, was bisher dem Mann vorbehalten war: die freie Wahl des Partners.
Die Weltwirtschaftskrise brachte die Frau wieder zur Räson; sie suchte Sicherheit und fand sie beim Mann. Der Preis dafür war die Aufgabe ihrer Selbständigkeit. Ihre Vergangenheit (in den zwanziger Jahren) mußte sie als Verfehlung und Sünde eingestehen. In den „Liebesgöttinnen" der Garbo, Dietrich und Mae West lebte die emanzipierte Frau der zwanziger Jahre in sehr stilisierter und der Gegenwart entrückter Form fort. In der zweiten Hälfte der dreißiger Jahre glich sich das Gefälle zwischen Mann und Frau wieder aus und die Herausforderung der „Liebesgöttinnen" mußte dem gemäßigten Typ der „guten Kameradin" Platz machen.

Nach 1945 hatte es die in den Kriegsjahren emanzipierte Frau nicht so leicht wie in den zwanziger Jahren. Der Mann war diesmal nicht bereit, eine Minderung seiner geschlechtlichen Machtposition hinzunehmen. Die Kämpfe zwischen Mann und Frau tobten in der „schwarzen Serie" bis 1947. 1948 beruhigte sich die Lage. Die heimkehrenden Soldaten hatten wieder die von den Frauen ausgeübten Berufe und Stellungen übernommen – und die Frau hatte kapituliert.

Eher partiellgeschichtlich und noch stärker selektiv sind Versuche, geschichtliche Zusammenhänge an einer Person oder an einem Genre festzumachen; sie haben sich sogar einmal mit filmtheoretischen Ansprüchen ausgestattet (vgl. oben 2.2.). Neuerdings begreift man als ‚Autor' auch etwa den *Produzenten,* der als Kristallisationspunkt für ein Stück Filmgeschichte dienen kann; so konnten Briefe, Memos, Telegramme etc. aus dem Leben beispielsweise von David O. Selznick zu einem spannenden Hintergrundbuch zusammengestellt werden, in dem von 1926 bis 1965 Filmproduktion quasi dokumentiert wird – so die Produktion der Filme *Gone With the Wind* und *Rebecca* mit je mehr als hundert Seiten.[12] Schon seit längerem durchgesetzt hat sich dagegen die Orientierung am *Regisseur* als dem ‚Autor'. Ähnlich wie bei Geschichten von Filmstars treten hier immer wieder auch verherrlichende Tendenzen zutage, aber dominant ist eher das Bemühen, mit dem Regisseur des Künstlers habhaft zu werden, der aus einer produktionsästhetischen Perspektive als ‚Macher' des Kunstwerks sozusagen zum Schlüssel seines Verständnisses zu werden verspricht. Ziel ist also das Verständnis eines Films aus den Intentionen und der gesamten Person seines (im Produktionsteam zumeist künstlerisch wichtigsten) Urhebers. Eine solche produktionsorientierte Filmanalyse ist zweifellos von großem Interesse und oft genug auch unverzichtbar für eine umfassende Analyse eines Films. Freilich muß dabei stets bewußt bleiben, daß damit nur erst *eine* Seite des Films (als Kommunikation) erfaßt worden ist und diese zudem auch nicht unbedingt verläßlich. Selbst wenn man die Bereitschaft eines Regisseurs, laufend und umfassend bis in Details über die Produktion seiner Filme Rechnung zu legen, einmal unterstellen wollte – und viele Regisseure verweigern sich solchen Aufklärungen, oft mit dem Hinweis auf den Film selber –, so wäre auch dieser Gewährsmann nur eine unter vielen Quellen, die gleichermaßen mit Vorsicht und kritischer Distanz zu nutzen sind; schließlich ist es fast

---

12 *Memo From David O. Selznick,* selected and edited by Rudy Behlmer with an introduction by S.N. Behrman. New York, 1972. – Siehe dazu auch den gleichnamigen Artikel von Harun Farocki über dieses Buch (*Filmkritik,* 20. Jg. (1976), H. 4, 146–157) und Auszüge aus einem Vortrag Selznicks über „Die Aufgaben des Producers und die Herstellung von Spielfilmen". (im selben Heft, 182–187). – Ähnlich ist auch der Versuch, anhand anderer Instanzen wie z.B. des Drehbuchautors Geschichte zu schreiben (siehe den Nachweis oben in Anm. 2).

die Regel, daß die komplexe Bedeutungsvielfalt eines Spielfilms selbst von seinem Regisseur nur partiell erläutert werden könnte, weil sie eben nur partiell bewußt und reflektiert geschaffen wurde. Und Andrew Sarris[13] beispielsweise gibt zu bedenken, daß der Regisseur gerade in bestimmten Zeitspannen in Hollywood kaum so dominant die Filmproduktion hat bestimmen können wie hier unterstellt werde; daß viele Regisseure ganz berechtigt anonym bleiben, weil ihre Filme gewissermaßen ‚von der Stange' kämen, Fließbandarbeiten seien; und daß Filme mitunter ihre charakteristischen Merkmale eher vom Schauspieler (z.B. Humphrey Bogart oder Greta Garbo) erhalten als vom Regisseur.

Grundsätzlich sollte vielleicht gelten, daß bei der Analyse eines *einzigen* Films Informationen über den Regisseur zwar herangezogen, aber nicht als Informationen über seinen *Film,* sondern über seine *Person* angesehen werden, also eher über den Kommunikator und nicht über das Kommunikat. Etwas anders verhält es sich, wenn *alle* Filme eines Regisseurs zur Debatte stehen. Hier können — eingeschränkt — bestimmte Strukturmuster der Filme, sofern sie beispielsweise gleichbleiben (etwa Konstellationen von Personen), mit Vorbehalt als Auswirkungen *auch* persönlicher (biographischer) Daten und Ereignisse begriffen werden. Aussagen über die Relation von Kommunikat und Kommunikator sind hier leichter und gemäß der gewählten Perspektive (‚Autor'orientiertheit) sicher auch sinnvoller, *prinzipiell* aber ebenso begrenzt in ihrem Wert (für die Filmanalyse) wie Aussagen allein über die Person des Regisseurs; schließlich gehen Filme, schon gar nicht die besten, niemals gänzlich auf in einem rein subjektiven, privaten Bezugsraster aus biographischen Daten.

Die folgenden beiden TEXTE sind Auszüge aus ganz unterschiedlichen ‚Filmographien' bzw. produzentorientierten Ansätzen, anhand derer Möglichkeiten und Grenzen der Kategorie ‚Autor' als geschichtlicher vielleicht deutlicher werden. Hilfreich beim Vergleich könnten Fragen sein wie: Wann wird über den ‚Autor' als Person gesprochen? wann über ihn als Filmemacher? Was wird über den Film/die Filme gesagt? Wie ließen sich die Arten von Geschichte beschreiben, die in den beiden Auszügen konstruiert werden? An welchen Stellen wird hier (wie?) vom jeweiligen Verfasser gewertet? und betrifft die Wertung eher den Film/die Filme? eher dessen /deren

13 Andrew Sarris. „Towards a Theory of Film History". *Movies and Methods. An Anthology,* ed. by Bill Nichols. Berkely etc., 1976, 237—251.

Thematik? oder den ‚Autor' als Person? oder sagt die Wertung mehr aus über den jeweiligen Verfasser selber? Schließlich: Welche Bilder von der Produktion von Film werden hier implizit dargeboten?[14]

TEXT 4

Die Regisseurin Helke Sander ist eine politisch engagierte Frau, die ihre täglichen Erfahrungen in ihre Arbeit einbringt und umsetzt: in Artikel und Bücher, in der Gruppenarbeit mit anderen Frauen, in ihre Filme. Die damit ihren Geschlechtsgenossinnen zeigen will, daß sie mit ihren Erfahrungen und Problemen kein Einzelfall sind, und man gemeinsam bessere Lösungen finden kann, indem man sich einander mitteilt und hilft. Es gilt das Motto „Einigkeit macht stark", wenn es um die ersten Gehversuche selbständig werdender Frauen in einer — wie sie meinen — frauenfeindlichen, von Männern beherrschten Gesellschaft geht. . .

1962 inszenierte sie ihr erstes Theaterstück. „Hinkemann" von Ernst Toller. Es folgten weitere Regiearbeiten für Bühne und Fernsehen. Besonders interessierte sie das anvantgardistische Theater und die Improvisation.

1965 kam sie nach Berlin zurück. Ein Versuch, in dieser Stadt ebenfalls am Theater zu arbeiten, scheiterte, und sie begann 1966 mit dem Studium an der Deutschen Film und Fernsehakademie. Nebenbei verdiente sie Geld als Übersetzerin und Reporterin. . .

1967/68 entsteht für das finnische Fernsehen ihr erster politischer Film: „Brecht die Macht der Manipulateure", in finnischer und deutscher Fassung. Sie will damit die Kampagne der Studenten gegen den Springer-Konzern unterstützen und beschreibt ihre eigene Situation und Bewußtwerdung damals so: „Ich war von der politischen Notwendigkeit der Kampagne gegen den Springerkonzern überzeugt worden und wollte die Inhalte dieser Arbeit mit meinem Film unterstützen und anderen vermitteln. Darüberhinaus hat mir die Arbeit an diesem Film die Augen über bestimmte andere politische Wirklichkeiten ge-

---

14 Die folgenden beiden TEXTE wurden aus Raumgründen beschnitten und lassen demnach kein Urteil über ihre Qualität insgesamt zu; vielmehr sollen sie dem Leser als Material dienen dazu, sich mit zwei Beispielen zum ‚Autor' als teilgeschichtlicher Kategorie auseinanderzusetzen. TEXT 4: Ulrike Storch. „Die Filmographie — Helke Sander" (*Die Information*, 7. Jg. (1979), Nr. 1/2/3, 16—19), TEXT 5: (aus der Einleitung von) Hartmut Bitomsky unter Mitarbeit von Martina Müller: „Passage durch Filme von John Ford. Gelbe Streifen — Strenges Blau". (1. Teil: *Filmkritik*, 22. Jg. (1978), H. 6; 2. Teil: *Filmkritik*, 23. Jg. (1979), H. 3; 3. Teil: folgt demnächst; Zitat hier aus dem 1. Teil, 284—293).

öffnet. Ich merkte, daß es bei den ca. 30 verschiedenen Arbeitskreisen keinen gab, der sich mit den Teilen der Springerpresse auseinandersetzte, die sich direkt an Frauen wandten ... Das Interesse an diesem Thema führte dazu, daß ich mich direkt an Frauen wandte, was sofort danach die Entstehung des „Aktionsrates zur Befreiung der Frauen" brachte ... und fing zum ersten Mal in meinem Leben an, mich nach Frauen zu sehnen, nach ihren Argumenten und Diskussionen."

1968 gründet sie dann den „Aktionsrat zur Befreiung der Frauen": erste Kinderläden entstehen, andere Probleme, die Kindererziehung betreffend, werden diskutiert und angepackt. Für Helke Sander wird eine Erfahrung innerhalb ihrer Arbeit immer mehr zum Mittelpunkt: Die Interessen der Frauen werden nirgendwo vertreten, Frauen werden nur anerkannt, wenn sie sich anpassen. Am stärksten betroffen von den Nachteilen in unserer Gesellschaft sind die Mütter. ...

1972 wird sie Mitbegründerin der Frauengruppe „Brot und Rosen", ist Mitautorin am „Frauenhandbuch Nr. 1, Abtreibung und Verhütung". Sie engagiert sich gegen die Aufrechterhaltung des Abtreibungsparagraphen 218 und analysiert die Argumente der Ärzte und Kirchen für dessen Aufrechterhaltung.

Im selben Jahr dreht sie gemeinsam mit Sarah Schumann den 40-Minuten-Film „Macht die Pille frei?". In Gesprächen mit jungen Frauen und Männern über deren sexuelle Beziehungen will sie verdeutlichen, wie frauenfeindlich die herkömmlichen Verhütungsmethoden sind und wie schädlich die Pille ist. ...

1977 begann sie dann mit den Dreharbeiten zu ihrem ersten abendfüllenden Spielfilm: „Die allseitig reduzierte Persönlichkeit — Redupers". Ein Film über eine Frau und eine Stadt. Die Frau ist Edda Chiemnyjewski, freie Pressefotografin in Berlin. Sie ist eine von vielen Frauen, die Berufs- und Privatleben unter einen Hut bringen wollen und zwar so, daß am Ende noch ein bißchen Leben dabei herauskommt, nicht nur Unzufriedenheit, Hektik und Streß.

Edda lebt von den Honoraren für ihre Fotos, versucht eine einigermaßen friedliche Beziehung zu ihrer kleinen Tochter aufzubauen und auch der Freund paßt sich lieb in das Leben dieser allseitig REDUzierten PERSönlichkeit ein.

Der Film handelt darüberhinaus aber auch von der Stadt Berlin. Von dieser Stadt soll Edda gemeinsam mit anderen Kolleginnen Fotos machen, für den Senat dieser Stadt, der damit deren Image pflegen möchte. Doch die Frauen denken an ganz andere Fotos: vom Alltag,

von der Mauer, von alten Leuten, verfallenen Häuserfronten, Bau-
und Abrißstellen. Sie wollen nicht die mit Milliarden-Subventionen ge-
liftete Maske Westberlins ablichten, sondern das wahre Gesicht dieser
Stadt mit „Sonderstellung". Nicht was der Auftraggeber sehen will,
sondern was der Bürger täglich zu sehen bekommt, wollen sie im Bild
festhalten.

So ist dieser Film über die Frauenprobleme hinaus ein Film über
Westberlin und über die Möglichkeiten, heute in dieser Stadt zu leben,
ohne in einer künstlichen, isolierten Atmosphäre zu ersticken. Selbst,
wenn man wie Helke Sander, eine kritische und politisch engagierte
Filmmacherin ist.

*1977   DIE ALLSEITIG REDUZIERTE PERSÖNLICHKEIT —
REDUPERS*
Produktion: Basis-Film Verleih, Berlin/ZDF, Mainz, Regie: Helke
Sander, Drehbuch Helke Sander, Kamera: Katia Forbert, Musik:
Beethoven, W. Kollo, Lothar Olias, Schnitt: Ursula Höf,
Darsteller: Helke Sander, Joachim Baumann, Frank Burckner, Eva
Gagel, Ulrich Gressieker, Beate Kopp, Andrea Malkowsky, Gislind
Nabakowski, Helga Storck, Gesine Strempel.
— Wie eine freie Pressefotografin in Westberlin mit ihrem Leben und
    dieser Stadt fertig wird. —

TEXT 5

3.

. . . .
Wir fragen also, welches der vorgezeichnete Plan ist und welches die
vorgegebenen Prämissen sind: wenn er sich nicht als Autor versteht.

4.

I'm a hard-nosed director; Filmemachen wäre nur ein Job für ihn und
weiter nichts. Von Kunst, gab er an, nichts zu verstehen; ihn als einen
Künstler zu betrachten, hielt er für übertrieben (oder unschicklich?).
Welles und Bergman sollen ihn den größten Regisseur genannt haben;
er kannte ihre Äußerungen sehr wohl...

14.

Jean Mitry, auf der Suche nach einem gemeinsamen Nenner der Ford-
Filme, hat geglaubt, sie handelten von Gruppen, die sich in einer ge-
fährlichen Situation bewähren müßten. Die Formel ‚Gruppe in Bewährung' ist als originale Erkenntnis gern weitergereicht worden und ist
auch heute noch am Leben gehalten. Ein erster Augenschein mag

Mitry rechtgegeben haben, er genügt nicht. Was daran nicht stimmt, ist die diffuse Soziologie, die mit einem solch schwachen Begriff wie der ‚Gruppe' operieren muß...

Kein Zweifel kann daran sein, daß die vielen, sicherlich oft nur beiläufig oder versteckt formulierten Hinweise auf den Zustand der familiären Beziehungen [fast jeder Figur] sich nicht zufällig in dem Film [*Stagecoach*] häufen. Auch wird eine bloß oberflächliche Überschau von anderen Ford-Filmen die gleiche Sachlage bestätigen: in jedem Film von Ford wird in einem soziologischen Code von familiären Beziehungen gehandelt.

15

Es gibt also thematische Invarianten im Oeuvre von Ford. Sie zu bestimmen, ist nicht so leicht. Die Definitionen reichen von Mitrys „Gruppe in Bewährung" bis zu Bogdanovichs „glory in defeat", aber sie treffen, wenn überhaupt, immer nur auf einen Teil der Filme zu.

Daß die Filme von Ford voller wiederkehrender Motive, Ähnlichkeiten, Wiederholungen sind, ist of festgestellt worden. Das naheliegendste Exempel ist die legendäre *stock company*. Spätestens seit Mitte der 30er Jahre zeigt sich, daß Ford Rollen bevorzugt mit gleichen Schauspielern besetzt. Es hat eine *Filmkritik* dazu gegeben (Nr. 181, 1972, von W.-E. Bühler).

Auf das stilistische Gleichmaß, das die Filme durchdringt, hat Anderson hingewiesen (zu THEY WERE EXPENDABLE, in *Sequence, No. II, 1950*): das Licht, die Komposition der Bilder, die fegenden Action-Szenen, das Wechseln des Tempos, die Modulation zwischen komischer und romantischer Stimmung.

Schließlich die Wiederholung von Details, von Dialogstücken, von Ereignissen und Situationen, die Vorliebe für Schauplätze (Monument Valley in den Western) usw.: ihr beständiges, wenn auch variiertes Vorkommen legt nahe, von einem spezifisch Fordschen ‚Lexikon' zu sprechen.

. . . . .

17.

Die Hauptantinomie in Fords Filmen ist die zwischen Wildnis und Garten. Wie Henry Nash Smith in seinem maßgebenden Buch Virgin Land *nachgewiesen hat, ist Amerikas Denken und Literatur dominiert von dem gegensätzlichen Bild von Amerika als einer Wüste oder als einem Garten — was in zahllosen Romanen, Traktaten, politischen Reden und Zeitschrift-Artikel beständig wieder auftaucht. In Fords Filmen kristallisiert es sich in einer Unzahl von schlagenden Bildern.*

Wollen: *Signs and Meaning in the Cinema.*

Die Anatomie von Wildnis und Garten, von der Wollen schreibt, findet sich in einigen Filmen, in anderen gar nicht. Keiner der Fordschen Filme ist aufgrund eines einzigen Codes zu verstehen: denn es sind immer mehrere zugleich am Werk; aber nicht in allen Filmen die gleichen.

Man darf nicht auf den Fehler verfallen (gleichsam als Reflex auf die Originalitäts-Suche der Tageskritik), alle Filme als Auswürfe einer einzigen, gemeinsamen Matrix zu verstehen: als habe der Autor an nur „einem einzigen Film gearbeitet, dessen verschiedene Varianten eine Permutations-Gruppe" bilden (Wollen).

Auch die Abstände, die Filme zueinander haben, tragen zur Kohärenz eines Oeuvres bei. Was die Filme im Fordschen Oeuvre miteinander verbindet, ist nicht das ihnen allen gemeinsame explizite Vokabular, das Lexikon, sondern: die Funktionen, welche die Filme dem Vokabular zuerteilen und einräumen.

Was die Filme verbindet, ist eine Struktur. Sie gehören der Struktur an, ohne sie jedoch zu enthalten — wie ein Fluß nicht Ufer und Bett enthält und doch von ihnen zum Fluß gebracht ist.

Eine Struktur ist nichts anderes als ein System von Beziehungen, nichts als die Arbeit an Beziehungen: die Möglichkeit und die Notwendigkeit sie zu entfalten.

18.

Die Untersuchung, die wir begonnen haben, ist inspiriert vor allem durch jenes Auseinanderklaffen von Vergnügen und Bewertung der Ford-Filme. Das Vergnügen, das die Filme zu sehen bereitet, und die Bewertung, die sie erlitten haben.

Die konkrete Wahrheit, die man im Angesicht der Filme zu besitzen vermag, ist im Nachherein der Urteile, Analysen verflüchtigt, die den ‚Inhalt' der Filme auslegen, die Stories als Dokumente einer Geschichtsschreibung behandeln und Normen und Maximen dann darauf anwenden.

Es geht also vordringlich um eine andere Weise, die Filme von Ford zu verstehen, ohne sie zu liquidieren. Es geht nicht darum, sie auf Formeln zu reduzieren, ihre Quintessenz herauszupräparieren.

Es geht darum: theoretische Werkzeuge zu entwickeln, die mehr Sinn bei den Filmen zu erzeugen vermögen; mehr Sinn, als sowohl die Beweihräucherung wie auch die Ideologiekritik hineinlegen können.

. . . . .

22.

Ford macht den Hollywood-Film zur Mimikry eines Mythos. Seine Personen ist nicht verfügbar, er hat sie entzogen. Mythen haben keine Autoren.

Wenn im folgenden sein Name fällt, dann stets eingedenk dieser Überlegung; es ist damit weniger ein Subjekt bezeichnet als vielmehr ein Ort, der ein Schnittpunkt vieler Linien, vieler Quellen ist.

Es wäre falsch, die mythische Dimension in Fords Filmen nach der Autoren-Theorie begreifen zu wollen:
als wäre sie gewissermaßen eine persönliche Zutat, auf das Hollywood-System aufgepfropft;
als wäre sie ein Kassiber, in dessen Botschaft und Handschrift das Individuum noch einmal triumphiert über die kollektive, anonyme, nivellierende Industrie, die es gefangenhält und doch nicht zensieren kann;
als wäre sie eine idealistische Konterbande, die der hohlen Verwertungsmaschinerie untergeschoben ist und den Produkten eben jene rare Geschmacksnote verleiht, die allein sie genießbar macht.

Denn in eben dem Maße, wie Ford ,sich' durchsetzen konnte und ,seine' Filme, stagniert seine künstlerische Entwicklung: er beginnt sich zu wiederholen, er beharrt, macht das Gleiche in anderen Sujets. Statt der Leitlinie der bedingungslosen ästhetischen Innovation zu folgen — in der jeder Film die vorhergehenden zu übertrumpfen sucht —, resignieren seine Filme. 1939, wo es in drei Filmen manifest ist, hat Anderson sein *annus admirabilis* genannt.

Die Gesamtheit *aller* produzierten Filme, selbst (nur) als Produktionsgeschichte, könnte kaum auf weniger als vielen tausend Seiten — und damit unlesbar — dargestellt werden. Selektion ist offenbar unabdingbar. Nach einem Wort von Gerald Mast: „The history of the cinema will never be written; we shall simply have to be satisfied with histories of the cinema .... Different histories will say different things".[15] Es sind die jeweiligen Kriterien, nach denen ausgewählt, es sind die jeweiligen Bezugspunkte, nach denen dargestellt wird, welche im Zentrum der Aufmerksamkeit stehen sollten; an ihnen läßt sich die Brauchbarkeit mancher filmgeschichtlicher

Arbeiten und die Unbrauchbarkeit anderer für bestimmte Fragestellungen beurteilen. Umfassende länderspezifische, ökonomisch fundierte oder motivgeschichtliche Ansätze stehen dabei eher teilgeschichtlichen Versuchen wie zum ‚Autor' oder Regisseur gegenüber. Eine Art Kompromiß zwischen beidem scheint der Versuch zu sein, Filmgeschichte als Geschichte von *Genres* aufzufassen, die einerseits oft dem Hauptwerk des einzelnen Regisseurs Tribut zollt (z.B. die Geschichte des Western den meisten Filmen John Fords), andererseits aber nicht nur auf eine Person und auf einen relativ kurzen Zeitraum beschränkt ist.

Dieser Ansatz, obwohl wie selbstverständlich praktiziert, ist theoretisch noch umstrittener als die Orientierung am Regisseur. Andrew Tudor[16] beispielsweise weist darauf hin, daß man ‚den' Western eine Gruppe von Filmen nennt, die in einer Tradition stehen, die einer Reihe von Konventionen gehorchen: gewisse Themen, gewisse typische Handlungen, gewisse charakteristische Manierismen gemeinsam haben. Schon darin besteht ein gewisser Widerspruch; denn ‚der' Wester wird als Kategorie durchaus überflüssig, weil sich die Themen, Handlungen, Manierismen, die typisch für ‚den' Western sein sollen, ja nur an den Filmen aufzeigen lassen, die *zuvor* schon zu einer Gruppe zusammengefaßt wurden. Aber noch schwieriger wird es beispielsweise, wenn man ‚den' Western und ‚den' Horrorfilm als Gruppierung miteinander vergleicht; denn letzterer scheint sich vor allem aus der *Absicht* der Regisseure (nämlich zu erschrecken) zu definieren, nicht aber aus eher objektiven Momenten wie typische Handlungen etc. Natürlich ist der Begriff ‚Genre' nicht sinnlos, vor allem wenn man bedenkt, daß die Faktoren, die ein Genre bestimmen, nicht nur dem Film selber innewohnen, sondern auch abhängig sind von der Kultur, der wir angehören. Tudor befindet: „Genre ist das, was wir uns kollektiv darunter vorstellen."[17] Nur wenn man den Begriff z.B. ‚des' Western filmübergreifend, kulturspezifisch versteht und in dem Sinne einen historischen Wandel erkennt, daß gestern ein anderer Film als Western *par excellence* gelten mag als heute oder morgen, nur dann wird, nach Tudor, der Begriff des Genres mehr als eine dumme Verlegenheit sein können.

Von den zahlreichen, bereits vorliegenden und oft ausgezeichneten Geschichten von Filmgenres sei hier als ein Beispiel die Geschichte des Science Fiction-Films (SF-Films) von John Baxter angeführt.[18] Baxter grenzt

---

15 Gerald Mast. „Film History and Film Histories". *Quarterly Review of Film Studies,* vo. 1 (1976), No. 3, 297–314.

16 Tudor, *Film-Theorien,* 88ff.

17 *Ebd.,* 92.

18 John Baxter. *Science Fiction in the Cinema.* New York–London, 1970.

mit leichter Hand zunächst den SF-Film von anderen, verwandten Genres wie etwa dem Horrorfilm ab und erzählt sodann chronologisch über die seit Ende des letzten Jahrhunderts bis 1970 geschaffenen Filme allein dieser Sparte. Die Auswahl aus den vielen tausend SF-Filmen ist scheinbar wenig problematisch — Bekanntheit oder Typus sind wohl die implizit ausschlaggebenden Merkmale der Auswahl — und wird auch kaum reflektiert. Mit der Konzeption von Geschichte als simplem chronologischem Nacheinander gelingt Baxter freilich die Abgrenzung von in bestimmten Zeitspannen typischen Momenten von SF-Filmen; so z.b. stehen die Anfänge unter dem Signum des „first contact" zwischen Erde/Mensch und anderen Planeten und Rassen, dominieren Invasions- und Monsterfilme in den 50er Jahren, Weltuntergangsfilme in den 60er Jahren usf. Da die meisten Filme, denen sich die Filmanalyse zuwendet, dem einen oder anderen Genre angehören dürften, können hier in Ergänzung zu ökonomisch, motiv- oder ‚autor'-/regiebezogenen Filmgeschichten ganz neue geschichtliche Zusammenhänge offengelegt werden. Aber erneut: die Brauchbarkeit auch solcher Genre-Geschichten hängt jeweils von der gewählten bevorzugten Fragestellung der Filmanalyse ab.

4. Problemfeld IV: Das Kino

4.0. Groblernziele

Filmproduktion und Filmverleih bieten auf einem allgemeinen Markt die Ware Film an, die von Interessierten ‚gekauft', d.h. konsumiert wird. Ein Film wird zwar in einer großen Zahl von Kopien hergestellt, ist aber wesenhaft Kommunikation (siehe Problemfeld I), d.h. nicht der Filmstreifen selber wird gekauft, sondern das *Filmerlebnis*. Im Unterschied etwa zur Buchlektüre ist es zeitlich und örtlich weitgehend festgelegt. Produktion und Rezeption sind also nur durch eine Zwischeninstanz miteinander verbunden.[1] Die Vermittlung von Produktion und Rezeption geschieht bei den meisten Filmen durch die Institution *Kino*. Es war Karsten Witte, der nüchtern konstatierte: „Es gibt zwar eine Theorie des Films, aber eine Theorie des Kinos gibt es nicht"[2], und diesen Aspekt als relevant für die kommunikative Rezeption wieder ins Bewußtsein hob: Die kommunikative Rezeption „findet nicht allein im Kopf des Drehbuchautors, des Filmemachers, Kameramannes und Produzenten oder im Kopf des Filmbetrachters statt, sondern zugleich im Atelier, *im Kino als gesellschaftlichem Raum*".[3] Bei der Analyse eines einzelnen konkreten Films ist also das Kino insofern zu berücksichtigen, als es die ‚normale' Filmrezeption mit strukturiert. Praktisch wird sich das vor allem darin äußern müssen, daß man die Rezeptionssituation bei der Filmanalyse am Videoschirm nicht unbewußt auf den Film *im Kino* überträgt, d.h. daß man verschiedene Faktoren in Rechnung stellt, die erkennen lassen, wie Film normalerweise ‚funktioniert'. Dazu nur zwei Beispiele: Da der Film im Kino einmalig und ununterbrochen abläuft, darf man bei der Untersuchung eines Films am Monitor nicht unterstellen, der Zuschauer hätte alles oder doch ebensoviel auf der Leinwand gesehen oder doch sehen können. Ein Film kann sich am Monitor etwa als gut konstruiert erweisen (z.B. kann man u.U. Andeutungen auf die zukünftige Handlung nachweisen), im Kino aber an eben diesen Stellen unverständlich sein (z.B. weil die Andeutungen im ‚Fluß der Bilder' untergehen). Umgekehrt: oft

---

1 Das gilt ähnlich auch bei anderen Medien, z.B. dem Fernsehen oder dem Rundfunk. Kürzere 8 mm-Spielfilme und Bildplatten allerdings demonstrieren die Bemühungen der Filmindustrie, diese Instanz zugunsten einer generellen Verfügbarkeit des Films für den einzelnen Verbraucher auf einem derzeit noch kleinen Markt auszusparen.

2 *Theorie des Kinos. Ideologiekritik der Traumfabrik,* hrsg. v. Karsten Witte. Frankfurt am Main, 1972. Einleitung 7.

3 *Ebd.,* Hervorh. WF.

erscheint einem im Kino etwas stimmig im Fortlauf der Handlung, was sich in der Analyse dann als eher brüchig und unmotiviert erweist. *Oder:* Ein zarter, romantischer Liebesfilm beispielsweise wird im abgedunkelten Kino, in dem man möglicherweise allein in einer Stuhl-Reihe sitzt, höchstwahrscheinlich ganz anders auf den (unterhaltungswilligen) Betrachter wirken als in einem erleuchteten Seminar- oder Arbeitsraum, in dem man möglicherweise inmitten einer ganzen Gruppe von Betrachtern sitzt. Die Filmanalyse (z.B. die Ideologiekritik) muß solche Differenzen reflektieren.

Bei der einführenden Behandlung dieses spezifischen Problemfeldes sollen zumindest die folgenden Groblernziele erreicht werden: Der Leser soll lernen,
— daß der Filmhandel von den großen Verleihfirmen bzw. Produzenten rigoros beherrscht wird;
— d.h. auch, daß die kommerziellen Produzenten oft unmittelbar auch die Distribution, bis in die Kinos hinein, steuern;
— daß die Filmaufführung im abgedunkelten Kinosaal programmatisch den Kult der Zerstreuung zelebriert;
— daß der Kinobesuch weitgehend zur sozialen Institution geworden ist, d.h. im Rahmen des allgemeinen Freizeitverhaltens zu betrachten ist;
— daß für das Leinwandpublikum bestimmte Genre-Präferenzen gelten.

4.1. Der Filmverleih: vom fertigen Film zum Film im Filmtheater

In den Anfängen der Entwicklung des Films wurden die fertigen Filme von den Vorführern auf den Jahrmärkten und später von den Kinobesitzern käuflich erworben, d.h. unabhängig von den Einnahmen wurde ein fester Preis gezahlt. Das heute übliche System des Filmverleihs beteiligt Produzent und Verleiher demgegenüber direkt an den Einnahmen, indem ihnen ein bestimmter Prozentsatz der Nettoeinnahmen zufließt. Der folgende Text[4] benennt wichtige Aspekte dieses Zusammenhangs:

TEXT 1

> Es besteht... ein direkter Zusammenhang zwischen der Zahl der einzelnen Konsumakte, d.h. den Einnahmen der Filmtheater, und den Einnahmen der Produzenten. Erst durch den Filmverleih kann also die durch die Technik bedingte Eigenart der Konsumtionsform des Films durch den Produzenten ökonomisch voll ausgenützt werden.

---

4 Peter Bächlin: *Der Film als Ware,* 127 f.

... Da der Produzent unter dem Verleihsystem direkt an der bestmöglichen Auswertung seiner Filme durch Verleih und Kinotheater interessiert ist, werden auf vertraglichem Wege nicht nur die Auswertungs*rechte,* sondern auch die Auswertungs*pflichten,* analog der Ausbeutungspflicht eines Patentlizenznehmers, geregelt. Der Verleiher besitzt für sein Monopolgebiet die nötige Marktübersicht, und es ist eine seiner Hauptaufgaben, die Produkte des Produzenten zu möglichst vorteilhaften Bedingungen und möglichst oft bei den dezentralisierten, konsumorientierten Detaillisten abzusetzen. In den verschiedenen Verleihmethoden, die sich im Laufe der Entwicklung herausgebildet haben, kommt die *starke Abhängigkeit der einzelnen Sparten voneinander* zum Ausdruck. So steht es dem Detaillisten keineswegs frei, z.B. den *Spieltermin* eines gemieteten Films nach seinem Gutdünken zu bestimmen oder beim Abschluß von mehreren Filmen die *Spielfolge* nach seinem Willen festzusetzen (die Vorführbestimmungen weisen zum Teil in den einzelnen Ländern starke Verschiedenheiten auf). Selbst die *Vorführdauer* kann vom Verleiher mitbestimmt werden, indem durch sogenannte Prolongationsklauseln die frühzeitige Absetzung eines Films verhindert wird. Auch das *Auswahlrecht* ist außerordentlich starken Einschränkungen unterworfen, da vor allem von den großen Konzernfirmen die Spielfilme nicht einzeln, sondern en bloc vermietet werden.

Die oben schon erwähnte Blockbuchungsmethode zwingt dem Kinobesitzer und den Kinobesuchern also ohne Rücksicht auf ihre Bedürfnisse bestimmte Filme auf. Andere wichtige Monopolpraktiken sind die Abnahmepflicht von Kurzfilmen („Vorfilmen") und das sog. Clearance-System. *Beiprogrammfilme* wie z.B. Zeichentrickfilme, Reisefilme, Kulturfilme oder Wochenschauen müssen von den Kinobesitzern meist zwangsweise übernommen werden, weil sie an bestimmte Hauptfilme gekoppelt sind; der von vielen Kinobesuchern unerwünschte Vorfilm ist also keineswegs etwa auf kulturelle Interessen der Kinobesitzer zurückzuführen. Das *Clearance-System* beruht darauf, daß der Film ähnlich dem Bestseller-Roman seinen Gebrauchswert rasch verliert. M.a.W. „Ein neuer Film von Hitchcock" beispielsweise besitzt bei seinem ersten Erscheinen auf dem Markt einen wesentlich höheren Tauschwert als bei späteren Aufführungen. (Fernsehsendungen, die neuerdings über die neuesten Filme informieren und Ausschnitte von den Dreharbeiten oder von den Filmen selber bringen, heizen die Erwartungen an und stilisieren solche Filme zu Filmen, „die man gesehen haben muß".[5])

---

5 Zum Mechanismus der nonfunktionalen Bedürfnisbefriedigung durch Kompensation der schichtenspezifischen relativen Deprivation siehe Werner Faulstich: *Thesen zum Bestseller-Roman* (Bern/Frankfurt/M., 1974), Kap. I § 4.

Große Filme (*A-pictures*) laufen — mit einem entsprechend hohen Mietpreis — zunächst in großen Kinos in den Großstädten an. Das Clearance-System garantiert diesen Kinos dabei bestimmte Fristen, in denen der Film ausschließlich von ihnen gezeigt werden darf. Erst viele Wochen, manchmal Monate später gelangt derselbe Film dann in Vorstadtkinos und kleinere Filmtheater auf dem Land. Bächlin folgert: „Dadurch konzentriert sich zunächst der Filmkonsum auf die Theater mit den höheren Eintrittspreisen, und die allgemeine Verbreitung des Films wird künstlich aufgehalten. Diese Vorführungsweise widerspricht somit der Reproduktions- und Vervielfältigungstechnik des Films, welche ja gerade einen gleichzeitigen Massenkonsum zu billigen Preisen ermöglichen würde."[6]

Der Kinobesitzer ist also durch bestimmte Vertragsbedingungen und Monopolpraktiken des Filmhandels in seiner Vermittlungsfunktion gegenüber dem Publikum stark eingeschränkt. Freilich ist dabei zweierlei zu berücksichtigen. Zum einen kann er seine Verhandlungsposition gegenüber dem Filmverleih dadurch entscheidend verbessern, daß er entweder ein regionales Monopol anstrebt, also z.B. alle Kinos in einer Kleinstadt oder ländlichen Gegend besitzt, oder daß er sich mit anderen ‚einzelnen' Kinobesitzern zu einer Gruppe zusammenschließt, die geschlossen und aufgrund der Dominanz auf einem bestimmten Absatzmarkt auch erfolgreicher auftreten kann. Zum anderen kann der Kinobesitzer seinen Gewinn durch Nebeneinnahmen erhöhen, etwa wenn er vor dem Vorfilm Schallplatten nur einer bestimmten Schallplattenfirma spielt oder vor bzw. heute eher nach dem Vorfilm Werbespots zeigt oder auch zwischen Vor- und Hauptfilm „Langnese-Eiscrem-Konfekt" verkaufen läßt; dabei handelt es sich um Einnahmen, die nicht mehr prozentual an Verleih und Produktion abgeführt werden müssen. Daß all diese Einschränkungen sowohl durch den Filmhandel als auch durch die Kinobranche zu Lasten des Kinobesuchers gehen, bedarf wohl kaum einer besonderen Erwähnung. Idealistische Initiativen wie „Kommunales Kino" und „Arsenal"[7], die sich dadurch auszeichnen, daß sie dem *Gebrauchswert* des Films Priorität einräumen, also z.B. weder schlechte B-Pictures oder langweilige Kulturfilme anbieten noch Konsumwaren im Kino verkaufen lassen, müssen nach wie vor auf kassenträchtige aktuelle (gute) Filme verzichten, können nur Randgruppen des Kinopublikums erfassen und sind weitgehend auf staatliche Zuschüsse angewiesen bzw. schweben am Rand des Existenzminimums.

---

6 *Der Film als Ware,* 148.

7 Siehe dazu die Beiträge „Das Berliner Arsenal" von Ulrich Gregor und „Kommunales Kino" von Hilmar Hoffmann in Wittes *Theorie des Kinos,* 256—264 und 265—280.

Der Begriff *Kino* wird häufig auch als Synonym gebraucht für den gesamten Bereich dessen, was mit Film zu tun hat, so etwa Klaus Kreimeier: *Kino und Filmindustrie in der BRD. Ideologieproduktion und Klassenwirklichkeit nach 1945* (Kronberg Ts., 1973), dessen Arbeit vor allem die *politischen* Aspekte der Filmproduktion und -distribution am Beispiel der Bundesrepublik aufzuzeigen sucht, oder von André Bazin: *Was ist Kino?* (1958; Schauberg, 1975) mit dem erläuternden Untertitel „Bausteine zur Theorie des Films".

4.2. Das Kino als Sammelraum

So sehr sich die Kinos in ihrer Ausstattung und Lage auch unterscheiden mögen — es lassen sich gewisse Eigenheiten feststellen, die beinahe überall gleich sind und das Filmerlebnis der Zuschauer stark beeinflussen. Diese Eigenheiten orientieren sich ausnahmslos an den sinnlichen Wahrnehmungsmöglichkeiten des Menschen. Am wichtigsten ist die *visuelle* Einschränkung beim Filmerlebnis. Die Beleuchtung im Kinosaal ist ausnahmslos indirekt, ‚sanft', und die Verdunklung während des Films, die mit der weißen Leinwand korrespondiert, macht es fast unmöglich, den Blick auf andere Objekte zu richten, etwa (wie im Theater) auf den interessanten Zuschauer vorne in der dritten Reihe. Damit wird das Filmerlebnis rigoros abgegrenzt von der Außenwelt, wird die Konzentration allein auf den Film gewährleistet. Das langsame, stufenlose Abblenden der Saalbeleuchtung erleichtert den Übergang von der realen in die filmische Welt, die sich hinter dem zelebral sich öffnenden Vorhang auf der Leinwand auftut. Abschließend werden ebenso sanft der Vorhang geschlossen und die Beleuchtung wieder aufgeblendet. Damit verbunden ist in der Regel auch die *auditive* Einschränkung. Ebenso wie sich der Blick des Zuschauers allein auf die Filmbilder richten soll, soll sich auch das Ohr möglichst ausschließlich auf Filmdialoge und -musik konzentrieren könne. Dickes Glas trennt den Projektionsraum vom Kinosaal ab und verhindert, daß das Surren der Filmprojektoren ablenken könnte. Gepolsterte Wände und Türen, dazu noch schwere dunkle Vorhänge zwischen Eingangstür und Kinosaal, weiche Teppiche und bequeme weiche Sessel blockieren alle Geräuscheinflüsse von draußen und erlauben es auch Zuspätkommenden, sich ohne Störung in die Gemeinde der Filmzuschauer einzugliedern. Schließlich gelten allgemeinhin auch *sensitive* Einschränkungen. Essen und Trinken während der Filmvorführung werden häufig ebenso als unangenehm empfunden bzw. untersagt wie beispielsweise das Rauchen, das nicht allein aus baupolizeilichen Gründen verboten ist. Daß in manchen Ländern wie England während des Films geraucht werden darf oder in vielen amerikanischen Kinos beutelweise Popkorn verzehrt wird, ist auf bestimmte Traditionen und Gewohnheiten der Kinobesucher zurückzuführen.

Eigenheiten des Kinos wie die genannten sind uns heute geläufig, fast selbstverständlich. Erstaunlicherweise wurden sie ausnahmslos bereits im Jahre 1926 konstatiert, wie etwa einem Beitrag von Rudolf Harms zu entnehmen ist. Harms faßt den Film als „Kollektivkunst" auf und mißt ihm emanzipative Funktionen bzw. Möglichkeiten zu − auch aufgrund der namhaft gemachten Eigenheiten des Kinos. In einer Zusammenfassung seiner Ausführungen zum „Lichtspielhaus als Sammelraum"[8] heißt es abschließend:

TEXT 2

Der Film beansprucht als Massenkunst einen Kollektivraum. Diesen bildet der verdunkelte Theatersaal des Filmtheaters. Ziel und Zweck dieser Räumlichkeiten ist äußerlich eine Vereinigung einer zahlenmäßig evtl. sehr hohen, aber nach oben begrenzten Menschenmenge zu gemeinsamem ästhetischen und künstlerischen Genuß. Seine Aufgabe besteht darin, dazu beizutragen, daß „geschärfte Aufmerksamkeit" wie auch „das strebende Verhalten" sich ungeteilt auf das künstlerische Objekt richten können. Angestrebt wird dabei sowohl eine Ausschaltung der niederen Sinne (Druck-, Tast-, Geruchsempfindungen) wie die Ausschaltung all dessen, was von der vollen Hingabe an das Kunstwerk ablenken könnte.

Demgegenüber muß heute gelten, daß der Film zwar in dem Sinne Massenkunst ist und als solche im Kino rezipiert wird, als er gleichzeitig von einer bestimmten Menge von Zuschauern gesehen wird; aber der einzelne Zuschauer sieht den Film im Kino nicht in Gemeinschaft mit den anderen Zuschauern, sondern als einzelner. Das Kino mit seinen Eigenheiten (ganz abgesehen vom Film als Medium) schafft bzw. verstärkt die *Isolation* des einzelnen in der Rezeption. Es fördert die individuelle Versenkung durch die Unterstreichung der suggestiv-emotionalen Teile des Films, d.h. stößt den einzelnen Zuschauer gezielt in die *Passivität* beim Genuß. Und es verschafft ihm durch Einschränkungen seiner Sinneswahrnehmung die Illusion des *totalen Filmerlebnisses,* d.h. entledigt ihn seiner Bewußtheit und seines Realitätsgefühls. Das Kino als Sammelraum stellt keine emanzipatorische Chance einer Kollektivkunst dar, sondern eine wirksame Beihilfe zur Verwirklichung von Regressionstendenzen beim ohnehin schon isolierten, passivierten Kinobesucher.

---

8 Abgedruck in Wittes *Theorie des Kinos,* 223−229.

Vor allem Walter Benjamin hat im Film in dem Sinne eine emanzipatorische Chance gesehen, als der Film (in der ersten Phase der Entwicklung) die Möglichkeit in sich barg, sich zum Artikulationsmedium des Klasseninteresses der unteren Schichten zu entwickeln. Benjamins Aufsatz „Das Kunstwerk im Zeitalter seiner technischen Reproduzierbarkeit" (1936, abgedruckt in Walter Benjamin: *Das Kunstwerk im Zeitalter seiner technischen Reproduzierbarkeit.* (Frankfurt am Main, ^{2}1968, 9—63)), der die Diskussion um das Medium Film jahrzehntelang maßgeblich beeinflußt hat, wird beispielsweise von Dieter Prokop als normativ und unhistorisch kritisiert (*Soziologie des Films,* 42—45): Benjamin schließe von aufgrund historischer Strukturkonstellationen entstandenen strukturellen Zwängen auf das generelle „Wesen" des Films.

Die Einrichtung des Kinos und ihre funktionale Bedeutung für die Rezeption des Zuschauers wird heute nach wie vor weitgehend ausgelassen bzw. lose der Betrachtung der Filmrezeption zugeschlagen. Vergleiche der Filmrezeption im Kinosaal und im Arbeitszimmer vor dem Monitor z.B. oder auch zwischen Film im Kino und Film im Fernsehen stehen weitgehend noch aus.

4.3. Kinobesuch als soziale Institution

Wenn das Filmerlebnis im Kino vereinzelt und passiviert, muß die Rede vom Kinobesuch als sozialer Institution zunächst verblüffen, vorausgesetzt man versteht unter sozialem Verhalten ein aktiv auf Kommunikation mit anderen Menschen ausgerichtetes Verhalten. Dazu muß man unterscheiden in das Filmerlebnis im Kino, das mit dem Betreten des Kinosaals beginnt und mit seinem Verlassen endet, und in den Kinobesuch insgesamt als Freizeitaktivität. J.G. Jarvie stellt in einem ansonsten stark emotional wertenden Abschnitt seines Buches *Film und Gesellschaft*[9] die wichtige Frage: „Warum ziehen Menschen das Kino anderen der Unterhaltung dienenden sozialen Institution vor?" Der folgende Text[10] erläutert diese Fragestellung und gibt thesenhaft eine Antwort:

TEXT 3

> Soweit Hörfunk und Fernsehen Ersatz für das Kino bieten, haben sie
> es auch verdrängt. (Der Hauptunterschied zum Fernsehen besteht in
> der Größe des Bildschirms und in der Bildqualität.) Wir wissen, daß
> der Film heute neuen Boden gewonnen hat; der Kinobesuch ist kon-
> stant geblieben, und ebenso der Verkauf von Filmen an das Fernse-

---

9 J.C. Jarvie. *Film und Gesellschaft. Struktur und Funktion der Filmindustrie* (orig. *Towards a Sociology of the Cinema.* London 1970). Stuttgart, 1974, 90.

10 *Ebd.,* 94.

hen. Die alten Rivalen, die einst erbittert um das gleiche Publikum kämpften, leben heute in freundschaftlicher Symbiose. Die Filmgesellschaften haben ihre Archive geöffnet und ihre Schätze dem Fernsehen zur Aufführung überlassen; auch lehnen sie es ihrerseits nicht mehr ab, im Fernsehen uraufgeführte Filme nachher von sich aus zu zeigen. Und das Fernsehen ist dazu übergegangen, das Talentreservoir des Films, seine Techniker und sein Personal zu nutzen, um stets genug Material für den Bildschirm in Vorrat zu haben. Das läßt erkennen, daß das Unterhaltungspublikum größer und vielfältiger ist, als es auf den ersten Blick scheinen mag, und ebenso, daß das einzelne Produkt auf verschiedene Weise vermarktet werden kann, ohne von einer Vorführungsform zur anderen an Gewinnträchtigkeit einzubüßen. Doch in einer Hinsicht vermögen die beiden sich gegenseitig nicht zu ersetzen: in ihrer sozialen Funktion. *Ein jedes löst völlig verschiedene soziale Aktivitäten aus.*

Jarvie, der zwischen Kinofilm und Fernsehfilm keine strukturalen Unterschiede sieht und ein ungebrochenes Verhältnis zur Gewinnträchtigkeit der Industrien zu haben scheint, nennt selber drei soziale Aspekte des Kinobesuchs: Zum ersten lockt das Kino die Menschen aus dem Haus. Zum zweiten gehen oft Gruppen ins Kino, Freunde, Cliquen, Liebespaare, Familienmitglieder. Und zum dritten kann man mitreden, wenn über einen (neuen) Film gesprochen wird. Das sind völlig unterschiedliche Aspekte, die im Hinblick auf den Kinobesuch als Freizeitaktivität auch für andere Aktivitäten gelten (z.B. Handball bzw. Fernsehen bzw. Bestseller). Sinnvoller erscheint demgegenüber die genauere Betrachtung derjenigen, die ins Kino gehen. Im allgemeinen kann man zwei Gruppen von Kinobesuchern unterscheiden: die habituellen, für die der Kinobesuch eine mehr oder weniger regelmäßige Freizeitbeschäftigung darstellt, und die seltenen Kinobesucher, die nur bei besonderen Gelegenheiten, sei es bei einem Film, der überall im Gespräch ist und kontrovers erscheint, sei es bei einem besonderen Anlaß zu Hause, z.B. einem unattraktiven Fernsehprogramm, den Weg ins Kino finden. Dabei wird deutlich, daß der Kinobesuch unterschiedliche soziale Funktionen hat und zudem alters- und schichtenspezifisch betrachtet werden muß. Mit Sicherheit ist der Kinobesuch heute als Freizeitaktivität für alle Altersgruppen und Schichten institutionalisiert (wenn auch in unterschiedlichem Maße genutzt), also Teilangebot der Freizeitindustrien, und in einem gewissen Umfang austauschbar mit Freizeitaktivitäten ähnlicher Funktion. Damit werden zwei Fragen aufgeworfen. Erstens: Welche Funktionen des Freizeitverhaltens überhaupt lassen sich unterscheiden bzw. welche Bedürfnisse liegen ihm zugrunde? (Diese Frage wird uns im folgenden Kapitel beschäftigen.) Zweitens: Für welche Menschen stellt der Kinobesuch insofern eine soziale Institution dar, als sie häufig oder gewohnheitsmäßig ins Kino gehen? (Jarvies oben zitierte Frage nach dem Warum hat hier eine gewichtige Verschiebung erfahren.)

Bedauerlicherweise weiß man über das Kinopublikum außerordentlich wenig. Jarvie führt das vor allem auf die „Selbstzufriedenheit der Branche aufgrund der permanenten Verbrauchermarktsituation" zurück.[11] Man muß sich hier vorläufig mit wenigen und dazu noch nichtrepräsentativen Zahlen zufrieden geben. Aus den bei Jarvie aus unterschiedlichen Untersuchungen zitierten Tabellen[12] seien hier die interessantesten Ergebnisse kurz zusammengefaßt. Im Hinblick auf den *Kinobesuch allein oder mit anderen* hat man festgestellt, daß nur 16% aller Besucher allein kamen; die meisten kamen mit Ehepartner (30%) bzw. mit einem Begleiter des anderen Geschlechts (19%) [Großbritannien, 1963]. Im Hinblick auf die *Erwartungen vom letzten Kinobesuch her* hatten 71% sehr genaue bzw. ziemlich genaue Vorstellungen darüber, was sie erwarteten [Großbritannien, 1963]. – Unter den *Anregungen zum letzten Kinobesuch* dominierten deutlich Stars (32%), Filmart (30%) und mündliche Empfehlung (13%) [Großbritannien, 1963]. Die *Zufriedenheit nach dem letzten Kinobesuch* war extrem hoch:. 81% befanden, der Film war sein Geld wert bzw. 26% fanden den Film besser als erwartet und weitere 54% wie erwartet [Großbritannien, 1963]. Im Hinblick auf die *Häufigkeit des Kinobesuchs* ergaben sich bei 30,7% [USA, 1950] bzw. bei 33% [Großbritannien, 1961] ein Besuch pro Woche und bei 26,4% [USA, 1950] bzw. bei 30% [Großbritannien, 1961] zwei Kinobesuche pro Woche. Was das *Alter der Kinobesucher* angeht [Großbritannien, 1963, Querschnitt der Kinobesucher unter 45 Jahren] dominierten die 16–24-Jährigen mit 40% vor den 25–35-Jährigen mit 33%. Aus der gleichen Untersuchung ging hervor, daß es bei Männern keinen Unterschied macht, ob sie verheiratet sind oder nicht, während Frauen eher ins Kino gehen, wenn sie verheiratet sind; der *Stand der Kinobesucher* scheint demnach eine gewisse Rolle zu spielen. Die *Schichtzugehörigkeit der Kinobesucher* schließlich variiert deutlich: 17% stammen aus der Oberschicht und oberen Mittelschicht, 28% aus der mittleren und 39% aus der unteren Mittelschicht, während die unteren Schichten mit nur 16% vertreten waren [Großbritannien, 1963].

---

11 *Ebd.*, 100.

12 *Ebd.*, 101–106. Die Daten wurden entnommen aus: Federation of British Film Makers. *Cinema Going in Greater London.* London, 1963; Leo A. Handel. *Hollywood Looks at its Audience.* Urbana, 1950; und *The Cinema Audience. A National Survey.* Screen Advertising Association. London, 1961.

Solche Zahlen sind vor allem dann verführerisch, wenn sie den Interpretationsrahmen nicht widerspiegeln bzw. kurzschlußhaft Vermutungen zu bestätigen scheinen. Um dies je nur an einem Beispiel zu veranschaulichen: Die zuletzt genannten Zahlen der Schichtenzugehörigkeit der Kinobesucher wurden aus Befragungen des Kinopublikums gewonnen, d.h. 17% (dieser nichtrepräsentativen Auswahl) gaben an, aus der Oberschicht bzw. oberen Mittelschicht zu stammen. Verfälschungen sind hier dadurch möglich, daß vielleicht die Schichtzugehörigkeit aus Status- und Prestigegründen nicht immer korrekt angegeben wurde. Zudem suggeriert die Zahl 17% den Eindruck, 17% der Angehörigen der Oberschicht bzw. oberen Mittelschicht würden ins Kino gehen; das aber wäre völlig falsch, weil der Anteil der Oberschicht bzw. oberen Mittelschicht an der Gesamtbevölkerung nicht berücksichtigt wäre. Und nicht zuletzt bleibt die Schichteneinteilung selber problematisch. Auf der anderen Seite legen die Angaben vorschnelle Schlüsse nahe wie: Kinobesucher gehen überwiegend in Gruppen ins Kino; wissen ziemlich genau, was sie erwartet; sind in überwältigendem Ausmaß vom Film zufrieden; sind überwiegend jung usw. Mit Gewißheit läßt sich aus solchen Zahlen hier nur zweierlei folgern: Das Kinopublikum unterscheidet sich in seiner Zusammensetzung nach den einzelnen Ländern und vor allem nach der Entwicklung der Gesellschaft im 20. Jahrhundert (siehe auch Prokops Thesen); es handelt sich dabei um ein historisches Phänomen. Und: Der Kinobesuch hängt ab von bestimmten soziologischen Variablen, z.B. Alter, Geschlecht, soziale Schicht. Die soziologische Erforschung des Kinopublikums unter dem Gesichtspunkt des Kinobesuchs als Freizeitbeschäftigung aber bedarf unabdingbar der Repräsentativität, will sie sich nicht als Werbung ausgeben nach dem Motto: ‚Junge, dynamische Menschen gehen ins Kino".

Zum Verständnis statistischer Zahlenangabe bietet E. Noelle: *Umfragen in der Massengesellschaft* (Reinbek, 1967) eine gute Einführung.
Die Studien zum Kinobesuch sind weniger häufig, als die vielen entsprechend klingenden Titel vermuten lassen. Interessante Arbeiten wie etwa von Kurt Gustmann: „Zusammensetzung und Verhalten des Filmpublikums in der Großstadt" (*Filmstudien III.* Emsdetten, 1957, 1–11; siehe auch andere Beiträge in diesem Band) oder von Gert H. Thennissen: *‚Das Schweigen' und sein Publikum* (Köln, 1964) machen dagegen die Breite dieses Forschungsgebietes sehr anschaulich.

4.4. Präferenzen des Leinwandpublikums

Der Kinobesuch ist eine soziale Aktivität und wird von soziologischer Sicht aus mit Recht als *eine* Freizeitbetätigung unter anderen aufgefaßt und untersucht. In diesem Sinne gehen Menschen ins Kino, um ihre Freizeit damit zu verbringen, einen Film zu sehen. Dieser Forschungsansatz wird umso bedeutsamer, als beispielsweise bei einer Untersuchung aus dem Jahre 1941[13] auf eine entsprechende Frage nicht weniger als 49% der Befragten angaben, *irgendeinen* Film, und nur 36%, einen *bestimmten* Film sehen zu wollen. Bezeichnenderweise stammten die Befragten der zweiten Gruppe eher aus den oberen Schichten mit höherem Einkommen. Freilich muß auch im ersten Fall berücksichtigt werden, daß bei einem größeren Angebot letztlich doch *ein* Film ausgewählt wurde. In diesem Sinne gehen Menschen ins Kino und sehen einen *bestimmten* Film. Bei dieser erweiterten Fragestellung, die weitgehend unberücksichtigt läßt, ob die Entscheidung für einen bestimmten Film für den Kinobesuch allgemein ausschlaggebend war oder erst bei der Konfrontation mit einem größeren Angebot getroffen wurde, werden verstärkt der Filmtyp bzw. andere Motivationen der Entscheidung für einen Film unter vielen einbezogen. Für die 40er Jahre waren in den Vereinigten Staaten die *Stars* ausschlaggebendes Motiv für Filmauswahl bzw. Filmbesuch (42%) vor der *Handlung* (30%), während heute eher letzteres dominieren dürfte.[14] Auch die Präferenzen des Leinwandpublikums müssen demnach als historische betrachtet werden.

Leo Handel hat im Jahre 1950 eine Zusammenfassung von Untersuchungen zum Filmpublikum vor allem in den USA veröffentlicht, die maßgeblichen Einfluß hatte auf die weitere Entwicklung dieses Forschungsbereichs. U.a. beschäftigte er sich ausführlicher mit den Präferenzen des Kinopublikums, wobei er auf zwei grundsätzliche Schwierigkeiten hinweist: Wenn man von der *Handlung* von Filmen ausgeht, müssen erstens qualitative Unterschiede etwa zwischen *A*- und *B-pictures* unbeachtet bleiben und man muß zweitens in Kauf nehmen, daß einzelne Filme eigentlich Bestandteile verschiedener Filmtypen enthalten, d.h. daß eher das vorherrschende Thema des Films als der Filmtyp erforscht wird. Bemühungen, Filme nach ihren Handlungsinhalten in Typen zu klassifizieren, sind wohl so alt wie die Filmindustrie, die schon seit jeher absatzmarkt-orientiert produziert hat. Handel zitiert

---

13 Zitiert in Leo A. Handel: *Hollywood Looks at its Audience. A Report of Film Audience Research.* Urbana, Ill., 1950, 152.

14 *Ebd.*, 36.

eine Untersuchung, die 18 verschiedene Filmtypen unterscheidet[15] — eine Aufstellung, die heute fragwürdiger ist denn je, aber bestimmte Ergebnisse zuläßt:

TEXT 4

> Musical Comedies
> Sophisticated Comedies
> Family Life Comedies
> Slapstick Comedies
> Just Comedies
> Love Stories
> War Pictures
> Serious Drama
> Adventure, Action Pictures
> Historical Pictures, Biographies
> Mystery, Horror Pictures
> Western Pictures
> Gangster, G-Men Pictures
> Musicals (Serious)
> Socially Significant Pictures
> Child Star Pictures
> Fantasies
> (Wild) Animal Pictures

Die Präferenzen für diese Filmtypen, die stark an Klassifikationen von Büchern durch die Buchmarktforschung erinnern und heute größtenteils immer noch etabliert sind, lassen sich korrelieren mit sozialen Faktoren wie Geschlecht, Alter und Einkommen[16]:

TEXT 5

> [The results] show that the comedy complex is well in the lead. For reasons of analysis it had to be broken down into different types of comedies. This separation made it possible to show that most comedy types are quite popular with the exception of the slapstick comedy... Romantic themes are extremely popular with women, but rate rather low with men. A similar, if not quite as accentuated, preference differential applies to the serious drama.

---

15 *Ebd.*, 119 f.

16 *Ebd.*, 120—24 in Ausschnitten.

War pictures, always a disputed issue, register high with men and much lower with women. It has to be borne in mind that this survey was conducted in 1943 and that the attitude toward war pictures has changed since the end of hostilities... Adventure, western, and gangster pictures register higher with men than women.
Both age and income...affect some types of story preferences while they have hardly any effect on others. For example, there is no difference to speak of in the acceptance of musical comedies by moviegoers of different income levels.
The serious drama, on the contrary, is very much in demand by higher economic groups while lower income levels show little interest in it. Similarly there is more demand for the serious drama among older people than among younger people, while that acceptance level of the fantasy shows no significant change in the same breakdown.

Andere von Handel zitierte Untersuchungsergebnisse beziehen sich noch konkreter auf bestimmte Inhalte. Eine Umfrage aus dem Jahre 1942 beispielsweise ergab eine Präferenz des Kinopublikums für „unwahrscheinliche, unerwartete Geschehnisse" (51%); eine andere Umfrage ermittelte, daß Alkoholtrinken in Filmen weitaus weniger akzeptiert wurde als beispielsweise Rauchen: 40% der Befragten gaben an, das Trinken werde manchmal übertrieben, und weitere 39% wollten es gänzlich aus Filmen verbannen; Rauchen dagegen wurde von 53% ohne Widerspruch hingenommen und nur von 31% als übertrieben bzw. von weiteren 13% als anstößig empfunden. Hier wird deutlich, in welchem Ausmaß Präferenzen des Kinopublikums von bestimmten zeitgenössischen Normen und Wertvorstellungen direkt geprägt sind.

Das Kino ist eine vermittelnde Zwischeninstanz zwischen Filmproduktion bzw. Filmverleih und Filmrezeption. Das reale Angebot in den Filmtheatern, deren Ausstattung und das Verhalten der Kinobesucher, deren Freizeitverhalten von bestimmten und mehr oder weniger auf einzelne Filme oder Filmtypen ausgerichteten Präferenzen geleitet wird, bestimmen die Filmrezeption ebenso stark wie die Filmproduktion, die sich daran orientiert. Erneut stellt sich hier die Frage zur Diskussion, ob das Kinopublikum rezipiert, was die Filmindustrie normierend produziert, oder ob die Filmproduktion produziert, was das Publikum verlangt. Im Problemfeld *Kino* treffen Angebot und Nachfrage unmittelbar aufeinander, d.h. hier vollzieht sich die eigentliche Filmkommunikation, und insofern stellen sich erneut, nur konkretisiert, die oben (1.1.ff.) skizzierten Probleme und Widersprüche unterschiedlicher kommunikationstheoretischer Ansätze.

5. Problemfeld V: Die Rezeption

5.0. Groblernziele

Der Bereich der Filmrezeption steht in der Praxis der Analyse und Interpretation eines konkreten Films derzeit immer noch an letzter Stelle bzw. findet relativ wenig Beachtung. Seiner wissenschaftstheoretischen und methodischen Bedeutung nach müßte dieser Problembereich demgegenüber weitaus stärker berücksichtigt werden. Schließlich kann jeder Film nur als gesehener und verstandener, als rezipierter Film Gegenstand der Forschung sein, und das betrifft die Rezeption des Kinobesuchers ebenso wie die des Filmwissenschaftlers, wie zu zeigen sein wird. Allerdings sind Untersuchungen zur Filmrezeption äußerst langwierig, komplex und kostspielig. Vor allem setzen sie umfangreiches psychologisches und soziologisches Fachwissen voraus; Psychologen und Soziologen haben sich der Filmrezeption bisher, wenn überhaupt, nur erst nebenbei gewidmet.

Bei der einführenden Behandlung dieses Problemfeldes sollen zumindest die folgenden Groblernziele erreicht werden: Der Leser soll
— die psychologische und sozialwissenschaftliche Relevanz von Bedürfnissen begründen und im Rahmen allgemeinen Freizeitverhaltens konkret auf den Film beziehen können;
— das Filmerlebnis als Ersatzhandlung erklären und zentrale psychologische Mechanismen der Filmrezeption beschreiben können;
— Fragestellungen der Filmwirkungsforschung benennen und im Licht verschiedener kommunikationstheoretischer Ansätze bewerten können;
— das Problemfeld *Rezeption* (im Zusammenhang mit der Rezeptionsforschung) wissenschaftstheoretisch problematisieren können;
— methodische Konsequenzen der Rezeptionsanalyse als unabdingbarem Aspekt jeglicher Filmanalyse ableiten und begründen können.

5.1. Zum Begriff ‚Bedürfnis'

Zunächst soll der Grundbegriff *Bedürfnis* reflektiert werden. Dabei muß gelten, was schon für den Begriff *Kommunikation* offengelegt wurde: eine Einheitlichkeit im Begriffsverständnis, wenngleich wünschenswert, besteht nicht — ganz abgesehen davon, daß über die Gewichtigkeit des mit dem Wort Gemeinten heftig gestritten wird. Eine ganze Reihe anderer Begriffe wie Motiv, Motivation, Bedarf, Wunsch, Streben, Interesse, Ursache, Antrieb,

Wille, Spannung. Trieb, Drang, Affekt, Gerichtetheit, Exigenz findet im alltäglichen wie im wissenschaftlichen Sprachgebrauch Verwendung und macht
die Verständigung hier schwierig. Der folgende Text von Karl Otto Hondrich[1] bietet auf knappstem Raum eine allgemeine Definition:

TEXT 1

Nach einer alten Definition aus den Wirtschaftswissenschaften ist ein
Bedürfnis das „Gefühl eines Mangels, verbunden mit dem Bestreben,
ihn zu beseitigen..." [vgl. Gerhard Scherhorn, *Bedürfnis und Bedarf.*
Berlin, 1959, 21] Anders ausgedrückt, können wir Bedürfnis als einen
Spannungs- oder Konfliktzustand innerhalb des personalen Systems
bezeichnen: Eine Person nimmt wahr, daß es ein Mittel der Bedürfnisbefriedigung gibt, über das sie gerne verfügen möchte; sie nimmt zugleich wahr, daß sie unter den gegebenen Umständen nicht sofort
über dieses Mittel verfügen kann. Spannung besteht also zwischen diesen beiden Wahrnehmungen, man könnte auch sagen, zwischen der
Wahrnehmung eines Ist-Zustandes (tatsächliche Verfügung über Mittel der Bedürfnisbefriedigung) und eines Soll-Zustandes (angestrebte
Verfügung über Mittel der Bedürfnisbefriedigung). Genaugenommen
hat ein Bedürfnis also immer zwei Pole. Die auf bestimmte Gegenstände gerichteten Bestrebungen von Menschen sind nicht denkbar
ohne die Wahrnehmung von Mitteln der Befriedigung. Bedürfnisse
sind nicht vorstellbar ohne den Vorgang der Befriedigung. Was aber ist
mit Befriedigung gemeint? Von einer Befriedigung soll gesprochen
werden, wenn ein Spannungszustand so weit vermindert wird, daß
(vorübergehend) ein Zustand der Ruhe eintritt. Dieser Ruhezustand
kann allerdings nur ganz kurzfristig gedacht werden. [Wir müssen annehmen,] daß der Ruhezustand nur eine Durchgangsphase zum Aufbau des nächsten Spannungszustandes ist.

Bedürfnis wird also als Grundkategorie menschlichen Handelns verstanden.
Mit ihr wird eine Antwort versucht auf die Frage: Warum handelt der
Mensch und warum tut er das, was er tut? Bei der Betrachtung menschlichen Handelns und folglich bei dem Begriff *Bedürfnis* sind zwei wichtige Aspekte zu unterscheiden, von denen der eine nicht ohne den anderen gedacht
werden kann: Menschliches Handeln und Bedürfnisse erscheinen zunächst
als *mein* Handeln und als *meine* Bedürfnisse. Hondrich spricht hier vom personalen System. Das Bedürfnis ist persönliches Bedürfnis und seine Untersuchung ist entsprechend der Individualorientierung *psychologisch* akzen-

---

1 Karl Otto Hondrich, *Menschliche Bedürfnisse und soziale Steuerung.* Reinbek,
1975, 27 f.

tuiert. Freilich sind auch die persönlichsten Bedürfnisse so exklusiv auf *ein* Subjekt beschränkt nicht. Der Mensch ist Zoon Politikon und sein Handeln ist stets zwischenmenschliches Handeln, Interaktion. Das betrifft sowohl die Mittel der Bedürfnisbefriedigung als auch schon das Bedürfnis selber. Hondrich nennt es das soziale System, in das jedes Subjekt eingebunden ist. Das Bedürfnis ist hier gesellschaftlich geprägtes Bedürfnis und seine Betrachtung ist eher *soziologisch* akzentuiert.

Man hat lange Zeit versucht, diesen zweiten Aspekt auszuschalten mit der Unterscheidung in Natur- oder Grundbedürfnisse einerseits, manchmal auch Primärbedürfnisse genannt, und in gesellschaftlich vermittelte sog. Neben-, Zusatz- oder Sekundärbedürfnisse andererseits. Bedürfnisse wurden entsprechend dieser Unterscheidung registriert und klassifiziert, wobei den angeblich gleichbleibenden Grundbedürfnissen des Menschen gegenüber den ohnehin stets sich wandelnden Zusatzbedürfnissen deutlich Dominanz zukam. Einer dieser weitgehend unhistorisch konzipierten Bedürfniskataloge unterscheidet beispielsweise folgende Grundbedürfnisse[2]: Physiologische Bedürfnisse (z.B. Nahrungsbedürfnis), Sicherheitsbedürfnisse (z.B. nach Ordnung und Schutz), Bedürfnisse nach Zugehörigkeit und nach Liebe (z.B. nach Freundschaft), Bedürfnisse nach Achtung (z.B. Bedürfnis nach Selbstachtung) und Bedürfnisse nach Selbstverwirklichung (z.B. künstlerische Bedürfnisse). Beim heutigen Stand der Wissenschaften läßt sich noch nicht eindeutig klären, ob solche Annahmen eher abstrakte Kategorien darstellen, unter die sich nach Belieben alle möglichen Bedürfnisse subsumieren lassen, d.h. ob sie weitgehend nichtssagend sind, oder ob damit so etwas wie die ,Natur' *des* Menschen erfaßt wird. Hondrich geht davon aus, „daß alle Bedürfnisse sich in der Auseinandersetzung mit der sozialen Umwelt formen, das Personensystem sich also in der Orientierung am sozialen System ausbildet", und schlägt vor, den Begriff *Bedürfnis* durch den Begriff *Bedürfnisorientierung* zu ersetzen: „Es ist schwer vorstellbar, daß Bedürfnisse völlig unabhängig von Sozialsystemen entstehen. Alle Bedürfnisse sind sozial „verformte" Bedürfnisse, die unter anderen sozialen Bedingungen zwar eine andere Form oder einen Differenzierungsgrad annehmen, sich aber niemals von sozialen Systemen völlig emanzipieren und ihm als unabhängige Kontrollinstanz gegenübertreten können."[3]

---

2 A.H. Maslow. *Motivation and Personality* (1954). New York, 1970; zitiert bei Hondrich, 29 ff.

3 *Ebd.,* 31 f.

Maslows Bedürfnistheorie wird nach wie vor diskutiert. Wichtige Hinweise hierzu bieten vor allem Mahmoud A. Wahba and Larry Bridwell: „Maslow's Need Hierarchy Theory: A Review of Research" (*Proceedings of the 81st Annual Convention of the American Psychological, Association,* Montreal, Canada 1973, vol. 8, 571–572); Layton R. Pauson: *An Aesthetic Response to Maslow's Hierarchy of Human Needs* (siehe *Dissertation Abstracts International* 1974, Febr., vol. 34); L.A. Ten Horn: „Maslow's Theory of Basic Needs More Closely Investigated" (*Sociale Wetenschappen,* vol. 18 (1975), No. 1, 59–76); David L. Groves/Harvey Kahalas/David L. Erickson: „A Suggested Modification to Maslow's Need Hierarchy" (*Social Behavior & Personality,* vol. 3 (1975), No. 1, 65–69); Mahmoud A. Wahba and Lawrence G. Bridwell: „Maslow Reconsidered: A Review of Research on the Need Hierarchy Theory" (*Organizational Behavior & Human Performance,* vol. 15 (Apr. 1976), No. 2, 212–240).

Wenn zugestimmt werden kann, daß Bedürfnis auch eine soziale Kategorie ist, muß das hier wichtige *Bedürfnis, ins Kino zu gehen und einen (bestimmten) Film anzusehen,* im Rahmen allgemeinen sozialen Handelns betrachtet werden. Eine neuere Untersuchung der Freizeitbedürfnisse und Präferenzstruktur des Filmpublikums in der Bundesrepublik[4] beginnt bezeichnenderweise mit folgender Feststellung: „Eingrenzend und richtungsweisend für die Frage nach den Bedürfnissen des Publikums heute ist der Umstand, daß der Kinobesuch dem Erlebnisbereich *Freizeit* zugehört und von den Befragten im Bezugsrahmen der diesbezüglichen Einstellungen wahrgenommen und beurteilt wird. Bedürfnisse und Erwartungen an das Kino stehen in engem Zusammenhang mit den an Freizeit und Freizeitbeschäftigungen allgemein geknüpften Vorstellungen bzw. leiten sich aus diesen ab." Im einzelnen werden in dieser Studie zehn aktuelle Freizeitbedürfnisse unterschieden: 1. nach *Bildung:* das betrifft nicht nur die Erweiterung des Wissensstandes, sondern die Erweiterung des geistigen Horizonts im allgemeinen einschließlich der sog. Herzensbildung; 2. nach *sozialem Kontakt:* es strebt nach dem Gefühl der Zugehörigkeit und Geborgenheit in der Welt und impliziert Eigenaktivität und Selbstdarstellung; 3. nach *Prestige:* es will die Schicht- und Gruppenzugehörigkeit ausweisen, den erreichten Status unter Beweis stellen, Konsumpotenz und Konsumniveau zum Ausdruck bringen; 4. nach *Anpassung:* gesellschaftliche Spielregeln und Verhaltensformeln werden kennengelernt und sollen die Einordnung und Funktionsfähigkeit im Gesellschaftsgefüge erleichtern; 5. nach *Regression:* es stellt am deutlichsten eine Folge

---

4 Ernest Dichter International Ltd. *Bericht zu einer motiv-psychologischen Studie über die Einstellung des deutschen Publikums gegenüber dem Kino bzw. Filmtheater in seiner derzeitigen Erscheinungsform.* Ausgearbeitet für die Filmförderungsanstalt Berlin, Oktober 1969 (masch.-schr.). Teilw. abgedruckt in *Materialien zur Theorie des Films,* hrsg. v. D. Prokop, 339–382.

beruflicher Anspannung und Leistungsforderungen dar, zielt im Kontrast auf Passivität, Problemlosigkeit, Bewußtlosigkeit; 6. nach *Katalyse von Emotionen:* es zielt auf Freisetzung und Kanalisierung angestauter Emotionen, z.B. Aggressionen, ohne dafür berufliche oder gesellschaftliche Nachteile in Kauf nehmen zu müssen; 7. nach *Sinngebung:* da man während der Arbeit weitgehend von Fragen nach dem Sinn des Lebens u.ä. abgelenkt ist, stellt sich dieses Bedürfnis verstärkt in der Freizeit; 8. nach *Gestaltung:* diese stellt eine besondere Form der Sinngebung dar, bei der die persönlichkeitsgeformte und individuelle Eigenart besonders zum Ausdruck kommen soll; 9. nach *Erregung:* es kontrastiert die stumpfe Trägheit des Alltags und zielt auf Dramatik, Nervenkitzel, Spannung; 10. nach *Verwöhnung:* es spielt insbesondere bei Frauen eine wichtige Rolle, die ihre Alltagstätigkeit als ein Bedienen, Umsorgen und Verwöhnen anderer erleben.

Die Autoren der Untersuchung befinden, daß das Kino sich prinzipiell als eine Möglichkeit für *alle* diese Bedürfnisse darstellt und daß es somit einem hochgespannten Bedürfnispotential gegenübersteht. Sie kommen jedoch zu dem Ergebnis, daß das Kino heute an diesen Bedürfnissen weitgehend vorbeizielt: die Bildungserwartungen werden durch verdummende ebenso wie durch allzu ‚künstlerische' Filme enttäuscht; der soziale Kontakt wird im abgedunkelten Filmtheater zur Illusion; es kann nicht mehr als prestigefördernd gelten, im Kino gewesen zu sein, weil das Kino mehr und mehr als Ort für Einfallslose, Einsame, Unreife, Niveaulose aufgefaßt wird und die Filme durch Serienfertigung unattraktiv werden; Anpassung, Regression und Katalyse von Emotionen finden besonders in den Mittelschichten mehr und mehr soziale Mißbilligung; der mangelnde Realitätsbezug der meisten Filme und das Fehlen von Identifikationsmöglichkeiten (Stars) heute frustrieren die Erwartungen; usw. Damit läßt sich wenigstens teilweise der Niedergang des Kinos im Vergleich zu den 30er und 40er Jahren erklären. Das Fernsehen, „immer wieder als Totengräber der Filmwirtschaft oder zumindest des Kinos bezeichnet, [ist] durchaus nicht geeignet, die Funktionen des Kinos zu übernehmen. Seine Bedeutung liegt vielmehr im... Kompromißcharakter, durch den es den enttäuschten Kinobesucher an sich binden kann." „In den Fällen, in denen Fernsehen und Kinobesuch miteinander konkurrieren, handelt es sich weniger um eine gleichwertige Alternative; vielmehr wird das Fernsehen... als unzureichender Ersatz für den Kinobesuch genommen, soweit das Kino die von ihm gewünschte und erwartete Funktion nicht bzw. nicht mehr erfüllt und die Befragten frustriert."[5] Bei dem Verhältnis von Film bzw. Kino und Fernsehen spielt demnach zweierlei eine Rolle: die bereits oben erwähnte, sich in der Film-*Produktion*

---

5 *Ebd.,* 354, 360.

niederschlagende Konkurrenzsituation der Medien während der Verbreitung des Fernsehens, die zu einem gewissen Arrangement im Angebot geführt haben, und medienspezifische Erwartungen, die in der Film-*Rezeption* ein Nebeneinander der Medien begründen.

Die Kategorie *Bedürfnis* wirft als ein wichtiges Problem die Frage auf, in welchem Ausmaß der einzelne der sozialen Formung von Bedürfnissen ausgesetzt ist bzw. sich ihr entziehen, also ‚frei' sein kann. Wenn jedes Bedürfnis nur als gesellschaftlich geprägtes wirksam ist, rückt das Verhältnis von Individuum und Gesellschaft bzw. Autonomie und Selbstbestimmung des Menschen gegenüber totaler subtiler Manipulation von Bedürfnissen durch Macht- und Interessengruppen (z.B. mittels Werbung) in den Mittelpunkt der Betrachtung. Die Auseinandersetzungen hierüber, vielfach eher von weltanschaulichen als von wissenschaftlichen Argumenten getragen, finden quer durch viele Wissenschaftsbereiche statt; die hierzu gewählte Position erklärt viele Fragestellungen und Ergebnisse spezifischer Untersuchungen. Als nur ein Beispiel soll hier der in diesem Zusammenhang wichtige Versuch erwähnt werden, die Abhängigkeit heutigen Freizeitverhaltens von der Arbeitssphäre aufzuzeigen (Jürgen Habermas: „Soziologische Notizen zum Verhältnis von Arbeit und Freizeit". *Arbeit, Erkenntnis, Fortschritt. Aufsätze 1954—1970.* (Amsterdam, 1970, 56—74)).
Auf den sozialen Charakter der Motivationsbasis geht übergreifend und in Bezug zum Stand der Forschung der prägnante, knappe und dennoch gut verständliche Beitrag „Thesen zur Theorie der Sozialisation" ein (Jürgen Habermas, *ebd.*, 376—429); aufgeschlüsselte Literaturangaben erleichtern die selbständige interdisziplinäre Weiterarbeit.

5.2. Psychologische Mechanismen der Filmrezeption

Bei der Diskussion darüber, welche Antriebskräfte die Menschen dazu bewegen, in ihrer Freizeit ins Kino zu gehen und einen Film anzusehen, ist noch weitgehend unberücksichtigt geblieben, auf welche Weise die Befriedigung von Bedürfnissen im Kino, durch den Film, vor sich geht. Nach Hondrich aber gehört die Wahrnehmung von Mitteln der Befriedigung unmittelbar zum Bedürfnis selber, d.h. der Akt der Befriedigung von Bedürfnissen durch die Filmrezeption hilft bei der qualitativen Bestimmung der Art dieser Bedürfnisse.

Es gibt bereits einige Versuche, die Filmrezeption als Bedürfnisbefriedigung zu erklären, aber sie haben insgesamt zwei gravierende Nachteile: entweder gipfeln sie in bestimmten abstrakten und oft genug moralisch wertenden Behauptungen, die eine plane Parallelität oder Kausalität unterstellen — demnach gehen Menschen in einen Kriegsfilm, um Aggressionen abzureagieren, in einen Pornofilm, um sexuelle Bedürfnisse zu befriedigen, oder simpel in einen Film, um sich zu unterhalten (was immer „unterhalten" hier heißen mag); oder die Untersuchungen beziehen sich auf einen ganz bestimmten Film, für den die hier befriedigten *spezifischen* Bedürfnisse aufgezeigt und *spezifische* Mechanismen der Bedürfnisbefriedigung offengelegt werden, sind also kaum verallgemeinerungsfähig. Eine *allgemeine Theorie der Filmrezeption* liegt im Bereich der Filmwissenschaft nicht bzw. erst in Ansätzen vor. Eine solche Theorie ist in Anlehnung an Sigmund Freud aber bereits formuliert, wenngleich bisher weitgehend übersehen worden (siehe auch 5.4.). Sie bezieht sich vor allem auf fiktionale Texte (Roman, Gedicht, Drama), erhebt aber den Anspruch, generell die Rezeption bzw. Erfahrung fiktionaler Werke zu erklären: von Literatur ebenso wie von Werbung und Propaganda ebenso wie von Comics und Filmen. Im folgenden soll diese Theorie im Hinblick auf die Filmrezeption kurz skizziert werden.

Norman N. Holland[6] entwickelte sein Modell ausgehend von Fragen wie: Wie ist es zu erklären, daß wir uns auf das Filmerlebnis überhaupt einlassen? Wie geschieht es, daß wir uns ,identifizieren' mit Handlungsfiguren im Film? *Welcher Art ist die Beziehung zwischen dem Film und seinen objektiv feststellbaren Strukturen auf der einen und den subjektiven Erfahrungen des Filmbetrachters auf der anderen Seite?* Das Problem der Filmrezeption besteht also darin, daß *wir* es sind, die im Filmerlebnis Bedeutungen konstruieren, daß wir dies aber nur *im Rahmen des Films* tun können. Holland unterscheidet hier zwei Ebenen: die Ebene des Unbewußten und die Ebene des Bewußten. Der Film transformiert dementsprechend latente Wünsche und Ängste in einen manifesten Bedeutungszusammenhang; der Filmemacher überträgt Momente des Unbewußten in Filminhalte, die bewußt werden. Der Filmbetrachter rezipiert diese Filminhalte und ,übersetzt' sie dabei in das, was sie zum Ausdruck bringen, nämlich Momente des Unbewußten; m.a.W. was bei der Filmproduktion encodiert wird, wird bei der Filmrezeption decodiert in das eigentlich Ausgesagte. Diese Übertragung vom Unbewußten in Bewußtes bzw. (beim Filmbetrachter) vom Bewußten in Unbewußtes ist deshalb kompliziert, weil sie nicht bewußt geschieht und weil Unbewußtes aus guten Gründen nicht bewußt ist. Unbewußte Bedürfnisse und Ängste sind verdrängte Bedürfnisse und Ängste, gegen deren Bewußtwerdung wir uns wehren. Der Prozeß der Übertragung ist also ein Abwehrmechanismus, der es gestattet, unbewußte Bedürfnisse dennoch zu befriedigen, wenngleich maskiert und (im Film) ersatzhaft. Holland nennt vor allem zwei Techniken der Maskierung: das sog. *splitting,* d.h. die Verschlüsselung eines Bedürfnisses dadurch, daß es aufgegliedert wird in eine Reihe von Bedürfnisteilen,

---

6 *The Dynamics of Literary Response*. New York, 1968.

die dem Bewußtsein den eigentlichen Kern des Bedürfnisses verschleiern, und die Technik der *Symbolisierung*. Der Vorgang läßt sich mit dem vergleichen, was in unseren Träumen vorgeht: Z.B. kann mein Haß gegen meinen besten Freund, der mich unterdrückt, auf dessen Freundschaft ich aber zugleich angewiesen bin, im Traum dadurch zum Ausdruck kommen, daß mich mit ihm eine partnerschaftliche Freundschaft verbindet und wir gemeinsam einen Dritten, der zufälligerweise die gleichen blonden Haare hat wie mein Freund, demütigen und erniedrigen (Splitting); oder er kann dadurch zum Ausdruck kommen, daß ich im Traum meinen älteren Bruder erschieße (Symbolisierung). In beiden Fällen geschieht ein Spannungsausgleich. Der Film fungiert gewissermaßen als Traum-Vorgabe, die ich mehr oder weniger intensiv mitträumen kann. Entsprechend hat mir der Film mehr oder weniger ,gefallen'. Holland findet diese Interpretation vor allem in dem bestätigt, was er in Anlehnung an Coleridge „the willing suspension of disbelief" nennt: im Erwartungshorizont des Filmbesuchers. Dieser nimmt die fiktionale Welt im Film ,ernst', d.h. er läßt sich darauf ein, er mißt das Geschehen nicht an der Realität, er stellt nicht die Wahrheitsfrage, er trennt nicht mehr scharf zwischen sich als Kinobesucher und dem Film, er wird absorbiert. Im folgenden Beispiel beschreibt Holland dieses spezifische Filmerlebnis und zugleich die Möglichkeit, ihm zu entfliehen[7]:

TEXT 2

> I can remember, in scarey movies, as the monster, robot, villain, or comedian is sneaking up on the heroine, occasionally someone would scream or shout, „Look out behind you!" And the audience laughed. And yet, if the heroine could look behind her, she could escape and be saved. When sincere, the shout does try to deal with a fealt fear — though, of course, in a wonderfully inappropriate way. It is as though at that moment the shouter needed to feel that the fear could be dealt with „out there", because it was intolerable „in here". In effect, he confessed that what was objectively in front of him has become subjectively within him, and he thrusts it out again. The rest of the audience, in recognizing his error, recognizes that the events „out there" are not supposed to evoke motor responses, thus recapitulates its defense of motor inhibition, and so laughs from reassurance.

Andere Reaktionen auf übergroße Spannung sind etwa, daß man sich vergewissert, daß hier ja nur der maskierte Schauspieler X agiert oder daß am Schluß ja doch alles gut ausgeht. Holland betont als charakteristisch für das Filmerlebnis und dessen Genuß das Wissen jedes Filmzuschauers, daß

---

7 *Ebd.*, 97.

der Film kein reales Handeln von ihm abverlangt. Der Films stellt vielmehr eine Spiel-Situation dar, auf die sich der Zuschauer dadurch einläßt, daß er das „Als-ob" akzeptiert. Eben wegen dieses Spielcharakters aber, eben weil die Filmsituation im Hinblick auf reales Handeln des Zuschauers unverbindlich ist, lockert sich die Zensur, wird die Schranke, die das Unbewußte vom Bewußten trennt, durchlässiger: Unbewußtes, Emotionales kann gefahrlos ausgelebt werden. Daß es auch dann noch nicht als Unbewußtes, d.h. Verdrängtes, erkannt wird, ist vor allem darauf zurückzuführen, daß es erstens in einer bestimmten Form und zweitens in bestimmten manifesten Inhalten erlebt wird. Dazu erneut nur ein Beispiel: Der kleinere Angestellte, der von seinem Vorgesetzten ständig unterdrückt wird, ohne entsprechend reagieren zu dürfen, wird bei einer bestimmten Konstellation formaler und inhaltlicher Faktoren in einem Film eine ihm selber unbewußt bleibende Bedürfnisbefriedigung erfahren — etwa wenn in einem Western (manifester, objektiver Inhalt) der Böse stets in Untersicht, also schon formal übermächtig gezeigt wird (latenter, subjektiver Inhalt), am Schluß aber vom Helden besiegt bzw. getötet wird. (Damit soll selbstverständlich nicht behauptet werden, alle unterdrückten kleineren Angestellten würden gerne Western-Filme sehen.) Je kunstfertiger ein Film ist, d.h. je komplexer seine Form, desto verschlüsselter ist seine latente Bedeutung, desto stärker ist das zensierende Bewußtsein. Wenn ein Ponofilm Sexualität ‚unverblümt', unmaskiert zeigt, wirkt er *dann* abstoßend, ‚primitiv', wenn Sexualität stark tabuisiert ist; in diesem Fall wird vielleicht die Betrachtung einer schönen Frau im Bikini, die sich von den Wellen des Meeres überrollen läßt, weitaus genußvoller sein. Der *Wert* eines Films bemißt sich nach dem Grad des Vergnügens, das er bereitet, und nicht nach einem normativen Wertesystem (der Mittelschichten). Zum Vergnügen aber gehören zwei Bedingungen, die nur in ihrer Beziehung zueinander betrachtet werden dürfen: die Gestaltung unbewußter Bedürfnisse und Ängste in der Weise, daß sie in Form und (manifestem) Inhalt eine verschleiernde Transformation erfahren — Freud nennt das Verschiebung[8] —, und eine entsprechende unterbewußte Bedürfniskonstellation beim Filmzuschauer. Insofern ist Vergnügen in doppeltem Sinn historisch: im Rahmen der Entwicklung eines individuellen Menschen und im Rahmen gesellschaftlicher Entwicklung.

Inzwischen hat Christian Metz („The Fiction Film and its Spectator: A Metapsychological Study". *New Literary History,* vol. VIII (Autumn 1976), No. 1, 75–105) versucht, die Qualität des Spielfilms als Traum näher zu bestimmen, wobei allerdings drei wichtige Unterschiede festzuhalten seien; im Gegensatz zum wirklichen Traum *weiß* der Zuschauer, daß er träumt, sind die geträumten Ereignisse und Dinge *wirklich* (auf der Leinwand),

---

8 *Die Traumdeutung,* Kap. VI B, in der Tb-Fischer-Ausgabe 255 ff.

und handelt es sich beim Film um ein ‚logisches‘, *konstruiertes, kohärentes* Phänomen. Gleichwohl bestimmt Metz den Spielfilm aus dieser Sicht als „the threefold play of reality, dream, and phantasy" (*ebd., 102*).

Daß Holland wie die meisten Psychoanalytiker der Freudschen Schule die individuelle Entwicklung des einzelnen Menschen losgelöst von der gesellschaftlichen Entwicklung betrachtet und Bedürfnisse bezieht auf immergleiche Ursprünge, nämlich bestimmte Phasen der Kindheit (anal, ödipal, phallisch usw.), wurde hier bewußt ausgespart, um den Blick auf sein durchaus plausibles Erklärungsmodell der Filmrezeption offen zu halten. Es stellt einen Theorie-Entwurf dar, der immer wieder gefordert wurde und dringend nottut. Beiträge wie, im Ansatz, der von Metz oder vor allem wie der von Paul G. Cressey, der die psychischen *und* sozialen Hintergründe des Filmerlebnisses berücksichtigt, nehmen die entsprechenden Korrekturen vor. Cressey fordert, durchaus im Sinne Hollands, ein besseres Verständnis der Filmerfahrung als einen ersten Schritt zu einem geschlossenen Begriffssystem, das alle wesentlichen Phasen der Filmrezeptionsforschung umfaßt[9]:

TEXT 3

Die Filmerfahrung ist im Grund keine soziale Situation, da sie keine soziale Interaktion enthält. Der Zuschauer ist offensichtlich nicht ein Teil des Leinwandmilieus, und wie auch immer seine Wünsche beschaffen sein mögen, er kann nie an der Handlung auf der Leinwand teilnehmen.... Abgesehen von emotionaler *Ansteckung*, der zufälligen und äußerlichen Interaktion unter Zuschauern, ist soziale Teilnahme nicht vorhanden. Jedoch schließt die Kinosituation wichtige soziale Erscheinungen ein. Die Reaktionen des Zuschauers auf das Leinwandgeschehen, seine Interessen und Affekte sind an soziale Bedingungen geknüpft, und was er *mitnimmt,* wird durch spätere soziale Kontakte verändert. Streng genommen ist die Kinosituation weder gänzlich *sozial* noch gänzlich *nichtsozial;* sie ist *außersozial...*
Anstatt soziale Interaktion zu fördern, wirkt das Kino hauptsächlich auf die Phantasie. Die Teilnahme in der Phantasie ersetzt die soziale Teilnahme, und *Identifikation* wird das Mittel, wodurch eine scheinbare Vitalität und Substanz in Filmen entdeckt werden kann. Es ist bedeutsam, daß diese Teilnahme in der Phantasie im Kern soziale Teilnahme ist, wie... in Studien über *Rollenübernahme* und *Personifikation* gezeigt worden ist; daß der Zuschauer im Kino also nur in

---

9 Paul G. Cressey. „Der soziale und psychische Hintergrund der Filmerfahrung". *Materialien zur Theorie des Films.* Hrsg. v. D. Prokop, 382—88; 383 f.

mehr symbolischer Form ein Verhalten fortsetzt, das grundlegend für jede soziale Interaktion ist, die sich von Person zu Person abspielt...
Dies wird durch Ergebnisse über drei unterschiedliche *Anpassungs-modi* bestätigt, die im Prozeß der Identifikation zu finden sind: Wenn man die Formulierungen der Sozialpsychiatrie verwendet, lassen sie sich als *Projektion, Introjektion* und *Substitution* beschreiben. Die *Projektion,* die ... so beschrieben wurde, daß *wir in unserer Vorstellung Eigenschaften, die wir selbst besitzen, anderen zuschreiben,* scheint die häufigste Art der Anpassung der Phantasie an das Leinwandgeschehen zu sein und findet sich in gewissem Ausmaß immer, wenn irgendeine Empfindung der *Teilnahme* sich meldet. *Introjektion* ist eine Reaktion, die einen momentanen Verlust sowohl der sozialen Orientierung wie auch der Selbstorientierung einschließt und bei jenen anzutreffen ist, die die Identifikation in einer *vollendeteren* Form erleben. Während die *Projektion* eine ungerechtfertigte Abgrenzung des Bereichs des Selbst impliziert, ist die *Introjektion* eine *Aufnahme eines Teils der Umgebung in die Vorstellung des Selbst.* Die *Substitution* hingegen bezeichnet eine partielle Verdrängung bestimmter Personen und Werte der eigenen sozialen Welt durch die Figuren und Objekte des Leinwandmilieus, während man *als man selbst* fortfährt, die Teilnahme an der Handlung auf der Leinwand in der Phantasie zu erleben. Es handelt sich hier um eine abgeleitete Anpassung in der Phantasie, die halb bewußt als ein Mittel benutzt wird, die gefühlsmäßige Bedeutung des Films zu verstärken und die im Gegensatz zur *Introjektion* nur *soziale* Desorientierung einschließt, nicht aber die Desorientierung des Ich. Durch solche Anpassungen in der Phantasie überbrückt der Zuschauer den Abstand zwischen sich und dem Leinwandmilieu und verleiht dem letzteren eine gefühlsmäßige Bedeutung für sich selbst.

Die Filmerfahrung stellt in der Phantasie, also *ersatzhaft,* eine Anpassung dar, deren Formen sich durchaus mit denen der realen sozialen Interaktion vergleichen lassen. Insofern ist die Bedürfnisbefriedigung im Filmerlebnis schon von ihren Mechanismen her einem bloß subjektivistischen, ‚psychologisierenden' Ansatz entzogen. Mit ähnlichen Zielen, nur eher normativ, versucht Ernst Iros[10] von der Filmsprache her die Rezeption in den Griff zu bekommen. Er ordnet beispielsweise bestimmten Einstellungsperspektiven, -größen und -folgen bestimmte Rezeptionsweisen beim Zuschauer zu. Etwa empfiehlt er den harten Schnitt „bei belebtem Tempo und erregtem Rhythmus — Betonung mehr auf das Gegenständliche gerichtet — und bei

10 Ernst Iros. *Wesen und Dramaturgie des Films.* Zürich, 1957, 254, 217 f.

frostiger Stimmung" oder die weiche Überblendung „nach emotionellem Bildinhalt und fließendem, getragenem oder beschwingtem Rhythmus — nach schwerer oder weicher Stimmung"; der Totalen etwa ordnet er die Aufgabe der räumlichen Orientierung zu und befindet: „die Totale verlangsamt das Tempo. In einem beschwingten, befederten oder taktierten Rhythmus wirkt sie hemmend"..., während „die Stimmungsgestaltung in der Naheinstellung natürlich, intim und nuancierter" werde. Das Problematische daran ist vor allem, daß hier die Möglichkeit einer geschichtlichen Veränderung der Rezeption, bei gleichbleibenden Einstellungsperspektiven oder -folgen, prinzipiell ausgeschlossen bleibt (vgl. auch 5.4.).

Die in TEXT 3 genannten Begriffe sind in der Psychologie freilich weniger eindeutig als es wünschbar wäre, ähnlich wie schon der Begriff ‚Bedürfnis'. Zur IDENTIFIKATION siehe etwa Steven J. Gilbert: *A Review of Identification Theories, With an Exposition and Experimental Demonstration of a Self-Attribution Theory of Identification* (siehe *Dissertation Abstracts International,* vol. 36, Dec. 1975). Zur PROJEKTION siehe vor allem: A. Imbasciati: „The Concept of Projection" (*Archivio Di Psicologia, Neurologia E Psichiatria,* vol. 28 (1967), No. 2, 169—182); Fr. Duyckaerts: „The Origin of the Concept of Projection in Psychoanalysis" (*Feuillets Psychiatriques De Liege,* vol. 3 (1970), No. 4, 480—502); Irma A. Cereceres/E. Hussong/J.L. Carrion/J. Lechuga: „The Concept of Projection in Sigmund Freud" (*Revista Mexicana De Psicologia,* vol. 5 (1971), No. 2, 73—83); Hector Scaglia: „Preliminary Study of the Concept of Projective Identification" (*Bulletin De Psychologie,* vol. 29 (1975—76), No. 1—3, 84—120). Zur INTROJEKTION, teils im Zusammenhang mit ‚Projektion', siehe genauer: Wolfgang Loch: „Identifikation — Introjektion" (*Psyche,* Jg. 22 (1968), H. 4, 271—286); W.W. Meissner: „Correlative Aspects of Introjective and Projective Mechanisms" (*American Journal of Psychiatry,* vol. 131 (Febr. 1974), No. 2, 176—180); P. Wiener: „The Concept of Introjection according to Ferenczi" (*Bulletin De Psychologie,* vol. 28 (1974—75), No. 13—15, 688—693); M.V. Amerith: „Introjective and Projective Identification" (*Samiksa,* vol. 29 (1975), No. 1, 1—12). Und schließlich zum Begriff SUBSTITUTION: Thomas R. Faschingbauer: „Substitution and Regression Models, Base Rates, and the Clinical Validity of the Minimult" (*Journal of Clinical Psychology,* vol. 32 (Jan. 1976), No. 1, 70—74). — Diese teils hochspezialisierten Arbeiten in deutscher, englischer, spanischer und französischer Sprache machen deutlich, daß der simplen Übertragung solcher Fachbegriffe von einem Wissenschaftssystem in ein anderes sehr große Schwierigkeiten entgegenstehen.

5.3   Die Filmwirkungsforschung

Am Anfang seiner Geschichte war der Film „Klamotte". Auf Jahrmärkten, häufig unter freiem Himmel, später in Varietes und Kabaretts wurden dem

„einfachen Volk" „laufende Bilder" als Sensation angepriesen. Der technischen Simplizität entsprechen die Inhalte und Stoffe aus der Schauer-, Ritter- und Räuberromantik, angereichert mit grobschlächtigen Anzüglichkeiten. Der Film entstand im diffamierten Raum der Unterschichten als „triviale" Unterhaltung. Seine zunehmende Verbreitung stellte eine Konfrontation vor allem mit dem die Gesellschaft prägenden Normen- und Wertesystem der Mittelschichten dar. Einerseits wurden auf den Film all die Vorurteile und Ängste projiziert, die das Bürgertum gegenüber den Massen hegt. Andererseits wurde die Suggestivkraft des Films selber als Gefahr empfunden. Politische wie moralische Befürchtungen waren in der Tat begründet. Die Fabeln vieler Filme setzten Arm und Reich gegeneinander, wobei die Reichen stets faul und lasterhaft, die Armen stets brav und treu erschienen.[11] Soziale Verhetzung, Müßiggang, Streiklust, zumindest aber Unzufriedenheit der arbeitenden Schichten — so wurden die politischen Folgen des Films eingeschätzt. Die Stabilität der herrschenden Gesellschaftsnormen war potentiell gefährdet. Filme vor allem sexuellen und sensationellen Inhalts riefen zudem die Bewahrer der moralischen Volksgesundheit auf den Plan. Verderbtheit der Sitten, Zeugung von Verbrechen, Verführung Minderjähriger, Verhöhnung heiliger Gesetze wie Ehe und Religion, Niedergang der abendländischen Kulturgüter — so wurden die moralischen Folgen des Films eingeschätzt. Die Filmwirkungsforschung war entsprechend in einer *ersten Phase* auf die Legitimation von Zensurbestimmungen ausgerichtet. Am bekanntesten sind die empirischen Untersuchungen, die vom Motion Picture Research Council in den USA durchgeführt wurden, die sog. Payne Fund Studies.[12] Hier wurden die Beziehungen zwischen Kinobesuch, kriminellem Verhalten und Einstellungen von Kindern und Jugendlichen untersucht. Die Ergebnisse waren deutlich: Tatsächlich schien zwischen Neigung zur Krininialität und Filmbesuch ein deutlicher Zusammenhang zu bestehen. Das kann keineswegs erstaunen, wenn man das damalige Filmpublikum in Betracht zieht. Wichtiger war freilich das Ergebnis, daß Filme die Einstellungen der entwicklungsmäßig bedingt ichschwachen, noch ungefestigten Kinder und Jugendlichen deutlich beeinflussen, z.B. in signifikantem Ausmaß negative Einstellungen gegenüber Negern oder Priestern hervorrufen. Wie die Filmproduktion auf staatliche Zensurandrohungen reagierte, wurde oben bereits erwähnt (3.3.). Die freiwillige Selbstzensur sollte dem sittlichen Empfinden des breiten Publikums entgegenkommen.

Die zunehmende Ausrichtung der unter wirtschaftlichen Zwängen stehenden

---

11 Prokop. *Soziologie des Films,* 36 ff.

12 Siehe vor allem den Sammelband von W.W. Charters: *Motion Pictures and Youth. A Summary* (New York, 1933) sowie die Arbeit von Frank K. Shuttleworth und Mark A. May: *The Social Conduct and Attitude of Movie Fans* (New York, 1933).

112

Filmproduzenten am breiten Publikum und an gesellschaftlich dominanten Normen erschöpfte sich allerdings nicht mit der Einhaltung der fixierten Code-Regeln. In einer *zweiten Phase,* noch in den 30er und vor allem in den 40er Jahren, beteiligten sich die Produzenten selber an der Filmwirkungsforschung, die nunmehr eher auf bessere Absatzmöglichkeiten ausgerichtet war. Wichtig wurden Fragen nach der sozioökonomischen Struktur des Filmpublikums (siehe 4.3.) und seinen Präferenzen (4.4.), um bedarfsorientiert produzieren zu können. Vor allem der Popularitätsgrad von Stars bzw. ihr *box-office-value* wurde genauestens erforscht, wobei sich Ergebnisse unmittelbar in der Produktion niederschlugen.[13] Die Intention in der ersten Phase der Filmwirkungsforschung, schlechte Wirkungen des Films zu verhindern, wurde abgelöst von dem Bestreben, möglichst viele Filme zu verkaufen. Zugleich wurden im Zusammenhang mit dem 2. Weltkrieg neben moralischen und ökonomischen die politischen Aspekte der Filmwirkung untersucht und entsprechend berücksichtigt. Ein neuer Zweig der Massenkommunikationsforschung entstand und trieb die Entwicklung von Techniken zur Untersuchung von Filmwirkungen voran: die Propagandaforschung. In Absprachen mit großen Filmproduktionsgesellschaften und der Regierung wurden gezielt und systematisch auch durch den Film Einstellungsänderungen der Bevölkerung angestrebt, vor allem im Hinblick auf den Kriegseintritt der Vereinigten Staaten (etwa durch Anti-NS-Propaganda).[14] Der Film wurde hier zum politischen Instrument.[15]

In der Nachkriegszeit entwickelte sich in einer *dritten Phase* eine neue Fragestellung der Filmwirkungsforschung, während profitorientierte Untersuchungen verfeinert und von moralischen bzw. politischen Interessen gesteuerte Studien stark zurückgingen: Die Wirkung von Filmen in Erziehungsprozessen, also unter didaktischen oder pädagogischen Aspekten.[16] Fragen der audio-visuellen Erziehung im Rahmen schulischer, universitärer, betrieblicher Ausbildung wurden allerdings in der Bundesrepublik erst spät aufgegriffen — wie überhaupt gelten muß, daß die Entwicklung der Filmwirkungsforschung, wie sie hier grob in drei Phasen dargestellt wurde, stark auch von nationalspezifischen Aspekten geprägt ist.

Die Filmwirkungsforschung wirft eine ganze Reihe von Problemen auf, von

13 Siehe dazu z.B. die in Kap. 9: „Audience preference for players" von Leo A. Handel aufgeführten Untersuchungen *(Hollywood Looks at its Audience),* 137—154.

14 Siehe dazu die kritischen Bemerkungen z.B. von Arthur Dobenstein im *Lexikon des internationalen Films* Bd. 2 (München, 1975, 104—139).

15 Siehe dazu exemplarisch Folke Isaksson und Leif Fuhrhammer: *Politik und Film* (Ravensburg, 1974) und Klaus Kreimeier: *Kino und Filmindustrie in der BRD* (Kronberg/Ts., 1973).

16 Z.B. Mark A. May und Arthur A. Lunsdaine. *Learning from Films,* New Haven, Conn., 1958.

denen hier nur zwei wichtige genannt werden sollen: die Zeit und die Art der Wirkung. Schon im Zusammenhang mit den Payne Fund Studies hat man die Schwierigkeiten erkannt, die Wirkung eines Films zeitlich zu bemessen. Befragungen und Untersuchungen direkt nach dem Kinobesuch waren ,Momentaufnahmen' und hatten nur beschränkten Aussagewert, weil sie bleibende Einstellungsänderungen nicht berücksichtigen konnten. Die Differenz von Kurzzeitwirkung und Langzeitwirkung wird heute allgemein anerkannt, wenngleich die Untersuchungen von Langzeitwirkungen zahlenmäßig noch außerordentlich gering sind. Das ist weniger auf technische oder wissenschaftliche als vielmehr auf finanzielle Gesichtspunkte zurückzuführen. Die Diskussionen über Langzeitwirkungen des Massenmedienangebots werden heute immer noch weniger von fundierten Untersuchungsresultaten bestimmt als von weltanschaulichen und gesellschaftspolitischen Einstellungen. Die Payne Fund Studies haben zugleich noch ein zweites wichtiges Problem bewußt gemacht: das der Prädisposition des Kinobesuchers. Die Frage ist, ob ein Film z.B. eine negative Einstellung gegenüber Negern beim Zuschauer erst *auslöst* oder nur *ausdrückt*. Im Sinne einer transaktionalen Kommunikationstheorie (siehe 1.2.) wählt der Zuschauer aus dem Informationsangebot bevorzugt das seiner Meinung Entsprechende, das in seinen schon vorher bestehenden Bezugsrahmen Passende aus, das dabei freilich *verstärkt* wird. Bei der Untersuchung allein der Film*wirkungen* erweist es sich als ein Nachteil, daß nicht die Rezeption in ihrer Gesamtheit berücksichtigt wird. Immer wieder werden „Spezialaspekte des Funktionstotals von Filmen" untersucht,[17] die dazu in der Regel noch gemäß ihrem methodischen Ansatz (z.B. soziologisch oder psychologisch) stark differieren. Ohne wesentliche Erweiterung ihrer Fragestellungen und Methoden dürfte die Filmwirkungsforschung in Zukunft kaum mehr brauchbare Ergebnisse vorlegen können.

Als möglicherweise weiter reichende Spezialuntersuchung sei hier vor allem auf die Dissertation von Rolf Grigat: *Die Gewalt im Film oder die Gewalt des Films. Empirische Untersuchung zur Wahrnehmung und Wirkung eines Films mit aggressiver Thematik* (München, 1973) verwiesen, ergänzend dazu auch auf den Beitrag von Ann Searle: „The Perception of Filmed Violence by Aggressive Individuals With High or Low Self-Concept of Aggression" (*European Journal of Social Psychology,* vol. 6 (1976), No. 2, 175—190), in dem die klassische Projektionstheorie überprüft wird. Generell zur Wirkungsforschung innerhalb der Massenkommunikationsforschung siehe ausführlich die Arbeit von Michael Schenk: *Publikums- und Wirkungsforschung. Theoretische Ansätze und empirische Befunde der Massenkommunikationsforschung* (Tübingen, 1978), knapp und kritisch die Zusammenfassung von Jan-Uwe Rogge: „Zur Kritik der Wirkungsforschung" (*Beiträge zur Medienforschung,* hrsg. v. Horst Dichanz und Günter Kolb. Köln, 1979, 116—142).

---

17 Silbermann/Luthe. „Massenkommunikation", 705.

– Es ist bemerkenswert, daß die *Film*wirkungsforschung heute weniger Teil der wissenschaftlichen Beschäftigung mit Filmen ist als vielmehr ein, und zwar relativ unbedeutendes, Anwendungsfeld für die Entwicklung der Wirkungsanalyse als sozialpsychologischem Instrument, d.h. weniger der *Gegenstand* „Filmwirkung" als die *Methode* „Wirkungsforschung" steht im Vordergrund. Einen guten Einblick in Theorie und Methoden allgemein der Wirkungsforschung bieten Frank Dröge, Rainer Weißenborn und Henning Haft: *Wirkungen der Massenkommunikation* (Frankfurt am Main, 1973).

5.4. Zur Rezeptionsanalyse als Methode

Dem Problemfeld der Filmrezeption wird, wie oben erwähnt, bisher noch relativ wenig Beachtung geschenkt. Die Filmforschung liegt hier im Vergleich zu anderen Wissenschaftszweigen etwas zurück, vor allem von literaturwissenschaftlicher Perspektive aus gesehen. Es ist deshalb naheliegend, Positionen oder zumindest Kategorien derzeitiger Literaturwissenschaft in die Filmanalyse partiell einzuholen und möglichst fruchtbar zu machen.

Gunter Grimm legte 1975 mit seinem Beitrag „Einführung in die Rezeptionsforschung"[18] eine Art Zwischenbilanz literaturwissenschaftlicher Bemühungen um Rezepiton und Leser vor, auf die hier nur hingewiesen werden kann. Im Vorwort des Sammelbandes konstatiert er:

TEXT 4

Rezeptionsforschung hat, wie die seit einiger Zeit anhaltende Publikation wirkungsgeschichtlicher und rezeptionstheoretischer Untersuchungen belegt, den Charakter einer kurzlebigen Modeerscheinung hinter sich gelassen.
Zunächst war das Interesse für die Rezeption von Literatur eine Reaktion auf die Vorstellung von einer autonomen Kunst und auf den Vorrang der Intentions- und Autorperspektive. Die einseitige Orientierung der Literaturwissenschaft an den Werken sogenannter ,hoher' Dichtung wurde vor allem durch soziologische, aber auch psychologische Fragestellungen problematisiert. Unter dem Aspekt des Ist- und des Soll-Bestandes, der gesellschaftlichen Relevanz von Literatur und der Beschäftigung mit ihr, rückte das Lesepublikum in den Vordergrund des literaturwissenschaftlichen Interesses. Der Text selbst erscheint nun... in Abhängigkeit von der Perspektive des Lesers oder Interpreten...
Das rezeptionstheoretische Konzept bleibt nicht allein auf den literatursoziologischen Bereich eingeschränkt, es wirkt sich auch aus auf die Text-

---

18 *Literatur und Leser. Theorien und Modelle zur Rezeption literarischer Werke.* Hrsg. v. G. Grimm. Stuttgart, 1975, 11–84.

interpretation, die Literaturkritik, die Literaturgeschichtsschreibung, die Ästhetik und auf Fragen der Wertung, der Ideologiekritik und der Pädagogik, und es kann gerade im Schul- und Hochschulunterricht zur Erstellung gesellschaftsbezogener didaktischer Modelle beitragen.

Unter dem Einfluß psychologischer, soziologischer und vor allem kommunikationstheoretischer Fragestellungen und Erkenntnisse, nicht zuletzt aber auch infolge der an Zahl und Bedeutung zunehmenden Untersuchungen der sog. Trivialliteratur sowie der Massenmedien vollzog sich die für diesen Wissenschaftsbereich revolutionäre Erkenntnis, „daß ein Text überhaupt erst zum Leben erwacht, wenn er gelesen wird".[19] Über die konkrete Bedeutung der Lesers bzw. die konkrete Funktion der Rezeption im Rahmen der Literaturwissenschaft wird auch heute noch diskutiert; linguistische, kommunikationstheoretische, wissenssoziologische, kulturgeschichtliche, ästhetische, psychologische, materialistische Ansätze bieten hierzu eine Fülle unterschiedlicher und gegensätzlicher Konzeptionen. Peter Uwe Hohendahl formulierte noch vor wenigen Jahren: „Rezeptionsforschung... ist gegenwärtig weder eine Disziplin noch eine Methode, sondern ein Gemenge divergierender Theorien und Ansätzen, denen gemeinsam ist, daß sie sich mit der Aneignung und Wirkung von Literatur beschäftigen."[20] Nicht mehr gestritten wurde also bereits damals darüber, *daß* Leser und Rezeption (wie auch immer verstanden) eine zentrale Stelle bei der Textanalyse einnehmen müssen. Inzwischen hat vor allem die maßgebliche Arbeit von Norbert Groeben: *Rezeptionsforschung als empirische Literaturwissenschaft*[21], diese Diskussion sowohl hinsichtlich der Problemlage als auch in Form einer ersten Zusammenfassung bisher vorliegender, erprobter Methoden der Rezeptionsforschung vorangetrieben zu einem praktikablen Konzept der Literaturanalyse.

Auch die Filmforschung, wenngleich eine sehr junge Disziplin, beschränkte sich von Anfang an und zum großen Teil heute noch auf sog. Filmkunstwerke und nur zögernd hat man filmsoziologischen Fragestellungen den Raum eingeräumt, der ihnen gebührt. Daß hier dennoch keine Verlagerung der Forschungsaufgaben, wie sie nicht nur in der Literaturwissenschaft, sondern auch in der allgemeinen Geschichtswissenschaft, der Kommunikationswissenschaft, der Linguistik, der Psychologie usw. stattgefunden hat, zu erkennen ist, mag vielleicht daran liegen, daß die Filmwissenschaft

19 Wolfgang Iser. *Die Appellstruktur der Texte*. Konstanz, 1970, 6.

20 „Einleitung: Zur Lage der Rezeptionsforschung." *Zeitschrift für Literaturwissenschaft und Linguistik* (LiLi), Jg. 4, H. 15 (1974), 7.

21 Norbert Groeben: *Rezeptionsforschung als empirische Literaturwissenschaft. Paradigma- durch Methodendiskussion an Untersuchungsbeispielen.* (2. Aufl. Tübingen, 1980).

noch nicht recht entwickelt ist und zudem keine allgemeine Universitäts-Disziplin darstellt, d.h. daß sie sich somit auch nicht in gleicher Schärfe Legitimationsschwierigkeiten ausgesetzt sieht wie die anderen Bereiche. Dennoch sollte kein Zweifel daran bestehen, daß die Einbeziehung der Filmrezeption in die Filmanalyse ähnlich umfassende Veränderungen der Wissenschaftspraxis zur Folge hat wie in anderen Fächern.

Eine Übertragung von Theoremen zur Rezeption aus der Literaturwissenschaft in die Filmwissenschaft liegt noch nicht vor und kann selbstverständlich weder nebenbei noch in diesem Zusammenhang geleistet werden. Lediglich einige Hinweise sollen verdeutlichen, daß damit im Hinblick auf den Film ein riesiges Forschungsfeld eröffnet wird. Hohendahl hob hervor: „Im Unterschied zu früheren Phasen der Rezeptionsforschung zeichnet sich die gegenwärtige (1967–1975) durch wissenschaftstheoretische Bewußtheit aus."[22] Das heißt: Die Einbeziehung der Rezeption stellt für die Filmanalyse nicht nur insofern eine Bereicherung dar, als die Kette wichtiger Fragestellungen aus den Bereichen Filmsprache, Filmproduktion und -distribution, Kino, Filmwirkung um einige Fragen *erweitert* wird; Begriffe wie ‚Bedürfnis' und ‚Identifikation' haben das schon zur Genüge zum Ausdruck gebracht. Vielmehr verändert sich auch die Struktur der Kette von Fragen, die an einen Film herangetragen werden müssen; zumindest werden neue Akzente gesetzt.

Wenn wir mit der oben einleitend genannten, zunächst banal erscheinenden These, nach der jeder Film nur als rezipierter Film untersucht werden kann, ernst machen, muß jede Filmanalyse in Form einer Rezeptionsanalyse beginnen. Der *erste Schritt* ist demnach die Fixierung des subjektiven (spontanen) Filmerlebnisses. Die Reflexion dieser Erfahrung stellt sich als Selbstanalyse dar: Wie wurde ich auf den Film aufmerksam? Welche Erwartungshaltung bestand bei mir? Nach welchen Kriterien habe ich ihn selektiert? Warum habe ich mir den Film angesehen? Warum hat mir was am Film Spaß gemacht (oder was warum nicht)? Wie habe ich den Film gesehen? Wo, wann, in welcher psychischen und örtlichen Situation, in welchem institutionellen Kontext habe ich rezipiert? Warum habe ich diese und keine anderen Eindrücke gehabt? Wieso werte ich, wie ich werte? Welche Inhalte habe ich behalten? Usw. Diese Bewußtwerdung der subjektiven Rezeption und ihre Fixierung ist nicht nur deshalb unerläßlich, weil es sich dabei bekanntlich um eine nicht wiederholbare Erfahrung handelt; beim zweiten und beim dritten Ansehen des Films hat sich mein Erwartungshorizont und folglich meine Rezeption längst verändert. Das erste Filmerlebnis hat vielmehr für die später erst einsetzende wissenschaftliche Filmanalyse erkenntnisleitende Funktion. Es handelt sich hierbei also um eine für die wissenschaft-

---

22 „Einleitung: Zur Lage der Rezeptionsforschung", 8.

liche Filmanalyse unabdingbare didaktische Propädeutik. Die Protokollierung der subjektiven Rezeption eines Films hält den Film als Film *für mich* fest und dient als die Quelle, aus der die ersten analytischen Fragen an den Film entstehen.

Die Analyse eines Films ist Analyse einer Kommunikationssituation. Da in der Regel eine entscheidende Diskrepanz besteht zwischen kommunikationalem Input und Output bzw. der Film ‚an sich' nicht unmittelbar zugänglich ist, muß die Subjektivität des Filmwissenschaftlers ausdrücklich in Betracht gezogen werden, zumal sie sich nicht allein auf die Filminhalte erstreckt, sondern auch etwa im Produktionsbereich jeweils bestimmte Zusammenhänge im Gegensatz zu anderen als bedeutungsvoll erweist. Schon die Absicht, einen konkreten Film möglichst *umfassend* analysieren und interpretieren zu wollen, stößt auf die Notwendigkeit, über den konkreten Film hinauszugehen und etwa übergreifende Produktionsbedingungen zu berücksichtigen, und kann demnach gemäß dem zur Verfügung stehenden Zeitraum nur beschränkt verwirklicht werden, gerade wenn wissenschaftlichen Anforderungen entsprechend eine Vielzahl von Fragestellungen berücksichtigt wird. Der Versuch endlich, einen Film *erschöpfend* analysieren und interpretieren zu wollen, erweist sich als blanke Illusion — nicht weil das ‚Kunstwerk FILM' einen unerschöpflichen Reichtum an Bedeutungen in sich birgt, sondern weil derselbe Film immer wieder auf andere Rezipienten stößt, immer wieder anders rezipiert wird. Die Filmanalyse als Sozialwissenschaft kann unter der Voraussetzung umfassender Fragestellungen nur in dem Sinne erschöpfende Resultate erzielen, als sie die objektiv feststellbaren Strukturen eines Films im Hinblick auf *bestimmte* Rezipienten (mit *bestimmten* Präferenzen und Bedürfnissen in einer *bestimmten* Zeit) mit *bestimmten,* historisch sich wandelnden Bedeutungen in Zusammenhang bringt. In der konkreten Praxis der Analyse eines einzelnen Films in Schule oder Hochschule wird sich die kaum überschätzbare Bedeutung der Rezeption vor allem als Relativierung der je und je erzielten Analyseergebnisse und Interpretation, als Einschränkung der abschließenden Bedeutungsgebung niederschlagen müssen. Ziel wäre in jedem Fall aber die Vermeidung dessen, was Groeben die verfälschende Konfundierung von Rezipient und Interpret nannte: die Vermengung subjektiv rezipierender und wissenschaftlich analysierender und interpretierender Annäherung an den Film.

6. Problemfeld VI: Die Analyse eines Films (Synthese und Praxis)

6.0. Groblernziele

Der systematische Überblick über zentrale Problemfelder des Films als Kommunikation hat im Ansatz einerseits vermittelt, welche grundsätzlichen Probleme mit der Analyse eines Films verbunden sein können, und anderteils bereits die wichtigsten Fachtermini und Kategorien, gewissermaßen Teile des Instrumentariums, vorgestellt, wie sie für eine Analyse eines Films benötigt werden. Im folgenden sollen diese allgemeinen Anregungen zusammengefaßt und in Form von ganz konkreten Fragen für die praktische Analyse eines Films verfügbar gemacht werden.

Jeder Filmanalyse sollte die Rezeption des Films und die propädeutische Protokollierung der individuellen Rezeption vorausgehen (vgl. 5.4.). Mit ,Rezeption' ist dabei das ganz naive, unreflektierte, emotionale Ansehen des Films gemeint, der Film soll nicht von vornherein als Objekt einer wissenschaftlichen Analyse, quasi in Distanz, begriffen werden, sondern er soll jeden einzelnen Zuschauer zunächst einmal ,privat' ansprechen: betreffen. Der einzelne soll den Film gewissermaßen ,an sich heranlassen'; deshalb wäre es ideal, wenn der Film (vom Videogerät) so abgespielt würde, daß sich der einzelne durch die Gruppensituation nicht in seiner persönlichen emotionalen Rezeption einschränken oder sonstwie beeinflussen läßt − z.B. in einem größeren und vollständig abgedunkelten Raum (Kino-Situation). Die Niederschrift dieser persönlichen gefühlsmäßigen Eindrücke vom Film − die zweckmäßigerweise anonym erfolgt − unmittelbar nach dem ersten Ansehen des Films ist die unerläßliche Grundlage für die wissenschaftliche Analyse, weil aus ihr die Fragen an den Film zu entwickeln sind. Nicht *alle* Fragen sind für *jeden* Film sinnvoll. Es gibt nicht ,die' Analyse eines Films, sondern es werden immer nur bestimmte Aspekte, wichtige Momente etc. eines konkreten Films untersucht. Man muß wissen, was man sucht; man muß Fragestellungen entwickeln und an den Film herantragen: Ein Film wirft ,von sich aus' *keine* Probleme auf.[1] Ein Beispiel: Viele Zuschauer hatten gefühlsmäßig den Eindruck, an der Stelle X sei die Filmhandlung besonders spannend gewesen. Daraus lassen sich Fragen entwickeln wie etwa: Wieso wurde die Handlung an der Stelle X, im Gegensatz zu anderen Stellen des Films, als besonders spannend empfunden? Bei einem anderen Film wäre eine solche

---

1 Werner Faulstich/Hans-Werner Ludwig. *Arbeitstechniken.* (Tübingen, 1978, 80).

Fragestellung möglicherweise unsinnig, weil es da z.B. keine Spannung in diesem Sinne gibt.

In diesem abschließenden Problemfeld sollen einige der in vielen Fällen sinnvollen Problemlösungswege skizziert werden, wobei jeweils denkbare Fragestellungen namhaft gemacht werden. Dabei sollen die folgenden Groblernziele erreicht werden: Der Leser soll

— die Notwendigkeit eines Filmprotokolls erkennen und ein solches erstellen können;
— Bauformen der Filmhandlung erkennen, unterscheiden und beschreiben können;
— das Problem der Qualifizierung quantitativer Resultate als Problem begründen können;
— Handlungsfiguren (und ‚Setting‘) des Films beschreiben können;
— die Funktionen der Geräusche und vor allem der Filmmusik erkennen und bestimmen können;
— verschiedene Ideologiebegriffe benennen und ‚Ideologie‘ problematisieren können;
— Filminhalte und Filmdramaturgie kritisch auf ihre ideologischen Aussagen befragen können;
— die Geschichtlichkeit des Films auf Produktions- und Rezeptionsseite einbeziehen.

Insgesamt soll der Leser

— imstande sein, einen ‚normalen‘ Spielfilm zu analysieren.

6.1. Das Filmprotokoll

Im Gegensatz zum Text ist ein Film nicht so einfach verfügbar. Der Kauf einer Filmkopie ist (wenn überhaupt möglich) mit ungleich höheren Ausgaben verbunden und erfordert zugleich eine spezielle Abspielapparatur als ‚Lese‘möglichkeit. Im günstigsten Falle ist man auf die Gutwilligkeit von Filmverleih-Gesellschaften oder auf das aktuelle Fernsehprogramm angewiesen und nimmt Filmkopien auf Videoband auf. Im Gegensatz zum Text ist ein Film auch nicht so einfach präsent. Der Film besteht aus einer langen Reihe sich unaufhörlich bewegender Bilder. Was man in der Hand hält, ist lediglich Zelluloid oder schwarzes Videoband. Zurück‚blättern‘ oder Vergleichen verschiedener Filmteile miteinander ist im Gegensatz zum gedruckten Text mit einem hohen Aufwand an Technik und Zeit verbunden. Vor allem aber ist ein Film nicht so leicht ‚einsichtig‘ wie ein Text:
— Man vermeint in der Regel reale Wirklichkeit zu sehen, ohne daß einem deren Ausschnittcharakter bewußt wird.

- Jedes einzelne Bild, das nur in der Bewegung seine Aussage ganz entfaltet, übermittelt ungleich mehr Informationen als etwa ein Wort oder auch noch ein Satz, der gedruckt vorliegt.
- Man kann nicht innehalten und z.B. ein Detail überdenken; der stete Fluß der Bilder erfordert eine totale Anspannung, eine dauernde Aufmerksamkeit.
- Der Film beansprucht nicht nur den visuellen Sinn wie beim Lesen eines gedruckten Textes, sondern Auge und Ohr zugleich.

Usw.

Im Vergleich zum gedruckten Text ist der Film also schlechter verfügbar, weniger präsent, schwieriger einsehbar; beim Film handelt es sich eben um ein *präsentatives* Medium. Das wirft Schwierigkeiten auf, wie sie Vlada Petric beschrieben hat[2]:

TEXT 1

Nobody seriously interested in cinema as an art form can claim that a scholarly film analysis can be done by the mere viewing of a film, followed by a haphazard discussion about the meaning of a film's narrative. It is as if students of the fine arts were asked to engage in serious debate over a painting which had been whisked past their eyes, or as if students of literature were required to consider the stylistic features of a poem, novel, or play which they only heard read aloud once... We are again and again encountering old-fashioned teachers who persistently oppose the serious and systematic study of films... This antiacademic attitude has outlived its day.

Petrics Plädoyer „for a close cinematic analysis" verweist auf die Notwendigkeit schriftlicher Fixierung des Films, wie sie in vielen Fällen als *Drehbuch* oder *Textrolle* angeboten wird. Sicherlich gilt, daß bereits ein solches [engl.] *script* einer rein impressionistischen Beschäftigung mit dem Film entgegenwirkt; aber die These „the script provides objective documentation" dürfte denn doch kaum haltbar sein, vor allem wenn wie hier das Drehbuch dann gleich als [hohe] ‚Literatur' betrachtet und kanonisiert werden soll.[3]

Einen Schritt weiter geht ein Projekt der Gesellschaft zur Erforschung des

2 Vlada Petric: „For a Close Cinematic Analysis". *Quarterly Review of Film Studies,* vol. 1 (Nov. 1976), No. 4, 453—477, hier 455.

3 Robert E. and Katharine M. Morsberger: „Screenplays as Literature: Bibliography and Criticism". *Literature/Film Quarterly,* vol. 3 (1975), No. 1, 45—59. — Gemäß der Perspektive der gesamten Zeitschrift wird hier den Film*autoren* bzw. der literarischen *Vorlage* des Films die meiste Aufmerksamkeit geschenkt. Der Beitrag enthält aber eine hilfreiche Liste veröffentlichter Drehbücher (freilich nur ‚guter' Filme).

Films in Deutschland, das sich der kritischen Edition von Drehbüchern widmet und das Drehbuch dabei „als einen (wenn auch sehr wichtigen) Schritt eines *Arbeitsprozesses"*, nicht als etwas Abgeschlossenes, Eigenständiges betrachtet.[4] ‚Vergleich' meint hier nicht die Relation von Literatur und Film sondern von Drehvorlage und Drehergebnis. Letzteres muß aber zunächst einmal präzise dokumentiert werden; das Transitorische am Film muß in Lineares übertragen werden. Dazu taugt allein eine exakte Transkription des Films in Form eines *Filmprotokolls*. Der Filmanalyse geht es primär um den Film und, wenn überhaupt, nur sekundär um das Intendierte, Geplante, Beabsichtigte; weil der fertige Film vom Drehbuch so häufig abweicht, darf das Drehbuch für die Filmanalyse nur sehr bedingt herangezogen werden (im wesentlichen nur als Hilfestellung bei der Rekonstruktion des Dialogs). Charles F. Altman hat versucht, für den englischen Sprachraum den Begriff *filmscript* festzulegen: „the filmscript... ist a record of the film; the sole authority here ist the film itself. Whereas the screenplay records the author's final text and the shooting script the director's final text, the filmscript records the film as it has been built by author, director, actors, technicians, and all associated with the production. In this sense, the filmscript is the same as a *shot-by-shot presentation* or a *decoupage intégral."*[5] Der folgende TEXT macht einige Bedingungen deutlich, die an ein solches Filmprotokoll zu stellen sind[6]:

TEXT 2

If the filmscript is to be a *record* of a particular film, then the editor's first duty is to remain as objective as possible, to reflect the film itself and not his personal evaluation of it, or at least to differentiate between the two. In particular, the filmscript must be conceived as a *description* and not as an interpretation (as far as these two related activities can be differentiated). What is needed is not a statement of the film maker's intentions or a character's motivation, but a careful description of what is seen on the screen. That description should be based on careful observation of the completed film; when it is supplemented with nontextual materials (e.g. the director's description of the desired effect, or the shooting script version of incomprehensible dialogue...), then those secondary sources should be identified and the disparity between them and the completed film should be stressed...
[Another problem results from the fact] that filmscript editors nor-

---

4 *Film und Fernsehen in Forschung und Lehre,* No. 2 (1979), 161f.

5 Charles F. Altman: „Filmscripts: A Manifesto". *Quarterly Review of Film Studies,* vol. 2 (1977), No. 1, 88–95, hier 89.

6 *Ebd.,* 90f.

mally want their work to read continuously, like a novelette derived from the film. The obvious result of these tactics is that the filmscript becomes just one more paracinematic novelty, like publicity stills, production diaries, or Biograph Bulletins. All of these are important, of course, but they don't solve the problem of providing an inexpensive and lasting record of the film, useful as an aid in its study... There is no reason why a filmscript cannot be organized in such a way as to maximize both readability and accuracy . . . ; nevertheless the editor must at every point remember that he is not producing a *text* but the *record of a text*.

Oberstes Ideal eines Filmprotokolls (wie eines jeden Protokolls) ist demnach *Objektivität*. Ansätze zur Interpretation oder Zusätze zur Produktion/Intention oder Manipulationen zur Verbesserung der Lesbarkeit müssen aufs Äußerste zurückgedrängt werden. Natürlich kann das Filmprotokoll keinesfalls das mehrfache Ansehen des Films selber ersetzen, zumal es bei allen Bemühungen ja auch nur approximativ objektiv sein kann. Um ein erstes Beispiel zu nennen: Wenn eine Figur einen Satz sagt, so kann das einmal knapp so protokolliert werden (vgl. E 239 im folgenden Ausschnitt):

Ilsa: Hello Sam.
Sam: Hello, Miss Ilsa. I never expected to see you again.

Aber auch ausführlicher so:
Ilsa [nachdenklich, fast melancholisch]: Hello Sam
Sam [tonlos]: Hello, Miss Ilsa. [Dann eher abwehrend] I never expected to see you again.

Die Adjektive im zweiten Fall spiegeln in gewissem Maße die persönlichen Eindrücke des Protokollanten, fügen also u.U. dem Film selber — projektiv — etwas hinzu. Auf der anderen Seite aber können solche auf atmosphärische Details abzielenden Adjektive geradezu unverzichtbar sein, etwa wenn im besonderen das Verhalten zweier Figuren in einer bestimmten Szene analysiert werden soll. Hier wird deutlich, daß sich das Filmprotokoll auch danach wird richten müssen, was auf seiner Grundlage dann im besonderen analysiert werden soll. Wenn bei einem Film insbesondere die schrittweise Entfaltung und Entwicklung einer Figur untersucht werden soll, so ist bei diesem Punkt naturgemäß besondere Ausführlichkeit am Platz. Hier erweist sich wieder die Unabdingbarkeit von Fragen an den Film, bevor man mit der Analyse, ja schon mit der Protokollierung des Films beginnt.

Um in möglichst kurzer Zeit ein möglichst verläßliches Filmprotokoll anzufertigen (und damit zugleich auch die genaue Filmkenntnis der Filmbetrachter sicherzustellen), empfiehlt sich die Teamarbeit: Nach einer ersten Vorführung des Films (= emotionale Rezeption und deren — anonyme — Protokollierung) konzentriert sich jeder Teilnehmer auf einen bestimmten

Aspekt, der vorher festgelegt werden muß, und hält ihn Einstellung für Einstellung protokollarisch fest. In der Regel wird diese (zweite) Protokollvorführung immer wieder für Schreibpausen unterbrochen und zumeist insgesamt noch ein- oder zweimal wiederholt. Nach Abschluß des Protokolls ist eine nochmalige Kontrollvorführung erforderlich. Albrecht schätzt: „Man muß damit rechnen, daß für die einigermaßen genaue Untersuchung eines Spielfilms von durchschnittlicher Länge bei der Betrachtungsanalyse eine Woche benötigt wird."[7] Die Protokollierung durch einen einzelnen nimmt in der Regel mindestens einen Monat Arbeit in Anspruch.

Nach langjährigen Erfahrungen mit Filmanalysen hat sich für die Analyse von Spielfilmen als für viele Fragestellungen hinlänglich ausführlich ein in sechs verschiedenen Protokoll-Spalten unterschiedenes Filmprotokoll bewährt, das alle wichtigen Informationen gleichermaßen auf der Handlungs-/ Geschehnisebene, der auditiven und der visuell-formalen Ebene geordnet erfaßt. Auf den folgenden Seiten ist exemplarisch ein Ausschnitt des Films ‚Casablanca' (Regie: Michael Curtiz) protokolliert, wobei die drei Spalten auf der linken Seite (Nr. der Einstellung, Geschehen/Handlungsverlauf, Dialog) in der fortlaufenden Lektüre auch *leicht lesbar* sind, wogegen die drei Spalten auf der rechten Seite (Musik/Geräusche, Kamera, Zeit) die Daten vornehmlich für die (quantitative) *Analyse* enthalten.

Wie bei dem obigen Dialogbeispiel können bzw. müssen Momente des Films vom Protokollanten mitunter näher erläutert werden (hier durch *Adjektive*). Solche Zusätze werden in aller Regel besonders in Spalte 2 (Geschehen/ Handlungsverlauf), weniger in Spalte 3 (Dialog) notwendig sein. Dabei darf die Beschreibung der Handlung jedoch nicht zu einem Stück Erzählung ausgeweitet werden. So dürfte es in aller Regel ausreichen, z.B. zu beschreiben (E 240 im folgenden Ausschnitt):

Sam sucht nach Noten, blickt Ilsa nur ab und zu an.

Dagegen wäre es sicherlich eine unzulässige Verkürzung, nur zu sagen:

Sam sucht nach Noten.

Denn hier würden die unsicheren Blicke Sams zu Ilsa, die für die Begegnung insgesamt charakterisierend sind, unterschlagen. Andererseits wäre es sicherlich zu ausführlich und überflüssig, ganz genau festzuhalten, ob Sam nun dreimal oder fünfmal oder sechsmal zu Ilsa hinsieht; die Anzahl der Blicke hat hier keine eigene Bedeutung.

Auch Spalte 4 (Musik/Geräusche) wirft Probleme auf, vor allem wenn die Noten der Filmmusik fehlen oder musikalische Kenntnisse des Protokollanten nicht ausreichen. Es wird sich dann oft nicht vermeiden lassen, Musik-

---

7 „Die Filmanalyse" 23.

passagen mit stimmungsmäßigen *Adjektiven* (schwermütig, lustig, laut, sanft, quäkend usw.) zu charakterisieren. In vielen Fällen wird diese Protokollierung auch ausreichen, vor allem wenn die *Instrumentierung* (z.B. Klavier, Bläser, Geigen, Orchester) sowie exakt *Beginn* und *Ende* der Musikpassagen notiert werden. So ist es beispielsweise (E 243 im folgenden Ausschnitt) wichtig zu notieren, daß die Musik am Ende des Dialogs abbricht, weil die folgenden Dialogteile, vor allem die Aufforderung:

Sam: Leave him alone, Miss Ilsa. You're bad luck to him.

– nunmehr ohne ablenkenden (Musik-)Hintergrund, damit herausgestellt werden: Hier wird die Spiel-Ebene, auf der das Gespräch bisher verlief, verlassen. Natürlich sind auch Beobachtungen wie ein *Modulationswechsel* von Dur zu Moll (E 256 im folgenden Ausschnitt) oft wichtige Hinweise auf die ‚Stimmung' dessen, was im Bild gezeigt wird bzw. was (seelisch) geschieht. Übrigens gelten auch für Geräusche die möglichst exakte Plazierung und, sofern nicht gleich in ihrer Bedeutung erkannt, die beschreibende Charakterisierung.

Die Kameraführung (Spalte 5), die mit großer Sorgfalt protokolliert werden muß, um quantitativen Analysen eine verläßliche Grundlage zu schaffen, ist mitunter weniger eindeutig festzuhalten, als es notwendig und wünschenswert wäre. Schon die Beschreibung der Einstellungsgröße kann Schwierigkeiten bereiten, beispielsweise wenn zwei Personen in verschiedenem Abstand von der Kamera stehen, so daß die eine in Nah und die andere in Halbnah zu sehen ist (E 257 im folgenden Ausschnitt). Hier gilt zweckmäßigerweise das Prinzip, daß der *Protagonist* den Bildschirm bestimmt, weil er direkter Gegenüber des Zuschauers ist. So wird Sam (in Nah), als er den Stuhl auf das Klavier legt, um es aus dem Bild zu rollen, vollkommen überflüssig im Verhältnis zu Rick (in Halbnah), der wie erstarrt auf Ilsa blickt und dabei im Zentrum der Zuschaueraufmerksamkeit steht. Um Mißverständnisse zu vermeiden in den Fällen, in denen es keinen eindeutigen oder gleichzeitig mehrere Handlungsträger im Bild gibt, sollte prinzipiell gelten, daß dies *ohne* Zusätze vermerkt wird, hier z.B.

Sam rechts in Nah, Rick links in Halbnah.

Hier bewegt sich die Kamera selber nicht. Wäre dies jedoch der Fall, etwa daß innerhalb derselben Einstellung eine Figur in Nah und dann eine andere in Halbnah gezeigt würden, so wäre dies *mit* entsprechenden Zusätzen zu notieren, hier z.B.

Sam rechts in Nah, dann Schwenk zu Rick links in Halbnah.

Schließlich sei noch darauf hingewiesen, daß die Zeit pro Einstellung (Spalte 6) am besten mit einer Stoppuhr gemessen und in ganzen Sekunden verzeichnet wird. In Extremfällen allerdings sollte genauer gemessen werden.

Beispielsweise gibt es mitunter sehr schnelle Action-Szenen, bei denen eine einzelne Einstellung etwa nur 0,3 Sekunden dauert. Das sollte ebenso markiert werden wie etwa sehr lange Einstellungen, die ggf. sogar zeitmäßig zu unterteilen sind. Wenn beispielsweise eine Einstellung ganze fünf Minuten dauert, davon die ersten 4 Minuten 30 Sekunden ohne und die letzten 30 Sekunden mit Dialog, so wäre das ausdrücklich ins Protokoll aufzunehmen; es könnte sich später als sehr wichtig für die Analyse des Films erweisen. Im Regelfall aber genügt die Messung in Sekunden. Sie erlaubt auch dann verläßliche quantitative Analysen, wenn die Summe der (auf- bzw. abgerundeten) Sekundenangaben aller Einstellungen mit der Gesamtzeit des Films, beim nicht unterbrochenen Durchlauf gemessen, nicht ganz übereinstimmt.

Die im folgenden (S. 126—131) exemplarisch protokollierte Szene hat eine Vorausdeutung: Wenn Ilsa mit Laszlo das Lokal betritt, sieht sie Sam am Klavier; er sieht sie ebenfalls, erschrickt und schüttelt ungläubig, sorgenvoll seinen Kopf. Desgleichen wird die Szene wenig später wieder aufgenommen, als Renault Rick mit Ilsa bekannt machen will und Rick ihn unterbricht mit „Hello, Ilsa".

Die englischen Beiträge in der zweiten Spalte sind aus dem Drehbuch (J. u. P. Epstein/H. Koch in *Best Film Plays of 1943—44,* ed. by John Gassner and Dudley Nichols, New York, 1945, 653—54). Die deutschen Erläuterungen beschreiben das, was wirklich zu sehen ist. Vor allem in Einstellung 257 wird dabei deutlich, daß sich der Film vom Drehbuch unterscheidet (Rick bleibt unbeweglich stehen, während sich Sam überhastet zurückzieht).

6.2. Segmentierung, Handlungsstrukturierung, quantitative Analyse

Auf der Grundlage des Filmprotokolls beginnt man die Filmanalyse zweckmäßigerweise mit der Segmentierung der Filmhandlung. Die Einteilung in Segmente wird sich zumeist nach einem oder mehreren der folgenden fünf Kriterien richten:

— Einheit/Wechsel des Ortes;
— Einheit/Wechsel der Zeit (z.B. Tag vs. Nacht);
— Einheit/Wechsel der beteiligten Figur(en) bzw. Figurenkonstellationen;
— Einheit/Wechsel eines (inhaltlichen) Handlungsstrangs;
— Einheit/Wechsel im Stil/Ton (statisch vs. dramatisch; farbspezifisch; etc.)

Nr. der Einstellung	Geschehen/Handlungsverlauf	Dialog
239	On Sam's face, as he wheels in the piano, is that curious fear. And to tell the truth, Ilsa herself is not as selfpossessed as she tries to appear. There is something behind this, some mysterious, deep-flowing feeling. Sam nimmt Stuhl vom Klavier und setzt sich.	*Ilsa:* Hallo Sam. *Sam:* Hello Miss Ilsa. I never expected to see you again.
240	Sam sucht nach Noten, blickt Ilsa nur ab und zu an.	*Ilsa:* It's been a long time. *Sam:* Yes, Miss Ilsa, A lot of water under the bridge. *Ilsa:* Some of the old songs, Sam. *Sam:* Yes, ma'am.
241	Sam begins to play a number, He is nervous, waiting for anything. But even so, when it comes he gives a little start... Ilsa schaut z.T. zu Sam, z.T. gedankenverloren zur Seite	*Ilsa:* Where's Rick?
242	Sam evading. Ilsa im Bild.	*Sam:* I don't know. Ain't seen him all night.
243	Ilsa gives him a tolerant smile. Sam looks very uncomfortable. Sie sehen sich an; Sam sieht Ilsa nur ab und zu in die Augen. Sam desperately Ilsa greift zum Weinglas und trinkt. Sam dreht sich ihr zu.	*Ilsa:* When will he be back? *Sam:* Not tonight no more. He ain't coming. Er, he went home. *Ilsa:* Does he always leave so early? *Sam:* He never — I mean — well, he's got a girl up at the — Blue Parrot — He goes there all the time.... *Ilsa:* You used to be a much better liar, Sam.

Musik/Geräusche	Kameraführung	Zeit/sec
	Halbnaheinstellung: Blick auf Sam links im Bild, Ilsa in Rückensicht rechts. Bauchsicht. Schwenk nach unten, als Sam sich setzt, führt zur Normalsicht (der Sitzenden). Kamera ruhig während Dialog.	6
	Naheinstellung: Sicht auf Ilsa rechts im Bild, Sam im Profil links im Vordergrund (kein Achsensprung). Von nun an häufig Schuß-Gegenschuß.	12
Klavierspiel im OFF	Naheinstellung	8
Weiterhin Klavierspiel Sams	Naheinstellung: nur Ilsa	3
Weiterhin Klavierspiel Sams	Naheinstellung wie 240	

Musik bricht nach Dialog ab.

244	Sam mit besorgtem Gesicht	*Sam:* Leave him alone, Miss Ilsa. You're bad luck to him
245	Ilsas Gesicht erstarrt, dann lächelt sie. Ilsa softly.	*Ilsa:* Sam, play it once for old time's sake. *Sam:* (OFF) Ah don't know what you mean, Miss Ilsa. *Ilsa:* Play it, Sam. Play „As Time Goes By".
246	Sam unruhig, zögernd Of course he can. He doesn't want to play it. He seems even more scared.	*Sam:* Oh, I can't remember, Miss Ilsa!
247	Ilsa schaut Sam ruhig, lächelnd an. She starts to hum.	*Ilsa:* I'll hum it for you.
248	Sam beginnt zu spielen.	
249	Ilsas Gesicht versunken; sie spricht, ohne Sam anzusehen	*Ilsa:* Sing it, Sam.
250	Sam schaut Ilsa an, beginnt dann zu spielen und zu singen; sieht dabei nach oben.	
251	Ilsas Gesicht fast unbeweglich.	
252	Tür öffnet sich, Rick tritt ins Lokal, Tür schließt sich hinter ihm. Rick geht schnellen Schritts bis Bildmitte, zögert schaut in Richtung Sam, geht weiter nach rechts schräg aus dem Bild heraus. THE ENTRANCE TO THE GAMBLING ROOM: Rick	

	Naheinstellung wie 242	4

	Naheinstellung wie 241	13

	Naheinstellung wie 242	5

Ilsa summt die Melodie	Nahaufnahme wie 241	10
Sams Klavierspiel setzt ein, die Melodie.	Naheinstellung wie 242	2
Klavierspiel bricht ab.	Großaufnahme Ilsa	3
„You must remember this, a kiss is just a kiss"...	Nahaufnahme wie 242	8
...„a sigh is just a sigh. The fundamental things apply as time goes by. And when two lovers woo, they still say ‚I love you', on that you can rely"...	Großaufnahme wie 249	25
...„no matter what the future"...	Halbtotale auf die Tür, Rick nähert sich stehender Kamera: von Halbnah über Amerikanische Einstellung bis nur noch Sicht der Bauchpartie	6

comes swinging out. He has
heard the music and he is livid.

| 253 | Sam schaut nach oben und singt. |

| 254 | Rick in der Mitte des Lokals, bewegt sich wie in Einstellung 14, kommt auf Sam zu, beugt sich zu ihm hinab, schaut ihn an. Sam winkt mit dem Kopf nach rechts ins Off. Rick blickt auf, nach rechts. | *Rick:* Sam, I thought I told you never to play. . . |

| 255 | Ilsa hat Tränen in den Augen |

| 256 | A closeup of RICK shows that he isn't breathing at all. It's a ‚wallop', a shock. For a long moment he just looks at her and you can tell what he is thinking. Ricks Gesicht. |

| 257 | He starts moving forward, his eyes riveted on her, Sam is plainly terrified. He puts his stool on top of the piano and wheels the piano quickly away. Sam stellt Stuhl auf Klavier und rollt es aus dem Bild. |

| 258 | Ilsa doesn't notice. She still looks at Rick. Sie öffnet den Mund etwas, wie um zu sprechen. |

Nun kommen Renault und Laszlo hinzu. . .

. . .„brings as time". . . .	Halbnaheinstellung: Sam, schräg von rechts vorn	3
. . .„goes by".	Halbtotale auf Lokalausschnitt. Kameraschwenkung mit Ricks Bewegung leicht nach rechts, wo- bei Rick ins Halbnah kommt. Kameraschwenk nach unten, als er sich zu Sam beugt.	5
Orchestermusik setzt ein, hält einen Ton.	Großaufnahme Ilsa, Weich- zeichner	3
Variation von „As Time Goes By" in schwerfäl- ligem Dur/Moll	Großaufnahme Rick	3
Orchestermusik spielt weiter	Halbnaheinstellung: Sam rechts im Profil, Rick links im Hintergrund von vorn, davor Stuhl auf dem Klavier	2
Orchestermusik spielt weiter	Großaufnahme wie 255	2

Bei einem *Segment* [engl. *segment,* oft auch *sequence*] handelt es sich also um eine relative Einheit, deren Festlegung bereits umstritten sein kann bzw. sich nach den speziellen Zielen einer Analyse richtet. Jeder Film besteht in aller Regel aus einer ganzen Reihe solcher Segmente (fast immer zwischen 50 und 80). Sind diese festgelegt, so kann man sie quantitativ voneinander absetzen, z.B. nach der Anzahl der Einstellungen bzw. nach der Segment-zeit wie im folgenden Beispiel[8]:

Segment	Handlungsgeschehen	Einstellun-gen	Segment-zeit (sec.)
1	Globus, Landkarte, Szenerie, Militärsprecher	4	85
2	Verhaftungen, Tod eines Passanten	17	70
3	Taschendieb, Ehepaar	4	55
4	Flugzeug im Anflug	8	25
5	Ankunft Major Strassers	8	65
6	Atmosphäre in Ricks Cafe	10	135
7	Rick	5	25
8	Abweisung des deutschen Spielers	6	35
9	Gespräch Rick/Ugarte	17	160

und so weiter

Hieran lassen sich Unterschiede bzw. Ähnlichkeiten feststellen; beispiels-weise dominiert bei unserem Beispiel zeitlich Segment 9 mit 160 sec., d.h. eine Dialogszene, und bei einer Überprüfung aller Segmente dieses Films be-stätigte sich eine generelle Dominanz, und das heißt Relevanz, des Dialogs. Oder es läßt sich das Verhältnis von Zeit und Einstellungen pro Segment und dann auch im Rahmen des ganzen Films ermitteln; so dauert beispiels-weise Segment 2 mit 17 Einstellungen 70 sec., d.h. eine Einstellung dieses Segments im Durchschnitt 4,1 sec. Untersucht man genauer, so sind freilich zwei Einstellungen dieses Segments im Verhältnis zu den andern extrem lang, erfahren also eine besondere Gewichtung in diesem Segment. Gleich-wohl gilt, daß es sich bei Segment 2, einem Action-Segment, insgesamt eher um eine ,schnelle' Einheit handelt, wenn man die Dominanz des Dialogs bei diesem Film und den Durchschnittswert für die Dauer einer Einstellung in Bezug auf den gesamten Film, nämlich 7,3 sec., in Rechnung stellt. Vor allem sehr lange Einstellungen wie die oben im Filmprotokoll-Beispiel be-

---

8 Die Beispiele beziehen sich hier auf den Film ,Casablanca' (Regie: Michael Curtiz); sie sind entnommen aus Werner Faulstich/Ingeborg Faulstich: *Modelle der Filmana-lyse* (München, 1976, 117f.).

schriebene Einstellung Nr. 251, die 25 sec. dauert, gewinnen aus solcher Perspektive zentrale Bedeutung für den Film in seiner Ganzheit.

Aber halten wir als instrumentale Fragen der Filmanalyse zunächst fest:

- *Welche Segmente lassen sich unterscheiden?*
- *Welche Kriterien sind bei der Segmentierung im einzelnen und insgesamt maßgeblich?*
- *Welche Unterschiede bzw. Ähnlichkeiten zwischen den Segmenten lassen sich feststellen (z.B. in der Zahl der Einstellungen oder in Zeit)?*
- *Wie sind die Durchschnittswerte für die Einstellungsdauer pro Segment bzw. für den ganzen Film?*
- *Welche Segmente ragen durch Extremwerte (z.B. hoher oder niedriger Durchschnittswert, sehr lange Einstellungen etc.) aus den anderen heraus und welche Bedeutung kommt diesen Sonderfällen u. U. zu?*

Bleiben wir noch beim einzelnen Segment, so können weitere Untersuchungen angestellt werden, z.B. gemäß der Einstellungsgröße[9]:

TEXT 3

Einstellungsgrößen in Segment 16

Nr.	Bildinhalt	Einstellungsgröße
1	Victor und Ilsa, zu denen Berger tritt	Halbnaheinstellung
2	Victor und Ilsa sitzend, Berger am Tisch stehend	Amerikanische Einstellung
3	Ilsa, auf den Ring schauend	Nahaufnahme
4	Ring	Detailaufnahme
5	Victor	Nahaufnahme
6	Berger	Nahaufnahme
7	Victor und Ilsa	Nahaufnahme
8	Berger	Nahaufnahme
9	Ilsa warnend	Nahaufnahme
10	Victor und Ilsa und Berger, am Tisch sitzend	Amerikanische Einstellung
11	Victor, im Hintergrund Renault stehend	Halbnaheinstellung
12	Victor und Ilsa, Berger geht ab	Halbnaheinstellung

Die Kamera nähert sich dem relativ abgeschlossenen Ort des Geschehens statt durch Zoom durch die Verengung der Einstellungsgröße pro Einstellung. Im Mittelpunkt steht die Detailaufnahme des Ver-

---

9 Faulstich/Faulstich: *Modelle der Filmanalyse,* 79.

schwörer-Ringes, gefolgt von Nahaufnahmen aller Beteiligten, wobei je einmal Victor und Ilsa, einmal Victor und Ilsa zusammen, und entsprechend zweimal Berger gezeigt werden. Danach entfernt sich die Kamera auf gleiche Art wieder vom Geschehen und erreicht ihren Ausgangspunkt mit den beiden letzten Einstellungen, die vom Geschehen her wie in der Einstellungsgröße deutlich einander entsprechen. Damit wird pyramidenförmig eine Wirklichkeitssicht vermittelt, deren Inhalt (das Verborgenste, Geheimste ist der Ring) auch formal zum Ausdruck kommt.

Desgleichen lassen sich (vgl. im einzelnen 2.4.) filmsprachliche Kategorien wie z.B. die Einstellungsgröße auch für den gesamten Film untersuchen; beim Film ,Casablanca' etwa herrscht mit 45% aller Einstellungen deutlich die Nahaufnahme vor. Damit legen sich Fragen nahe wie z.B.:
— *Welche Einstellungsgrößen treten in welcher Häufigkeit und in welcher Reihenfolge, in welchen Konstellationen, in jedem Segment bzw. im gesamten Film auf?*
— *An welchen Stellen werden besondere Einstellungsperspektiven verwendet und welche Funktion haben sie möglicherweise?*
— *Welche Kamerabewegungen sind festzustellen und was bedeuten sie (z.B. Aufzugsfahrt oder Verfolgungsfahrt)?*
— *Gibt es Besonderheiten in der Objektbewegung oder in der Objektbewegungsrichtung und welchen Stellenwert haben sie im Segment bzw. im ganzen Film?*
— *Welche Achsenverhältnisse herrschen im einzelnen Segment bzw. im gesamten Film vor?*

Die Verknüpfung von Handlungselementen sei es durch Einstellungen innerhalb eines Segments wie im TEXT 3, sei es durch Segmente miteinander nennt man *Montage*. Sie ist wesentlicher Teil der Filmsprache (siehe 2.1.); da sie sich bei der praktischen Filmanalyse vor allem für die Untersuchung der Filmhandlung als wichtig erweist, muß sie hier aufgegriffen werden. Ulrich Kurowski hat eine Reihe von Beschreibungen der Montage zusammengestellt, die im folgenden Text[10] in Ausschnitten zusammengefaßt sind:

TEXT 4

Montage. Schnitt. Montage ist „die Organisation der Bilder in der Zeit" (*Bazin*)... „Die Geburt des Filmes als Ausdrucksmittel" vollzieh[+] sich nach *Malraux* mit der Erfindung der Montage. „Solange das Kino nur ein Mittel war von in Bewegung befindlichen Personen, war es nicht mehr und nicht weniger eine Kunst als auch die Photographie

---
10 *Lexikon Film*. München, 1972, 75—77 in Auszügen.

oder die Bildkopie"... *Griffith* gliedert sein Material in Erzählstränge und Höhepunkte, schafft dadurch den dramatischen Film... Schnell hintereinandergeschnittene kurze Einstellungen sollen Spannung, aber auch lyrische Stimmung schaffen... „Der Mensch, der aufgenommen wird, ist nicht mehr als Rohmaterial für die spätere, durch die Montage geschaffene Komposition seiner Filmerscheinung", schreibt *Pudowkin.* Die einzelne Einstellung sei nicht mehr als ein einzelnes Wort. Nur „durch die bewußte künstlerische Gestaltung dieses Rohmaterials entstehen die ‚Montage-Sätze', die einzelnen Szenen und Episoden und endlich, Schritt für Schritt, das vollendete Werk, der Film." Dieses ‚Schritt für Schritt' dürfe allerdings nicht nur beschreiben, der Regisseur müsse es als „Instrument der Wirkung" benutzen, Montage sei untrennbar von der Idee, mittels der der Regisseur sein Werk baut. *Pudowkin* nennt fünf für ihn wichtige Montagemethoden: 1. Kontrast (etwa Gegenüberstellung von Reichen und Armen); 2. Parallele...; 3. Symbolismus (um die Gefühle eines Gefangenen, der erfahren hat, daß er am nächsten Tag befreit wird, anzudeuten, montiert *Pudowkin* in „Die Mutter", 1926, hintereinander Aufnahmen eines lächelnden Mundes und eines plätschernden Frühlingsbaches); 4. Gleichzeitigkeit...; 5. Leitmotiv (wiederholtes Zeigen eines bestimmten Bildes oder Zwischentitels)...

Eisenstein will nicht Einstellung an Einstellung stellen, sondern Einstellung mit Einstellung kollidieren lassen. Die Theorie der Kollisions- (oder Oppositions-)montage tritt anstelle der Theorie der Attraktionsmontage, der „naiven Gegenüberstellungen" (*Eisenstein*). Durch die Kollision von Einstellungen soll beim Zuschauer schockartig das Denken eines Begriffs veranlaßt werden...

Nicht zuletzt auch im Verhältnis von Bild und Ton (vgl. 2.5.) sind solche Montagen möglich und häufig gehandhabt, vor allem im Übergang von einer Handlungsphase zur anderen mit Zeitsprung. Generell sollte bei der Betrachtung des Handlungsgeschehens darauf geachtet werden, ob eine Differenz besteht zwischen der Sukzession des Geschehens (der gefilmten Zeit) und der Sukzession der Beschreibung (der Filmzeit) und welche Bedeutung ihr zukommt. Zeitsprünge wie beim obigen Beispiel zwischen Segment 5 und 6 (Segment 5 endet nachmittags, Segment 6 beginnt abends), aber auch jede Form von Raffung oder Dehnung auf der Bild- bzw. Tonebene müssen als wichtige Anhaltspunkte für eine Gliederung des Films in verschiedene *Phasen* aufgefaßt werden. Der Aufbau der Handlung im Film stellt einen wichtigen Teil der Struktur des gesamten Films dar. Häufig sind Phasen, d.h. zwei oder drei bis fünf oder sechs größere Handlungsabschnitte, bereits durch besondere Einstellungskonjunktionen signalisiert; sehr oft werden das Ende eines Phase und der Anfang einer neuen Phase dadurch gekennzeichnet, daß an die Stelle des harten Schnitts die Ab- und Aufblende treten, während Überblenden oft einen Ortswechsel und Rauchblenden oft einen *flash back* andeuten.

Darüber hinaus kann die Unterscheidung in Gegenwartshandlung und Vergangenheits- (Rückblende) bzw. Zukunftshandlung ebenso hilfreich sein wie die Unterscheidung in Haupt- und Nebenhandlung. Solche und weitere Kategorien wie beispielsweise Vorausdeutung und Rückwendung oder Sukzession und Retardierung im Ablauf der Handlung werden insbesondere von Eberhard Lämmert in *Bauformen des Erzählens* (Stuttgart, 1955) als sinnvolle Instrumente der Handlungsanalyse vorgestellt, wenngleich in Bezug auf literarische Prosa. Generell kann gelten, daß viele Kriterien literaturwissenschaftlicher Textanalyse unter Einbeziehung der oben erläuterten spezifisch filmsprachlichen Aspekte fruchtbringend auf die Filmanalyse, insbesondere die formale und inhaltliche Untersuchung der Film*handlung* übertragen werden können, wenngleich davon bisher erst wenig Gebrauch gemacht wurde.

Entsprechend typischen Zielen einer Filmanalyse können also auch Fragen sinnvoll sein wie etwa:
— *Gibt es in einzelnen Segmenten oder im Film insgesamt einzelne Montagen, denen besondere Bedeutung zukommt?*
— *Wie verhalten sich Ton und Bild zueinander (kontrastiv oder synchron usw.)?*
— *Wo finden sich Zeitsprünge, Raffungen und Dehnungen?*
— *In welche Phasen kann die Handlung (d.h. das Dargestellte) oder der Film (d.h. die Darstellung) eingeteilt werden?*
— *Gibt es Rückblenden, Haupthandlung/Nebenhandlung, slow motion usw.?*

Die Entwicklung des Geschehens kann in einer Inhaltsangabe kurz zusammengefaßt nacherzählt, in der Segmentierung ausführlicher oder im Filmprotokoll schließlich bis ins Detail dargestellt werden, aber sie läßt sich in vielen Fällen auch quantitativ aufzeigen. Wer beispielsweise für jedes Segment des Films die durchschnittliche Zeitdauer einer Einstellung errechnet, der erhält eine Abfolge von Werten, die sich graphisch als Kurve darstellen läßt (x = Segment 1, 2, 3 etc.; y = Zahl der Einstellungen des jeweiligen Segments). Definiert man Spannung im Film zunächst rein formal als eine Kategorie des Verhältnisses von Zahl der Einstellungen pro Segment (oder auch: pro gegebener, gleichbleibender Zeit) in dem Sinne, daß ein Film *auch* dadurch spannender wird, daß zunehmend mehr bzw. immer kürzere Einstellungen gezeigt werden[11], so wird der Fortgang der Handlung quantitativ als

---

11 Dieses Verfahren wurde erstmals am Beispiel ‚Casablanca' erprobt (vgl. Faulstich/ Faulstich: *Modelle der Filmanalyse*, 72 ff.), hat sich aber bei mehreren anderen Filmen ebenfalls schon bewährt.

Spannungskurve sichtbar. Natürlich läßt sich der Begriff ‚Spannung' nicht auf diese Formalisierung bzw. auf diese quantitativen Daten reduzieren, aber am Beispiel einer solchen Kurve kann ein Grundproblem jeglicher Filmanalyse vorgestellt werden, das man als die *Qualifizierung quantitativer Daten* bezeichnen kann. Quantitative Daten jeder Art bedürfen einer qualifizierenden Interpretation, ja sind selber schon Konsequenz einer qualifizierenden Interpretation; hier beispielsweise ist die Segmentierung des Films ein qualifizierender, interpretierender Eingriff, der sodann freilich eine Quantifizierung in Form einer Kurve ermöglicht, letztlich aber wiederum nur bedeutungsvoll sein kann in einer wiederum qualifizierenden Interpretation: Bei ‚Casablance' beispielsweise ergaben sich aus der quantitativen Graphik mehrere Spannungsbögen, aus denen verschiedene Handlungsphasen abgeleitet werden konnten. M.a.W. die Analyse eines Films läßt sich einesteils quantitativ durchführen, kann jedoch andernteils auf eine qualitative Inhaltsanalyse in keinem Fall verzichten; umgekehrt darf letztere nicht verabsolutiert werden, weil vor allem die quantitativen Daten bei der Filmanalyse zugänglich machen, daß die Filmsprache als die Weise, in der der Film etwas erzählt, ja bereits Teil des Inhalts ist, den er insgesamt vermittelt.

Zur Inhaltsanalyse als methodischem Ansatz siehe vor allem den Überblick von Alphons Silbermann: „Systematische Inhaltsanalyse" (*Handbuch der empirischen Sozialforschung,* hrsg. v. R. König, Bd. 4. 3. umgearbeitete u. erweiterte Auflage. (Stuttgart, 1974, 253—339). Grundlegend für die Inhaltsanalyse, deutsch mitunter auch ‚Bedeutungsanalyse' oder ‚Aussageanalyse' genannt, war die Arbeit von Bernhard Berelson: *Content Analysis in Communication Research* (Glencoe/III., 1952). Die ersten Untersuchungen waren einfache Häufigkeits- oder *Frequenzanalysen;* z.B. wurde untersucht, wie häufig im Text oder Film ein bestimmtes Motiv auftaucht, wobei die Häufigkeit des Auftretens als Indiz für seine Relevanz verstanden wurde. Das wurde bald grundsätzlich in Frage gestellt. Stichhaltigere Ergebnisse versprach die *Valenzanalyse.* Hier werden Kategorienpaare mit polarer Valenz gebildet; z.B. wurde untersucht, ob ein Zeitungsartikel für oder gegen einen Kandidaten argumentiert. Die Valenzanalyse wurde bald erweitert zur differenzierten *Intensitätsanalyse,* die nicht nur Pro und Contra, sondern auch deren Intensität untersucht, und zur *Kontingenzanalyse,* die den Zusammenhang von Motiven mit anderen Elementen wie Themen, Wortwahl usw. berücksichtigt. Sie alle dienen im weitesten Sinne der Klassifikation des Untersuchungsmaterial. Siehe dazu genauer die wichtige Arbeit von Jürgen Ritsert: *Inhaltsanalyse und Ideologiekritik, Ein Versuch über kritische Sozialforschung* (Frankfurt am Main, 1972, 17f.), und den älteren Ansatz von Siegfried Kracauer: „The Challenge of Qualitative Content Analysis" (*Public Opinion Quarterly*, vol. 16 (1959), No. 4, 631—641). Nach Kracauer beschränkt sich die *quantitative* Inhaltsanalyse unzulässigerweise auf einzelne Wörter, auf die denotativen Aspekte, auf die manifesten Inhalte; die Atomisierung des Materials führe zu irrelevanten Ergebnissen, weil das Ganze des jeweiligen Gegenstandes aus dem Blick gerate. Demgegenüber könne eine *qualitative* Inhaltsanalyse den jeweiligen Kontext rekonstruieren, auch die latenten Sinnstrukturen eines Textes erfassen und zudem die Bedeutung auch des Einzelfalls ermessen. Risert hat versucht, von diesem Ansatz aus im Sinne der Kritischen Theorie die Inhaltsanalyse als eine Untersuchungstechnik zu begründen, mit deren Hilfe sich Kulturkritik zur empirischen Ideologiekritik erweitern läßt. — Die Inhaltsanalyse ist inzwischen entschieden weiterentwickelt worden, nicht zuletzt unter Verwendung von Computern; siehe dazu vor allem Philip J. Stone, Dexter C. Dunphy, Marshall S. Smith und Daniel M. Ogilvie: *The General Inquirer. A Computer Approach to Content Analysis.* (Cambridge/Mass., 1966). Zum Anliegen dessen, was mit ‚Kritischer Theorie' umschrieben zu werden pflegt, siehe Max Horkheimer: *Traditionelle und kritische Theorie.* (Frankfurt am Main, 1970, 12—64). Die Auseinandersetzung zwischen quantitativer und qualitativer Inhaltsanalyse sollte auch auf dem Hintergrund des sog. Positivismusstreits betrachtet werden: *Positivismusstreit in der deutschen Soziologie.* Mit Beiträgen von Adorno, Popper u.a. (Darmstadt und Neuwied, ³1974).

Die Kontroverse vor allem der 50er Jahre um eine quantitativ oder eine qualitativ zu verfahrende Inhaltsanalyse ist heute im wesentlichen beigelegt, jedenfalls in der Praxis: Man verfährt in aller Regel nach wie vor *quantitativ* (wenngleich in komplexeren Versuchsanordnungen), wobei die *Qualifizierung* zur Versuchsanordnung bzw. Hypothesenbildung und vor allem zur Interpretation der Resultate gehört. Entsprechend sollte generell zur Filmanalyse als Inhaltsanalyse zweierlei festgehalten werden. *Erstens:* Methoden und Verfahren der quantitativen Inhaltsanalyse sind für die Filmanalyse unverzichtbar und auch auf den *einzelnen* Film hin zu verwenden. Kracauer hat demgegenüber unterstellt, das Verfahren der Inhaltsanalyse werde nicht auf einen einzelnen Text oder Film angewandt, sondern stets auf mehrere; dadurch ergebe sich das Problem der Materialselektion. Untersucht werde demnach nicht Film A, sondern eine Kategorie, z.B. Revolverheld, in den Filmen A, B, C, D... Das trifft zweifellos für die allermeisten inhaltsanalytisch vorgehenden Arbeiten zu, aber schon die Absicht Kracauers, auch den *einzelnen* Text bzw. Film inhaltsanalytisch zu erfassen, läßt vermuten, daß es sich hierbei nicht um eine in der Untersuchungstechnik begründete Notwendigkeit handelt, sondern viel eher um eine Konvention bzw. eine bestimmte Fragestellung, die je dominiert. In der Tat läßt sich auch jeder singuläre Text bzw. Film inhaltsanalytisch untersuchen; z.B. läßt sich quantitativ feststellen, wie häufig ein Revolverheld innerhalb eines Films auftaucht, in welchen Konstellationen er wie reagiert usw. Ungleich gewichtiger: Es läßt sich inhaltsanalytisch z.B. feststellen, welche Einstellungsgröße, -perspektive usw. wie häufig Verwendung findet, wenn der Revolverheld ins Bild gerät, und in welchem Verhältnis diese Häufigkeit z.B. zum Durchschnitt der Gesamtheit dieser Einstellungsgröße, -perspektive usw. im gesamten Film steht. Bestimmte Merkmale bzw. Kategorien können sich also mit großem Gewinn ohne weiteres auch innerhalb eines einzelnen Films quantitativ nachweisen lassen. Insofern stellt sich das Problem einer adäquaten Materialselektion überhaupt nicht, weil der einzelne Film eine relativ abgeschlossene Materialbasis darstellt. — Ergänzend gilt jedoch auch ein Korrektiv. *Zweitens:* Bei aller prinzipiellen Anwendbarkeit der quantitativen Inhaltsanalyse auch auf einen einzelne Film muß festgehalten werden, daß mit der quantitativen Inhaltsanalyse u.U. zwar alle Antworten auf die Forschungsfrage abgedeckt werden mögen, also der Revolverheld in den Filmen A, B, C, D... zureichend erfaßt werden mag, nicht aber der gesamte Film A. Die zu untersuchenden Merkmale bzw. Kategorien müssen grundsätzlich quantifizierbar sein, d.h. es müssen innerhalb ein und desselben Films vergleichbare Variationen bestehen. Dies ist aber durchaus nicht immer der Fall. Ein Prozeß der Entwicklung beispielsweise, also eine qualitative Kategorie, läßt sich quantitativ nicht mehr erfassen, weil (um beim Beispiel zu bleiben) der Revolverheld im Film A z.B. fast *immer* im Bild ist, auf gleiche Situationen immer *neu* reagiert, stets in *anderer* Einstellungsgröße, -perspektive usw. gezeigt wird .... M.a.W. die quantitative Inhaltsanalyse erfaßt nicht *vollständig* die Inhalte des Films und muß ergänzt werden durch andere Versuchsanordnungen, auf die noch näher einzugehen ist.

Bei der Untersuchung der Handlung des Films sind Begriffe hilfreich, die E.M. Forster (erneut im Hinblick auf die Romananalyse) definiert hat: *story* und *plot*[12]. Unter *Story* versteht man die Geschichte, die erzählt wird (und die keineswegs immer mit Handlung identisch ist). Entscheidend ist in Anwendung auf den Film die chronologische Abfolge des Geschehens, wie es durch Kamera und Mikrophon aufgenommen wird: *jetzt* geschieht das, *dann* jenes, *dann* wird dies gesagt usw. („the king died and then the queen died"). Die Story ist gewissermaßen eine geraffte Nacherzählung der 2. Spalte des Filmprotokolls. Unter *Plot* dagegen versteht man die kausale Verknüpfung des Geschehens: jetzt geschieht das, *weil* dieses gesagt wird usw. („the king died and then the queen died of grief"). Im Gegensatz zum bloßen Ablauf des Geschehens legt der Plot die Motivierung des Geschehens offen und erlaubt damit unmittelbaren Einblick in das Prinzip, nach dem der Film Wirklichkeitsmomente ordnet. Doch damit kommt der Film bereits wieder als ein Ganzes ins Blickfeld, in das die in der Analyse isolierten und als solche untersuchten Einzelmomente zusammenzufassen sind (vgl. 6.5.). Im folgenden sollen zunächst aber noch weitere eher spezifische Fragestellungen wie z.B. nach einer Figur im Film oder nach der Funktion der Filmmusik mit erläuternden Beispielen vorgestellt werden.

---

12 E.M. Forster. *Aspects of the Novel.* London, 1971 (Penguin).

6.3 Charakterisierung und Analyse der Charaktere

Die spezifische Handlung eines Films, deren formale Struktur von entscheidender Bedeutung ist, wird in der Regel durch Charaktere vermittelt. Sinnvollerweise unterscheidet man die Träger der Handlung in Haupt- und Nebenfiguren. Den Protagonisten kommt dabei gerade im Film eine besondere Bedeutung zu. Das ist zunächst auf die zeitliche Begrenzung des Films zurückzuführen. Im Gegensatz beispielsweise zu einem Roman kann ein Film nicht beliebig lang sein, können also auch nicht beliebig viele Charaktere auftreten. Die Möglichkeiten des Films liegen hier zwischen zwei Extrempunkten: der Beschränkung auf eine einzige Figur mit einem Höchstmaß an Individualisierung und Charakterisierung einerseits und einer maßlosen Fülle von Figuren ohne jegliche Individualisierung andererseits. In der Regel wird allerdings auf einen Protagonisten nicht verzichtet, mag seine Individualität auch nur eine soziale Rolle sein (z.B. Privatdetektiv, Verbrecher). Jede Figur muß nämlich als ein soziales Wesen vorgestellt werden, in einem bestimmten gesellschaftlichen Umfeld. Das *Setting* einer Filmhandlung (Ort, Zeit, gesellschaftliche Verhältnisse usw.) wird aber beim Spielfilm im wesentlichen durch die Handlungscharaktere vermittelt. Grundsätzlich folgt also aus der zeitlichen Beschränkung des Films, daß eine individualisierende Charakterisierung der zentralen Figuren notwendigerweise zu Lasten der Nebenfiguren geht.

Schon daraus ergibt sich eine ganze Reihe von Fragen an den Film wie beispielsweise:

— *Wer sind im Film die Hauptfiguren? wer die Nebenfiguren? Nach welchen Kriterien werden diese voneinander abgegrenzt (z.B. Dominanz für die Handlung, Häufigkeit des Auftretens, Länge der sie zeigenden Einstellungen)?*

— *Welche (sozialen) Rollen sind in dem Film vertreten und welche Funktion kommt ihnen im Hinblick auf die Handlung zu?*

— *Gibt es bestimmte Typen von Figuren und welche Bedeutung haben sie für die Ideologie des Films?*

— *Was personifiziert oder repräsentiert der Protagonist? Können wir uns u.U. mit ihm/ihr identifizieren, und wenn ja warum?*

— *Auf welchem Hintergrund (Setting) werden die einzelnen Figuren beschrieben bzw. wann, wie und wo treten sie jeweils auf?*

— *Gibt es im Verhältnis zwischen dem Setting der Filmhandlung und den Figuren Brüche, Widersprüche, u.U. bedeutungsvolle Kontraste?*

Figuren im Film werden (zunächst immer noch wie etwa im Roman oder im Drama) teils direkt, teils indirekt charakterisiert. Die Möglichkeiten der Charakterisierung sind dabei außerordentlich vielfältig; so können Figuren charakterisiert werden

- durch sich selber: durch ihr Handeln, ihre Rede, u.U. ihre Gedanken (mithilfe eines Sprechers im Off), durch ihre Mimik und Gestik (Selbstcharakterisierung);
- durch andere Figuren: ihre Reaktionen auf sie, ihre Rede über sie, usw. (Fremdkommentar);
- durch Geräusche und Musik (z.B. kann eine Hauptfigur durch ein stets parallel auftretendes musikalisches Leitmotiv charakterisiert werden, vgl. 6.4.);
- und nicht zuletzt durch das Kameraverhalten (z.B. kann eine Figur immer nur in Untersicht gezeigt werden).

Jede dieser Formen der Charakterisierung wäre zu beschreiben und auf ihre Relevanz für den jeweiligen Handlungsabschnitt oder für den gesamten Film zu überdenken. Dabei können etwa die folgenden Fragen hilfreich sein:

- *Wie wird die (jede) Figur charakterisiert? Erscheint uns die eine Figur glaubhaft, die andere dagegen weniger? und warum?*
- *Wie verhalten sich hierbei Selbstcharakterisierung, Fremdkommentar usw. zueinander? Gibt es da beispielsweise kalkulierte Widersprüche (etwa im Selbstbild und Fremdbild einer Person)?*
- *Welche Figuren sind statisch, welche sind dynamisch? inwiefern und wie entwickeln sich einzelne Charaktere im Verlauf des Films? welche Bedeutung kommt diesen Veränderungen für die Ideologie des gesamten Films zu?*
- *In welchen Einstellungsgrößen und Einstellungsperspektiven treten die Figuren auf und wie werden sie dadurch charakterisiert oder stilisiert?*
- *In welcher (möglicherweise symbolischen) Reihenfolge bzw. in welchen Konstellationen oder Gruppen treten die Figuren im Film auf und welche Bedeutung kommt diesen Auftritten zu?*

Auch für die Bereiche der Analyse von Charakteren lassen sich natürlich viele der traditionellen Kategorien literaturwissenschaftlicher Roman- und vor allem Dramaanalyse auf den Film übertragen. Verwiesen sei hier auf G. B. Tennyson: *An Introduction to Drama* (New York etc., 1967), Peter Pütz: *Die Zeit im Drama* (Göttingen, 1970), Volker Klotz: *Geschlossene und offene Form im Drama* (München, [6]1972) und vor allem Elke Platz-Waury: *Drama und Theater. Eine Einführung* (Tübingen, [2]1980).

Aber natürlich unterscheiden sich die Figuren in einem Film von den Charakteren auf der Theaterbühne (und vollends im Roman), und auch deshalb kommt den Protagonisten im Film eine ganz besondere Bedeutung zu. Zurückzuführen ist das vor allem auf den Tatbestand, daß — *medienspezifisch,* d.h. in allen Filmen — eine Figur nicht zuletzt
- durch den Schauspieler
charakterisiert wird, der die Figur spielt. Die Individualität seiner Person

kommt durch die Möglichkeiten der Kamera (z.B. Großaunahme seines Gesichtes) viel entscheidender zur Geltung als etwa auf der Bühne. M.a.W. Es macht einen wichtigen Unterschied aus, ob die männliche Hauptrolle in einem Film von einem unbekannten Schauspieler gespielt wird oder von einem Star wie Humphrey Bogart. Ein Schauspieler wird dann als *Star* bezeichnet, wenn er in einer ganzen Reihe von Filmen Hauptrollen gespielt hat und ungewöhnlich erfolgreich war. Erfolg hat dabei die zwei Aspekte, die wir oben bereits erwähnt haben: im ökonomischen Bereich sichert ein Star eine bestimmte Einnahmenhöhe (siehe 3.2.), im Bereich der Rezeption bietet der Star wichtige Identifikationsmöglichkeiten an (siehe 4.3. und 5.2.). Edgar Morin hat sich intensiv mit der Entwicklung des Starwesens im Film befaßt; der folgende Text[13] faßt einige Aspekte zusammen:

TEXT 5

Vom Auftreten des ersten großen Stars an... erobert sich der Star einen immer größeren Raum — es beginnt (vor 1930, A.d.H.) die *große Epoche* der Stars, von ähnlich großer Bedeutung wie die des Stummfilms. Die besondere Bedeutung des Stars besteht darin, daß sie ausgeprägte archetypische Gestalten im Film verkörpern: die jungen unberührten Mädchen genauso wie die *femmes fatales* und die *vamps,* oder, höchste Synthese schließlich, die *göttlichen* wie die Garbo; die männlichen Stars sind große Abenteurer oder unwiderstehliche Verführer. Neben der Darstellung dieser Archetypen der Leinwand führen die Stars ein Leben, das man ebenfalls als archetypisch verstehen kann, herausgehoben aus der Plattheit und dem Schmutz des Alltags entspricht es den Vorstellungen einer Zeit, die den Gedanken nicht zulassen will, daß ein Star Kinder haben oder gar eine bürgerliche Ehe eingehen könnte, wie z.B. jene zwischen der bezaubernden Gina Lollobrigida und einem Dr. med.
Nach 1930 fällt eine starke Gegentendenz auf, die von Margaret Thorp in dem eindringlich geschriebenen kleinen Buch „Amerika und das Kino" treffend beschrieben wird. Es heißt da: „Der Wunsch, die Stars auf den Boden der Wirklichkeit zurückzuholen, ist eine der wichtigsten Tendenzen der Gegenwart." Anders ausgedrückt: die idealen Figuren werden in einem Umkreis gestellt, den man als realistisch bezeichnen kann — Realismus nicht verstanden im Sinne einer Identität mit der Wirklichkeit, sondern als Zusammenwirken bestimmter Elemente der Realität, wodurch der Zuschauer das Gesehene als wahr

---

13 „Die Stars" (Ausschnitt aus „Le cinema, fait social", Universite Libre de Bruxelles, Institut de Sociologie Solvay, Bruxelles 1960, 85—94; Übersetzung und Bearbeitung von H. Jakob). *Materialien zur Theorie des Films,* hrsg. von D. Prokop. München, 1971, 439—46.

beurteilen kann... In dieser Form des Realismus beginnen die Personen, die durch die Stars dargestellt werden, sich zu differenzieren und mehrdeutig zu werden. Sie nähern sich dem Leben an: es erscheint das junge Mädchen wie es wirklich lebt, als schickes, als tapferes, als ganz einfaches Mädchen usw. Aus der Gestalt des schicken früh entwickelten Mädchens wird schließlich das *feminin-masculine girl;* dieses hat beinahe männliche Verhaltenszüge, d.h. benimmt sich in der Liebe ebenso unabhängig und selbstverständlich wie ein Mann. In der Folgezeit setzt sich diese Figur in vielerlei Varianten durch. Auch bei den männlichen Helden beobachten wir eine Tendenz der Vermenschlichung, und gleichzeitig fangen die Zeitungen und Magazine, die sich für die Stars interessieren, damit an, ihre Leser in stärkerem Maß über deren Privatleben und bürgerliche Existenz zu informieren; die Stars leben jetzt nicht mehr in märchenhaften Schlössern..., sondern auf Landgütern... Die Stars haben Kinder; der Kontakt mit dem Publikum weitet sich aus durch Verehrerclubs, Briefpost, Widmungsphotos. Wenn man eine einfache Analogie nicht überbewerten will, so kann man sagen, daß es im Bereich der Stars eine ähnliche Bewegung gibt, wie man sie in der Geschichte des klassichen Altertums während der beiden vorchristlichen Jahrhunderte kennt. Damals mußten die alten Götter, die in ihrer Macht und absoluten Transzendenz vollkommen unzugänglich waren, den neuen Heilsgöttern den Platz räumen; diese Halbgötter von sowohl menschlichem als auch wie göttlichem Wesen waren zwar Anwärter auf die Unsterblichkeit, behielten aber ihre Doppelnatur. Auch der Star hat in der neueren Zeit eine solche Doppelnatur...

Morin sieht das Starwesen durch bestimmte Inhalte geprägt, z.B. durch Happy End, Liebe, Schönheit und Jugend. Spätestens hier wird die Verflechtung von Filmrolle und Schauspieler in ihrer Bedeutung unmittelbar einsichtig.

Morin schlägt zwei Ansätze zur Interpretation des Phänomens Star vor: die Normen und Standards der Filmindustrie und die mystischen, affektiven und imaginativen Antriebe unserer gegenwärtigen Zivilisation. Die ökonomischen Hintergründe und Folgen des Starsystems behandelt teilweise Dieter Prokop: *Soziologie des Films* (Darmstadt und Neuwied, 1974, bes. Kap. II). Konkrete Inhaltsanalysen von Protagonisten-Typen und einzelnen Stars finden sich bei Martha Wolfenstein und Nathan Leites: *Movies: A Psychological Study* (Glencoe, Ill., 1950) oder bei Thomas Harris: „The Building of Popular Images: Grace Kelly and Marylin Monroe" (*Studies in Public Communication,* 1, 1957, 45—48). Kritische Äußerungen zur Zivilisation bieten Arno Plack: *Die Gesellschaft und das Böse* (München, [7]1970) und Max Horkheimer und Theodor W. Adorno: „Kulturindustrie.

Aufklärung als Massenbetrug". Dies., *Dialektik der Aufklärung.* (Frankfurt/M. 1969, 128—176).

Mit der Kategorie ‚Star' wird um ein weiteres, diesmal nur von der Charakterisierung aus, die Möglichkeit eröffnet, einen Film als historischen zu begreifen. Deshalb müssen hier auch Fragen gestellt werden wie z.B.:
— *Handelt es sich bei den Protagonisten um Stars? wie hat sich das in der Werbung bzw. im Erfolg des Films zu seiner Zeit niedergeschlagen (man denke nur etwa an die auch heute noch hochgeschätzten Chaplin- oder Bogart-Filme)?*
— *In welchen anderen Filmen war dieser Schauspieler bereits Darsteller und welches Image, welcher Mythos gar prägt nunmehr auch die Figur in dem konkreten Film, der analysiert werden soll?*

Dieser zweite Gesichtspunkt, nämlich daß — manchmal vom Regisseur kalkuliert, in der Rezeption aber immer wirksam — oftmals die früheren Rollen des Schauspielers in anderen Filmen unterschwellig auch die neue Rolle in einem neuen Film mit-gestalten, ist vor allem von Maurice Yacowar, als eine weitere Besonderheit des Filmschauspielers gegenüber dem Bühnenschauspieler: des *passiving* (= eher Sein) gegenüber dem *acting* (= eher Spielen), herausgestellt worden: „Indeed we must consider the rhetoric of a film to include the precise shades of inflection that the actor's personae from other films bring to the statement."[14] Yacowar stellt zahlreiche Beispiele vor für diese Art von Figurencharakterisierung, so etwa den Western-Star John Wayne: „For the sentimental and patriotic John Ford, John Wayne generally worked as a term for power, moral authority, and sensible independence. But Howard Hawks tended to use the Wayne term ironically, as a man who had the delusion of independence but had to learn his interdependence in society... Hawks uses Wayne as a man who thinks that he's the Wayne of a Ford movie. Once established, the Wayne persona was a rich source upon which other directors could draw in other ways."[15] Dieses Stilisierungsprinzip erscheint geradezu als ein ästhetisches Mittel, welches seinerseits das Starsystem wieder rechtfertigen könnte[16]:

TEXT 6

In all these cases the typecasting of stars is something a deal more complex than the automatic repetition of a successful formula or some Pandarus glogging mechanical brides in the marketplace. Rather

---

14 Maurice Yacowar. „An Aesthetic Defense of The Star System in Films" *Quarterly Review of Film Studies,* vo. 4 (1979), No. 1, 39—52, hier 41.

15 *Ebd.,* 43.

16 *Ebd.,* 46f.

it is the expression of an essential characteristic of the fiction film – its fluidity of association, the star's fertility of cross-reference. When Hollywood doomed a star to a succession of similar roles, it was instinctively expressing its sense that a film actor projects something somewhere between his self and his character when he appears on the screen. Typecasting was not just a matter of commercial reflex, but a valid consequence of the aesthetic nature of film...

... One reason why the theatre in America has seemed so much more permissive than film (as the cases of Tennessee Williams and *The Moon is Blue* suggest) may well lie in this aesthetic inference: the stage actor plays a role, but the film actor lives out an extension of his life.

Welche Bedeutung dieser Analysekateogrie für das Verständnis eines ganzen Films zukommen kann, hat Yacowar am Beispiel des Films *Last Tango in Paris* (1972) von Bernardo Bertolucci offengelegt. Hier steht eine Unbekannte (Maria Schneider) vor der romantischen Wahl zwischen zwei der bekanntesten männlichen Filmrollen. Auf der einen Seite steht der stete Verlierer (Jean Pierre Leaud), als solcher seit *400 Blows* bekannt und in den Filmen von Godard und Truffaut weiterentwickelt. Auch bei Bertolucci ist Leaud der verletzliche, romantische Kinoliebhaber, nur ordnet er hier seine Suche nach romantischer Vollkommenheit der verrückten Suche nach einer Filmwahrheit unter, bis ihm dann der Film seine eigene Wirklichkeit und seine leidenschaftlichen Gefühle verdunkelt; damit entschwindet ihm seine Jeanne (Maria Schneider). Auf der anderen Seite steht der Machtvolle, Starke (Marlon Brando), dessen Leben als Figur (Paul) aus Teilen der Filmkarriere Brandos zusammengesetzt ist; z.B. war er angeblich früher ein Kämpfer (*On the Waterfront*) und Revolutionär in Südamerika (*Viva Zapata, Burn*) lebte in Japan (*Teahouse of the August Moon, Sayonara*) und ging in Tahiti von Bord (*Mutiny on the Bounty*). „I've been called a million names all my live", sagt Paul, aber er kann dieser Rollenhaftigkeit auch nicht entgehen; selbst seinem Namen nach schlüpft er in die Rolle des ersten Liebhabers von Jeanne, der ebenfalls Paul hieß. Was die Tragödie einer Figur ist (Leaud), ist zugleich – zunächst – der Triumpf des Rollenschauspielers (Brando), der dann aber all seiner Rollen entkleidet wird[17]:

TEXT 7

...the film traces the downfall of the Brando/Paul image. Jeanne rejects the simple Tom for the mysterious and powerful Paul but only to subdue that energy. The Paul of quaking anguish (from his ‚Fucking

---

17 *Ebd.*, 49f.

God!" opening) is reduced to a simpering, conventional romantic, posturing at death with a gesture of chewed gum, as if the balcony were another cinema seat. The lover who carried his lady on his erection at their first union is reduced to the ignomy of a handjob in the shadows, weeping. From blaspheming God he is reduced to mocking a dead general and turning his nether cheek to an already ridiculous, emasculated tango hall. Tom earlier instructed Jeanne to „Advance by going backwards". Paul's progress is the regression from an intense, world-wearied, sensitive and solitary man, to a romantic innocence, mooning like a college boy, courting the girl with idle facts of his life, like an adolescent, miming her father like a child, finally dying in the inevitable foetal curl.

. . . In *Last Tango*, one of the great mythic presences of film, Marlon Brando, the energy and stud of *The Wild One* and *A Streetcar Named Desire*, succumbs to the parasitic puerilities of bourgeois romance (Jeanne d'arc lights?) and the sterilization of his bleak vision by sentimental conventions.

Much of the strength of this film lies in the power of the performances and in the director's splendid technique. But its present interest lies in its awareness of how a film actor at his best will work, projecting an image or persona that will survive a number of performances, gaining character and depth as it develops. One of the important functions of *Last Tango* is that it openly exploits a process of star-reference that in most films operates unadmitted.

Ohne genaue Kenntnis der Filmgeschichte werden diese Zusammenhänge allerdings kaum bewußt werden können.

6.4. Analyse der Geräusche und der Filmmusik

Die auditive Ebene, die zur visuellen Ebene der gezeigten Bilder häufig in dienender Funktion steht, verdient insofern besondere Aufmerksamkeit, als sie zwar vornehmlich, aber nicht allein aus *Dialogen* (oder auch Kommentaren) besteht, die entweder im *On* (wenn der Sprechende im Bild zu sehen ist) oder im *Off* (wenn der Sprecher nicht im Bild ist) zu hören sind. Solche ‚Sprach'funktionen können auch Geräusche jeglicher Art haben, z.B. das Knarren einer Tür in einem Kriminal- oder Horrorfilm. Geräusche gehören gewissermaßen zur Realität der bildhaft vorgestellten Wirklichkeit und vervollständigen insofern oft nur die visuell übermittelten Informationen. Gleichwohl kann mitunter das Abhören allein des Filmtons (bei ausgeschaltetem Bildmonitor) sensibilisieren für den je spezifischen und funktionalen Einsatz sowohl gesprochener Rede als auch quasi naturalistischer Geräusche, die bekanntlich etwa beim Hörspiel oft künstlich erzeugt zu werden pflegen.

Oft unterschlagen bzw. unterschätzt wird auf der auditiven Ebene auch die in der Filmkommunikation besonders wirksame *Filmmusik*. Dies gilt weniger, wenn ein Stück Filmmusik in der Handlung thematisiert wird — wenn beispielsweise Sam in ‚Casablanca' den inzwischen klassischen Song, ‚As time goes by' anstimmt oder die Franzosen mit den Deutschen in einen Sängerwettstreit eintreten. Hier *sieht* man die Sänger auch singen; die Filmmusik als gehörte erlangt Dominanz und ordnet sich die visuelle Ebene temporär unter. Dies gilt weniger auch, wenn ein Stück Filmmusik in der Aussage, der Bedeutung, der Ideologie thematisiert wird — so wenn etwa Luchino Visconti bei seiner Filmversion von Thomas Manns Novelle ‚Tod in Venedig' aus dem Schriftsteller Aschenbach einen Komponisten macht. Hier ist Musik, im besonderen Gustav Mahlers ‚Adagietto' aus der Symphonie Nr. 5 und der Satz ‚Misterioso' aus seiner Symphonie Nr. 3. einerseits künstlerisches Mittel, Bewußtseinsinhalte Aschenbachs auszudrücken, andererseits aber auch selber Objekt der Aufmerksamkeit des Zuschauers/Zuhörers, insofern sie zum sinnlichen Ausdruck der Suche des Künstlers nach Vollendung wird.[18] In beiden Fällen ist Filmmusik *als Musik* bewußt; ihre Behandlung im Rahmen der Analyse eines Films dürfte kaum unterschlagen werden können.

Ein herausragender Sonderfall ist in diesem Sinne auch der Musikfilm bzw. das Musical; es macht schon ein ganzes Genre aus. Harry Geduld nennt in seinem Überblick über Filmmusik „Film Music: A Survey". (*Quarterly Review of Film Studies,* vol. 1 (May 1976), No. 2 183—204) von den zahllosen Publikationen zum Genre, zu einzelnen Komponisten, Tänzern oder zu einzelnen Filmen einige der wichtigsten Lexika und Bücher, so vor allem: Roger D. Kinkle: *Complete Encyclopedia of Popular Music and Jazz 1900— 1950* (New Rochelle, 1974, 4 vols.); Julius Mattfeld: *Variety Musical Cavalcade: Musical-Historical Review 1620—1969* (Englewood Cliffs, N.J., 1971); Douglas McVay: *The Musical Film* (London—New York, 1967); Lehman Engel: *The American Musical Theater* (New York, 1967) und *Words With Music* (New York, 1972); John Russel Taylor und Arthur Jackson: *The Hollywood Musical* (New York, 1971); Ira Gershwin: *Lyrics on Several Occasions* (New York, 1973); Donald Knox: *The Magic Factory* (New York, 1973) und neuerdings Hugh Fording: *The World of Entertainment: Hollywood's Greatest Musicals* (Garden City, N.Y., 1975). Zahllose Fan-Publikationen und Bildbände hat insbesondere dieses Genre hervorgebracht.

---

18 Zu ‚Casablanca' und zu ‚Tod in Venedig' siehe Werner Faulstich/Ingeborg Faulstich: *Modelle der Filmanalyse* (München, 1977).

Ganz anders verhält es sich mit der Filmmusik im eigentlichen Sinn des Wortes: als Musik im Film, die unter die Schwelle des bewußt Gehörten rutscht und auch ebenda ihre ganze Kraft erst voll entfaltet; Musik als Begleitmusik. Eben weil sie zumeist über,sehen' wird, bleiben Filmanalysen oft unvollständig und wenig befriedigend. Allerdings hatte die Filmmusik im Verlauf der Geschichte des Films nicht immer und ausschließlich diese Funktion inne. Hansjörg Pauli hat inzwischen eine prägnante Geschichte der Filmmusik vorgelegt, und zwar der Entwicklungen der filmmusikalischen Praxis als Folgen von Entwicklungen im ökonomischen und reproduktionstechnischen Bereich.[19] Daraus erhellt sich, daß sich die Musik praktisch von Anfang an dem neuen Medium Film zugesellt hatte — sei es, weil damit das starke Geräusch des Projektionsapparates übertönt wurde[20], sei es, weil damit die mutmaßlich beklemmende, gespenstische Wirkung realistischer Filmbilder in gänzlich irrealer Stille gemildert, der Widerspruch zwischen beiden beschwichtigt wurde[21]. Pianisten, Organisten oder Kaffeehaus-Ensembles spielten irgendwelche Stücke, häufig eine bunte Mischung von Gassenhauern, Operettenmelodien, klassisch-romantische Musik (Mendelsohn, Schumann, Grieg u.a.) und Improvisationen, und wenn die Stücke zu Ende waren, packten sie oft auch dann ihre Instrumente ein und gingen nach Hause, wenn die kurzen Filmstreifen immer noch über die Leinwand flimmerten. Erst 1909 und 1913 kamen die ersten Notensammlungen als Hilfsmittel für Stummfilmpianisten heraus: sog. *cue sheet* koordinierten bestimmte Musikstücke mit filmischen Standardsituationen, so daß die Musik besser zu den Bildern paßte: Katastrophe, feierliche Atmosphäre, Angst, Bedrohung usf. Klangmächtige Kino-Orgeln und große Orchester mit bis zu 80 Mann Besetzung waren die nächsten Schritte. Um 1920 wurden auch die Improvisationen zunehmend aufgegeben und abgelöst von Originalmusik, die zu den einzelnen Filmen komponiert und per Grammophon abgespielt wurde. Als es Warner Bros. 1925 gelang, das von der Bell Telephone weiterentwickelte Nadeltonverfahren für den Film zu verwerten, d.h. den Ablauf 33-touriger Schallplatten auf Sekundenbruchteile exakt mit dem filmischen Ablauf der Bilder zu koppeln, war der prinzipielle Übergang vom Stummfilm zum Tonfilm vollzogen. Der erste ,Tonfilm' war ,The Jazz Singer' (1927) — ein Musikfilm. Der erste synchron *gesprochene* Film, ,The Lights of New York', kam 1928 heraus. Und noch im gleichen Jahr erwies sich mit dem Musikfilm ,The Singing Fool', der in kürzester Zeit 5 Mio Dollar einspielte, die ökonomische Zukunftsträchtigkeit des Tonfilms. Der Übergang

---

19 Hansjörg Pauli. „Filmmusik: ein historisch-kritischer Abriß". *Musik in den Massenmedien Rundfunk und Fernsehen. Perspektiven und Materialien.* Hrsg. v. Hans-Christian Schmidt, Mainz, 1976, 91—119.

20 So die Interpretation von Kurt London, zit. bei Pauli, ebd., 92.

21 So die gegensätzliche Interpretation von Adorno und Eisler, siehe Anm. 23 und TEXT 8.

vom Synchronton zum Lichtton, bei dem die akustischen Ereignisse als Photogramm schon auf dem Filmstreifen selber enthalten sind und im Projektor optisch ausgelesen und photoelektrisch wieder in Schallschwingungen zurückverwandelt werden, war nur noch eine technische Frage. In den 30er Jahren hatten sich schließlich zwei grundsätzlich unterschiedliche Arten von Filmmusik herausgebildet und gegeneinander gesetzt: das sog. *underscoring,* eine Art Leitmotivtechnik, die vor allem von Max Steiner entwickelt wurde und bei der jedem Protagonisten bestimmte charakteristische Musikthemen zugeordnet werden, die dann gemäß dem Wandel der Beziehungen zwischen den Figuren ebenfalls variiert wurden; und die sog. *mood technique,* die von Alfred Newman praktiziert wurde und bei der visuelle Vorgänge eher stimmungsmäßig bloß unterstrichen oder kommentiert werden. In den 50er und 60er Jahren hat sich die *mood technique* im Prinzip durchgesetzt.

Die Theorie der Filmmusik formuliert in der Regel bestimmte ästhetisch-normative Auffassungen von den Aufgaben der Musik im Film, so beispielsweise Kurt London in seinem klassischen Buch *Film Music*[22], wobei ihm vor allem die historische Entwicklung der Relation Film und Musik in den Blick gerät. Primär ideologiekritisch dagegen haben sich vor allem Adorno und Eisler in ihrer *Komposition für den Film*[23] geäußert:

TEXT 8

Ohne Anspruch auf Vollständigkeit seien zunächst einige charakteristische Gewohnheiten... angeführt. Sie geben eine konkrete Vorstellung von der Sphäre, in der das Problem der Filmmusik heute gestellt wird und die man verfehlt, wenn man unmittelbar mit hochgespannten theoretischen Erwartungen an sie herantritt.
Leitmotiv
Immer noch wird die Kinomusik durch Leitmotive zusammengekleistert. Während ihr Erinnerungswert dem Betrachter handfeste Direktiven gibt, machen sie es zugleich dem Komponisten in der Hast der Produktion leichter: er kann zitieren, wo er sonst erfinden müßte...
Melodie und Wohllaut
Die Forderung nach Melodie und Wohllaut beruft sich, außer auf ihre vorgebliche Selbstverständlichkeit, auf den Geschmack des Volkes, als des Inbegriffs der Konsumenten...

22 Kurt London. *Film Music.* (London, 1936) New York, 1970. — Als erste Einführung in deutscher Sprache sei auch die Textsammlung *Filmmusik — eine Einführung,* hrsg. v. Hartmut Engmann (München, 1968), empfohlen.

23 Theodor W. Adorno und Hanns Eisler. *Komposition für den Film.* (allein unter Eislers Namen erschienen: New York, 1947) München, 1969, 19—37.

Filmmusik soll man nicht hören
Es ist eines der verbreitetsten Vorurteile innerhalb der Filmindustrie,
daß man die Musik nicht hören soll. Die Ideologie dieses Vorurteils
ist die einigermaßen vage Vorstellung, daß der Film als eine organisierte Einheit der Musik eine veränderte Funktion, nämlich einzig die
dienende, zuweise...

Der Gebrauch von Musik muß optisch gerechtfertigt werden
Es handelt sich dabei weniger um eine Regel als um eine Tendenz,
die während der letzten Jahre sich abgeschwächt hat, aber immer noch
zu konstatieren ist.... Entweder schafft man Situationen, in denen
es für die Hauptperson ‚natürlich' sein soll, sich hinzustellen und zu
singen, oder es wird wenigstens Musik in einer Liebesszene damit ent-
schuldigt, daß der Held ein Radio oder ein Grammophon anstellt.

Illustration
... Die Musik muß den optischen Vorgängen folgen, sie illustrieren,
sei es, daß sie unmittelbar nachahmt, sei es, daß sie Cliches bemüht,
die man mit dem Stimmungs- und Vorstellungsgehalt der erscheinenden Bilder assoziiert. Bevorzugt ist dabei die Natur... Sobald Natur
als solche handlungslos präsentiert wird, bietet sich eine besonders
günstige Gelegenheit, Musik loszulassen, und diese gebärdet sich dann
nach dem abgewirtschafteten Schema der Programmusik. Hochgebir-
ge: Streichertremolo mit signal-ähnlichem Hornmotiv. Die Ranch,
auf der der he-man das sophisticated girl entführt hat: Waldweben mit
Flötenmelodie. Boot auf einem von Weiden überhängten Fluß im
Mondschein. English Waltz...

Standardisierung der musikalischen Interpretation
[Sie] macht sich besonders geltend in der Praxis des Aufführungs-
stils. An erster Stelle ist die Dynamik zu nennen. Sie war bedingt
durch die Unvollkommenheit der Tonaufnahme- und Wiedergabeap-
paratur. Heute, wo die Apparaturen weit differenzierter sind und nach
den Extremen hin sowohl wie in den Übergängen unvergleichlich viel
größere dynamische Möglichkeiten bieten, gibt es trotzdem immer
noch dynamische Standardisierung...

Auch in der musikalischen Aufführungspraxis im Film entspricht der
Standardisierung Pseudo-Individualisierung. Während alles mehr oder
minder dem mezzoforte-Ideal sich anpaßt, soll gleichzeitig jeder musikalische Augenblick durch übertriebenen Vortrag das äußerste an Ausdruck, Emotion, seelischer Spannung hergeben. Die Geigen müssen
schluchzen oder brillieren, das Blech muß frech oder bombastisch
schmettern, kein mittlerer Ausdruck wird geduldet, die ganze Vor-
tragspraxis ist durch Übertreibung, Sucht nach Extremen charakterisiert...

Adorno und Eisler beklagen: „Die Erörterung all dessen führt auf einen allgemeinen Sachverhalt. Die Massenproduktion des Films hat zur Herausbildung von typischen Situationen, immer wiederkehrenden emotionalen Momenten, standardisierten Spannungsreizen geführt. Dem entsprechen Clichewirkungen in der Musik." Damit wird implizit zumindest die Wirkung konventioneller Filmmusik und ihre Relevanz (weil Unterschwelligkeit) bei der Filmkommunikation bestätigt.

Neben eher historischen und eher ideologiekritischen Ansätzen sind es vor allem systematisierende Versuche, die Anhaltspunkte geben für die konkrete Analyse der Filmmusik eines konkreten Films, vor allem als Funktionsanalyse. So unterscheidet etwa Zofia Lissa[24] im wesentlichen vier Funktionen der Filmmusik (läßt man spezielle Musikfilme, Filmopern und Musicals außer Betracht): erstens die *illustrative Funktion* (Musik unterstreicht synchron Bewegungen, stilisiert musikalisch reale Geräusche oder repräsentiert Räume), zweitens das *Ausdrucksmittel psychischer Erlebnisse* (Musik als Zeichen von Wahrnehmungen, als Mittel der Repräsentation von Erinnerungen, als Widerspiegelung von Phantasievorstellungen oder als Mittel zum Ausdruck von Gefühlen), drittens die *Funktion der Einführung* des Zuschauers und viertens die *Funktion des Kommentars im Film*. Hansjörg Pauli[25] hat jüngst die denkbaren Beziehungen zwischen Filmbildern und Filmmusik, wohl auch im Rekurs auf Kracauers Typen der Synchronisierung von Bild und Ton, auf die drei Kategorien Paraphrasierung, Polarisierung und Kontrapunktierung zurückgeführt. In der anschaulichen Zusammenfassung von Hans-Christian Schmidt[26]:

TEXT 9

Als *paraphrasierend* wird demnach eine Musik eingestuft, deren Charakter sich direkt aus dem Charakter der Bilder, aus den Bildinhalten, ableitet. *Polarisierend* wird eine Musik genannt, die kraft ihres eindeutigen Charakters mehrdeutige, ambivalente Bilder in eine bestimmte Ausdrucksrichtung schiebt. *Kontrapunktierend* ist dann eine Musik, deren eindeutiger Charakter dem ebenfalls eindeutigen Charakter der Bilder, den ebenfalls eindeutigen Bildinhalten, widerspricht. Für die ersten beiden Funktionen der Musik lassen sich zahllose Belege finden. Erscheint in einem Wildwestfilm eine Gruppe von Reitern in vollem Galopp, so erklingt als musikalische *Paraphrase* zumeist eine Begleitmusik, die mittels imitativer Symbolik die akustische Ebene musi-

24 Zofia Lissa. (*Estetyka muzyki filmowey*. Krakau, 1963) dt. *Asthetik der Filmmusik*. Berlin, 1965).

25 „Filmmusik: ein historisch-kritischer Abriß", 104ff.

26 „Musik als Einflußgröße bei der filmischen Wahrnehmung". *Musik in den Massenmedien Rundfunk und Fernsehen,* 126—169, hier 126f. Hervorh. WF.

kalisch-rhythmisch verdoppelt. Eine *polarisierende* Rolle übernimmt die Musik z.B. während des Vorspanns zu einem Film, wo die Namen der Schauspieler und Produzenten genannt werden, wo aber gleichzeitig eine Art Gefühlseinstimmung auf die erste Szene musikalisch vorgenommen wird. Seltener sind Filme, in denen die musikalische Schicht in einem widersprüchlichen, *kontrapunktierenden* Verhältnis zur visuellen Schicht steht. Hier entsteht zwischen zwei Ebenen ein konstruiertes Spannungsverhältnis, das der Zuschauer als Bruch beider Schichten verstehen soll. In Stanley Kubricks Film ‚2001 — Odyssee im Weltraum' beispielsweise sieht man in einer Szenen-Sequenz, wie perfekt im Jahre 2001 der Weltraum-Personenverkehr mittels Raumschiff abgewickelt wird. Man sieht eine Welt voller futuristischer Technologie, die uns zur Zeit als noch nicht realisierbar erscheint, man hört dazu Johann Strauß' ‚Donau-Walzer'-Melodie, ein musikalisches Zitat, das in dieser futuristischen Vision vollkommen fehl am Platze zu sein scheint, welches aber eben durch seine Widersprüchlichkeit andeuten will, daß nur wir es als unpassend empfinden, daß hingegen die gezeigte Weltraumwirklichkeit banal und gewöhnlich ist — wie ein Walzer, wie ein ‚alter Hut'.

Wie wichtig musikpsychologische empirische Untersuchungen sei es an ausgewählten Filmszenen, sei es im Hinblick auf bestimmte Wirkungen der Filmmusik bei bestimmten Rezipientengruppen sind, hat Hans-Christian Schmidt längst offengelegt.[27] Abgesehen von der nur schwach ausgeprägten Kooperationsbereitschaft konventioneller Musikwissenschaftler stößt die Filmmusik-Analyse vor allem auf drei Hauptschwierigkeiten:

Erstens: Wer sich mit der Analyse eines Films beschäftigt, wird zunächst einmal vom Bild, vom Visuellen absorbiert. Es ist zunächst die Bildsprache, welche die größte Aufmerksamkeit erfordert. Und selbst wer der simplen Gleichsetzung von Filmsprache = Bildsprache entgeht, muß doch zunächst an den Problemen der Zuordnung der Musik zum Bild, generell des Musik-Bild-Verhältnisses stolpern. Hier bieten die bisher vorgestellten Arbeiten vielfältige Lösungsmöglichkeiten oder doch -anregungen: aus historischer, ideologikritischer oder systematisch-ästhetischer Perspektive. Abgesehen von allgemeineren Fragen wie vor allem

— *Welche Geräusche kommen in dem Film vor?*

— *Gibt es besondere, herausragende Geräusche (z.B. schockierende, verrätselnde) und welche Funktionen kommen ihnen im Kontext des Films zu?*

---

27 Siehe die in Anm. 26 zitierte Arbeit, deren knappes Literaturverzeichnis das Defizit der Forschung in diesem Bereich indirekt markiert. Offenbar betrachten Musikwissenschaftler Filmmusik immer noch als einen eher trivialen Ableger, der analytische Aufmerksamkeit ebensowenig verdient wie etwa die Rock- und Popmusik.

– *Kommt in dem Film Musik vor? Wenn ja: an welchen Stellen? wie lang jeweils und insgesamt? wie laut? usw.*,

stellen sich bei der Analyse eines konkreten Films denn Fragen wie etwa:
– *Aus welchem Jahr stammt der Film und welche Art von Filmmusik war zu jener Zeit verbreitet?*
– *Inwiefern spiegelt die Filmmusik die filmmusikalischen Konventionen der Produktionszeit bzw. bricht mit ihnen?*
– *Wie empfinden wir heute die Filmmusik? Fallen uns bestimmte musikalische Passagen besonders auf, z.B. als spannungserzeugend, als kitschig, als dramatisch bis aggressiv?*
– *Ist die Filmmusik eher im* underscoring *oder eher in* mood technique *gehalten?*
– *Ist uns selber die Musik in diesem Film stets bewußt geworden?*
– *Läßt sich die Filmmusik in bestimmten Teilen als typisch bzw. standardisiert beurteilen? Schluchzen die Geigen und schmettert das Blech?*
– *Ist die Musik im Verhältnis zum Bild eher paraphrasierend, polarisierend oder kontrapunktierend?*

Die *zweite* Hauptschwierigkeit ist ähnlich dem Filmprotokoll, das die Musik ja nur andeutungsweise erfassen kann, eher praktischer Art. Für die konkrete Filmmusikanalyse müßten die musikalischen Passagen des Films zunächst aus dem gesamten Film herausgesucht, herausgelöst und transkribiert werden. Das ist oft mit Schwierigkeiten verbunden und setzt mehr als nur elementare musikwissenschaftliche Kenntnisse und Fertigkeiten voraus. Harry Geduld hat in seinem Überblick über die Filmmusik auch eine Reihe wichtiger Schallplatten zusammengestellt, auf denen zumindest in Passagen stiltypische Filmmusik klassischer Komponisten bzw. Filme gespeichert und leicht zugänglich ist – die Musik vor allem von Charlie Chaplin (z.B. ‚Modern Times‘), von Bernard Herrmann (z.B. ‚Citizen Kane‘ oder ‚Psycho‘), von Maurice Jarre (z.B. ‚Lawrence of Arabia‘ oder ‚Dr. Zhivago‘), von Alfred Newman (z.B. ‚The Robe‘) oder von Max Steiner (z.B. ‚Gone With the Wind‘, ‚Casablanca‘ oder ‚King Kong‘).[28] Das darf freilich nicht fälschlicherweise zu der Konsequenz führen, Filmmusik sollte vom Film isoliert und getrennt, ‚für sich‘ analysiert werden. Sicherlich hat Filmmusik mitunter auch eine eigenständige Geschichte, etwa wenn aus einem Filmsong ein Hit wird, der auch auf einer Single-Schallplatte vertrieben wird (z.B. ‚Moon River‘ aus dem Film ‚Breakfast at Tiffany's‘) oder wenn eine komplette Filmmusik auch als *original soundtrack* auf Platte vorliegt (gemäß Pauli erstmals vom Film ‚The Jungle Book‘ 1942 und unter kommerziellen Gesichtspunkten zunehmend regelmäßig[29]). In der Regel aber gewinnt Film-

---

28 „Film Music: A Survey", a.a.O., 190ff.

29 „Filmmusik: ein historisch-kritischer Abriß", 112ff.

musik ihre Funktionen aus den Bildern, denen sie zugeordnet ist und die deshalb berücksichtigt werden müssen. Daß von Filmmusik nur selten Partituren vorliegen bzw. erwerbbar sind, erschwert die Filmmusikanalyse bedeutend. Anregungen, wie sie etwa Roger Manvell und John Huntley mit ihren praktischen Filmmusik-Analysen gegeben haben[30], lassen sich ohne Noten kaum umsetzen. Allerdings lassen sich zentrale Musikpassagen eines Films unter Protokollierung der entsprechenden Einstellungen (*shooting transcript*) durchaus per Tonband mitschneiden und unter Bezugnahme auf die Bildebene untersuchen, auch wenn das Notenbild nicht vorliegt.

Voraussetzung für den Erfolg dieses Fleißarbeit — und dies ist die *dritte* und wichtigste Hauptschwierigkeit — wären freilich Grundkenntnisse in allgemeinen Kategorien der Musikanalyse. Hier zeigt sich um ein weiteres, daß ein so interdisziplinäres Gebilde wie der Film eine Vielzahl der traditionellen Disziplinen herausfordert. Für den Literaturwissenschaftler bzw. Medienwissenschaftler ist hier der potentielle Vorwurf des Dilettierens gewiß nicht ganz auszuschließen. Aber es scheint insgesamt doch vorteilhafter und sinnvoller, die Musik eines Films nur partiell zu analysieren, als sie prinzipiell und apriori völlig aus der Analyse herausfallen zu lassen.

Es gibt eine ganze Reihe von allgemeinen musiktheoretischen Einführungsschriften, die für die Analyse von Filmmusik bedingt tauglich gemacht werden können. Genannt seien vor allem Hans Renner: *Grundlagen der Musik. Musiklehre* (Stuttgart, 1953, inzwischen in der 11. Auflage) und H. Grabner: *Allgemeine Musiklehre* (Kassel, [10]1970). Die folgenden Fragen wurden entnommen aus Werner Faulstich: *Rock-Pop-Beat-Folk. Grundlagen der Textmusik-Analyse* (Tübingen, 1978, 32—60).

Grundfragen dieser Art richten sich an Rhythmus, Melodie, Harmonie und Klangfarbe der jeweiligen Filmmusik, so z.B.
— *Welche rhythmischen Strukturen lassen sich feststellen?*
— *Welche Instrumente/Tonproduzenten produzieren wie welchen Rhythmus?*
— *An welchen Stellen ist die Musik rhythmisch akzentuiert bzw. a-rhythmisch?*
— *Finden sich Tempi-Änderungen, z.B. Verlangsamung oder Beschleunigung? Welche Funktion haben sie in Bezug zur visuellen Ebene?*
— *Gibt es zentrale Melodien in der Musik eines Films, z.B. immer wiederkehrende Motive?*
— *Wo werden welche Modulationen vorgenommen und welche Bedeutung haben sie im Hinblick auf das Geschehen?*

---

30 Roger Manvell and John Huntley. *The Technique of Film Music.* London-New York, 1957, 1971, erw. v. R. Arnell und P. Dag 1975.

*– Dominieren Dur- oder Mollharmonien? in welcher Relation stehen sie
zueinander und zum jeweils Gezeigten?*
*– Hat die Filmmusik Besonderheiten in der Dynamik, der Agogik oder der
Ornamentik?*
*– Welche Instrumente sind wann wozu eingesetzt? welche Instrumente
dominieren?*
*– Welche gefühlsmäßigen Stimmungen werden durch welche Instrumente
an welchen Stellen des Films mit welchen Funktionen erzeugt?*

Solche allgemeinen Fragen sollten verstanden werden als Anregungen, als
Appell, wenigstens ansatzweise den Bereich der Filmmusik in die Filmanalyse einzubeziehen. Ausschlaggebend bleibt, daß bewußt wird, in welchem
Maße Musik im Film eine entscheidende Rolle spielen kann. Oft wird es
genügen, die Relevanz der Filmmusik an zentralen Segmenten, z.B. einer
Schlüsselszene, zu erörtern; exemplarisch sei hier etwa verwiesen auf den
Einsatz der Musik im Segment 42 von ‚Casablanca', die den Zuschauer ge-
konnt und heute immer noch wirksam durch eine emotionale Krise als den
filmentscheidenden Umschwung führt.[31]. Welche dramaturgischen Funktionen die Filmmusik im Gesamt eines Films haben kann, hat Hans-Christian
Schmidt am Beispiel des Films ‚Rosemaries Baby' offengelegt.[32] Schmidt
unterscheidet und beschreibt die sieben verschiedenen (musikalischen)
Charaktere dieses Films, die insgesamt ein für moderne Filme ungewöhnlich hohes Zeitquantum von 40 min 19 sec ausmachen: „Während der filmischen Wahrnehmung, so könnte man überspitzt formulieren, bewältigt
der Zuschauer eine musikalische Quantität, die in etwa einer spätklassi-
schen oder romantischen Sinfonie entspricht, auch wenn die musikalische
Wahrnehmung weitgehend unbewußt und an der Peripherie der Aufmerksamkeit verläuft."[33] Hier seien exemplarisch nur zwei musikalische Motive
in der von Schmidt analysierten dramaturgischen Funktion referiert:
Beethovens ‚Für Elise' als Musikzitat und die Titelmusik des Films.

Beethovens Klavierstück kommt im Film insgesamt siebenmal vor, ist ein
Beispiel für Musik im Film eher als Filmmusik, weil es sich dabei um eine
reale akustische Erscheinung handelt wie etwa auch Straßengeräusche. Man
hört das Stück aus einer nicht gezeigten Nebenwohnung Rosemaries, oft
undeutlich. Scheinbar übt hier eine technisch in den Anfängen steckende
Klavierschülerin. ‚Für Elise' ist immer dann hörbar, wenn sich Rosemarie

31 Siehe ausführlich Faulstich/Faulstich: *Modelle der Filmanalyse,* 86ff.

32 Hans-Christian Schmidt. „Wesensmerkmale und dramaturgische Funktion der Musik in Roman Polanskis Film ‚Rosemaries Baby' (1968)". *Musik in den Massenmedien Rundfunk und Fernsehen,* 250–275.

33 *Ebd.,* 255.

an der Wohnungstür oder in der Küche befindet: wenn sich die Handlung
in ihrem engeren häuslichen, normalen Lebensbereich abspielt. Als Musik
hat das Stück keinerlei Relevanz für die filmische Handlung (etwa im Sinne
einer Ausdruckssteigerung), sondern „gehört zum Alltag dieses Hauses", „ist
einfach da und steht als Klavierstück für sich selber"[34]:

TEXT 10

Beethovens Klavierstück spielt in diesem Film die Rolle der kleinbür-
gerlichen Normalität, die sich im Film als solche nicht sichtbar, sondern andeutungsweise hörbar per Klaviermusik darstellt. Damit gewinnt das Außerordentliche, das Magische und Irreale, das kaum vor-
stellbare Ereignis, einen besonderen Akzent. Das Irreale in Gestalt
des Teufelskultes findet in einer höchst realen, will sagen: bürgerlich-
trivialen Umwelt statt und nicht etwa in einer außergewöhnlichen Situation an einem außergewöhnlichen Ort. In einem Film kann man die
kleinbürgerliche Atmosphäre nicht wie in einem Roman andeuten,
wo es dann hieße: „Im Treppenhaus roch es nach gekochtem Kohl",
den Geruch des Kohls übernimmt hier ein stümperhaft gespieltes klas-
sisches Klavierstück. Indem die Irrealität so eng mit der Realität ver-
flochten wird, weil nahegelegt ist, wie wirklich und trivial die Umgebung geartet ist, verliert sie ihren Unwirklichkeits-Charakter. Das
Teuflische ist eine Variante des Trivialen, es wohnt sozusagen Tür an
Tür mit ihm... Das Klavierstück ist mit bohrender Hartnäckigkeit
stets vorhanden, zu jeder Tageszeit den ganzen Film hindurch. Im
kontrapunktischen Sinne ist es ein Element der Beständigkeit in einem
Film, welcher eine Welt zeigt, deren Ordnung keinen Bestand hat und
in der die Normalität allmählich pervertiert.

Bei dem zweiten Beispiel handelt es sich um den Titelsong des Films, der
gleichsam als äußere musikalische Klammer zu Beginn und zum Schluß des
Films komplett erscheint, im Verlauf der Filmhandlung aber an bestimmten
Stellen in fünf verschiedenen Variationen auftaucht. Schon damit wird
deutlich: „Indem der Abspann optisch und musikalisch direkt an das Opening anknüpft, kehrt der Film zu seinem Ausgangspunkt zurück, die Handlung verläuft in einem kreisförmigen Bogen". Und: die graduelle Veränderung der musikalischen Qualitäten, die ‚Metamorphose' der Titelmusik entspricht den psychischen Wandlungen, der ‚Metamorphose' der Protagoni-
stin selber — die Analogie von psychischer Grundstimmung und musikali-
scher Charakteristik ist hochdifferenziert. Schmidt markiert, welche Bedeutung die Titelmusik für das Verständnis des gesamten Films hat[35]:

---

34 Zitat und TEXT *ebd.,* 268f.

35 Zitat und TEXT *ebd.,* 259f.

TEXT 11

Der Titelsong steht... für eine Grundbefindlichkeit: für Rosemaries
Erwartung, für ihren natürlichen Traum vom Glück, ein Baby zu haben. Diese symbolische Gleichsetzung funktioniert indes nicht unmittelbar und auf Anhieb; erst bei der zweiten Variante begreift der Zuschauer die gemeinte Analogie von Titelmusik und ihrer konkreten
Ladung. Dann nämlich, wenn Rosemarie von ihrer Schwangerschaft
erfährt. So knüpft sich eine Linie von konsequenter Stringenz:
Renovation der Wohnung mit dem Kinderzimmer — Gewißheit über
die Schwangerschaft — die ersten Bewegungen des Embryos — Rosemaries Traum von der glücklichen Geburt — das Zerbrechen dieses
Traums — Rosemaries Einverständnis mit ihrem Kind, auch wenn es ein
„Kind des Teufels" ist. Um bei der letzten szenischen Station zu ver-
weilen: nachdem der Zuschauer die Analogie von Titelmusik und Mut-
terempfindung „gelernt" hat, sieht er sich nun und nur aufgrund dieses Lernvorgangs in die Lage gesetzt, den nichtsprachlichen und
dennoch unmißverständlich konkreten Mitteilungsmodus in der letzten Szene, wo Rosemarie sich vorsichtig der schwarzen Wiege nähert
und hineinschaut, zu übersetzen: indem unvermittelt die originale Musik wieder einsetzt, setzt ebenso unvermittelt und unverändert die
Grundbefindlichkeit von Rosemarie ein. Was man nicht sieht, wird auf
musikalische Weise hörbar: sie akzeptiert ihr mißgestaltetes Kind, weil
sie in dem Augenblick das wird, was über mehrere szenische Stationen hinweg signalisiert wurde: sie wird Mutter. In dieser letzten Szene
wird die Titelmusik zum einzigen Mittel der unmißverständlichen Mitteilung, zum Interpretations-Schlüssel.

Schmidt löst nicht nur die einzelnen musikalischen Charaktere dieses Films
aus ihrem Kontext heraus und offenbart deren je dramaturgische Relevanz
für das Geschehen auf der Ebene der Filmhandlung, sondern er setzt die unterschiedlichen musikalischen Gestalten auch noch untereinander in Beziehung, legt damit ein musikalisches Netz bloß, das seinerseits den Blick frei-
gibt auf den größten und wichtigsten Teil der vom *gesamten* Film etablier-
ten Bedeutung/Ideologie. Hier erweist sich die Analyse der Filmmusik, zumindest im Ansatz, als ein Zugriff, der für das umfassende Verständnis eines
Films beinahe ausschließliche Bedeutung haben kann.

6.5. Zur Ideologie (,message') eines Films

Die Analyse einzelner Aspekte oder Teile eines Films ist im Normalfall
nicht Selbstzweck, sondern hat die Funktion, den Film als Ganzes zureichend oder doch besser zu begreifen; die Detailanalyse dient letztlich der

Gesamtsicht aller Einzelmomente des Films. Wegweisend dabei ist die Frage nach seiner Bedeutung, nach der inhaltlichen Weltsicht, die er repräsentiert und vermittelt. Zentrale Fragestellung der Filmanalyse ist also der Bereich von Normen und Werten, die ,Botschaft' [engl. *message*] des Films. Die darin ausgedrückte Weltsicht kann man auch *Ideologie* nennen. Dieser kontroverse Begriff ruft aber in aller Regel ein unterschiedliches Verständnis hervor und muß deshalb zunächst kurz reflektiert werden[36]:

TEXT 12

Der modische, schlagwortartige und somit in eins vulgäre und polemische Gebrauch der Vokabel „Ideologie" erschwert deren Anerkennung als „philosophischer Grundbegriff". Freilich gehört Ideologie nicht zu den „klassischen" Grundbegriffen (wie etwa Idee, Wahrheit, Denken), doch ist das Wort aufgrund der mit ihm anzuzeigenden fundamental-philosophischen Problematik spätestens seit *Marx* zum Rang eines „Grundbegriffs" avanciert...

[Es]empfiehlt sich zunächst die Kennzeichnung der dominierenden Interpretationen von Ideologie, bei deren Deskription eine vereinfachende Schematisierung hier unvermeidlich ist.

(a) Das erkenntniskritisch-(neo)positivistische Ideologieverständnis: ... es handelt sich insbesondere um die Bereiche Metaphysik, Ethik, Geschichts-, Kunst-, Religionsphilosophie, genauer: um die in diesen „Disziplinen" thematisch werdenden Probleme selbst. Zur Bezeichnung dieser weiten, „positiv" nicht faßbaren Wirklichkeitszonen oder einfacher: dieser Fragen dient hier der Titel „Ideologie"; je nach Einschätzung der Tragweite der angewandten Erkenntnisprinzipien erweist sich der Gebrauch des Ideologiebegriffs als „wertfrei" oder als negativ wertend...

(b) Das sich an *Marx* orientierende Ideologieverständnis: *Marx* war der Überzeugung, die Abhängigkeit des Bewußtseins der Menschen von ihrem gesellschaftlich-materiellen „Sein" bzw. vom „historischen Lebensprozeß" als ein generelles Verhältnis erkannt zu haben, das jeder menschlichen Objektivation und Artikulation zugrunde liegt. Demgemäß muß eine „falsch" organisierte Praxis zu einem „falschen Bewußtsein" der Menschen von sich selbst und ihrer geschichtlichen Situation sowie zu „falschen" gesellschaftpolitischen Fixierungen in Staat, Sittlichkeit, Religion, Philosophie führen. Derlei Figurationen des falschen Bewußtseins sind für *Marx* „Ideologie", die durch „wirkliches Wissen" abgelöst werden soll... Der offizielle Marxismus-Leninismus bezeichnet sich auch selbst als „Ideologie"; er verstößt damit

---

36 Heinz Robert Schlette. „Ideologie". *Handbuch philosophischer Grundbegriffe.* Hrsg. v. H. Krings, H.M. Baumgartner u. C. Wild, Bd. II. München, 1973, 720–728.

gegen *Marx'* Sprachgebrauch und übernimmt eine geläufig gewordene, philosophisch nicht ernsthaft reflektierte Terminologie.

Wichtig ist, daß Ideologie häufig „mehr oder minder synonym für ‚politisch relevante Weltanschauung' oder als eine Art ‚Gattungsname' für divergierende Arten politischer Entwürfe, Welt- und Geschichtsdeutungen u.ä. verwendet wird (z.B. Faschismus, Kommunismus, Liberalismus, Rassismus). In solch formaler Redeweise wird gelegentlich auch versucht, das Wort ‚Ideologie' von seinem negativen Assoziationsballast zu befreien und die mit ihm bezeichnete ‚Sache' als etwas anthropologisch und politisch Nützliches, Erwünschtes und Notwendiges zu kennzeichnen."[37]

Schlette führt mehrere Beispiele hierzu an und unterschiedet schließlich noch das wissenssoziologische Ideologieverständnis vor allem bei M. Scheler und K. Mannheim; siehe dazu vor allem K. Mannheim: *Ideologie und Utopie* (1929. Frankfurt, [3]1952).

Das Ordnungsprinzip der Wirklichkeit eines Filmgeschehens liegt nicht in den einzelnen Wirklichkeitsfragmenten, sondern ist von außen herangetragen worden, nach ihm wurde Wirklichkeit selektiert und (neu) montiert. Insofern ist es dem kritischen Urteil ausgesetzt, auch wenn es selber Kritik beabsichtigt, ja provoziert geradezu den Vergleich mit der eigenen Weltsicht. Demnach gehört auch die *Ideologiekritik* wesenhaft zur Analyse von Filmen. Ideologiekritik meint hier im engen Sinn zunächst die Reflexion der im Film implizit oder explizit ausgedrückten Situationsdeutungen, Normen, Werte und Reflexionssysteme, die als konform oder kritisch zu den bestehenden Herrschaftsverhältnissen in unserer Gesellschaft erkannt werden können; sodann meint Ideologiekritik aber auch im weiteren Sinn die Untersuchung der gesellschaftlichen Entstehungsbedingungen und Verwertungszusammenhänge des Films, wie sie in Produktion/Distribution und Rezeption zum Ausdruck kommen.[39]

Wer sich genauer mit Entstehung und Bedeutung dessen befassen will, was ‚Ideologiekritik' meint, sei verwiesen auf *Ideologie — Ideologiekritik und Wissenssoziologie,* hrsg. und eingeleitet von K. Lenk (Neuwied, [4]1970). Ideologiekritik nach dem Verständnis der Kritischen Theorie impliziert auch die Reflexion der Reflexion: Die Untersuchung der Parteilichkeit eines Films für bestimmte gesellschaftliche Interessen muß sich also selber eine Untersuchung ihrer Parteilichkeit gefallen lassen. Die Filmanalyse muß sich über ihre Funktion und Relevanz innerhalb der Gesellschaft Rechenschaft ablegen. Auf allgemein wissenschaftstheoretischer Ebene wird dieser

---

37 *Ebd.,* 722.

38 Siehe dazu Ritsert. *Inhaltsanalyse,* 101ff.

Aspekt behandelt in *Die Wissenschaft von der Wissenschaft. Philosophische Probleme der Wissenschaftstheorie* (Gemeinschaftsarbeit e. Kollektivs am Institut f. Philos. der Karl-Marx-Universität Leipzig; Berlin, 1968).

Fassen wir noch einmal in Frageformen zusammen:
— *Welche Einzelwerte und -normen sind dem Film zentral?*
— *Welche Gesamtbedeutung hat der Film auf dem Hintergrund der Ergebnisse des Einzelanalysen? Welche Ideologie, welche ,message' liegt ihm zugrunde?*
— *Welche Kritik leistet (möglicherweise) der Film und inwiefern provoziert er selber in welchen Punkten oder insgesamt (Ideologie-)Kritik?*

Bei zunehmender Einsicht in die Relevanz eines konventionalisierten Produktionssystems (z.B. Hollywood) und unter dem Einfluß strukturalistischer Ansätze hat man neuerdings damit begonnen, den einzelnen Film auch ideologisch primär im Kontext seines Genres zu analysieren. Die zentrale Erkenntnis, daß die narrativen Strukturen, ja Formeln für die allermeisten Filme eines Genres ähnlich bis identisch sind, mußte sich besonders bei der Gesamtanalyse und Ideologiekritik eines Films niederschlagen. Vor allem am Beispiel des Western ist das mehrfach schon aufgewiesen worden. Zum Western siehe etwa die Studien von Jim Kitses: *Horizons West: Anthony Mann, Budd Boetticher, Sam Peckinpah: Studies of Authorship within the Western* (Bloomington, 1969), von John G. Cawelti: *The Six-Gun Mystique* (Bowling Green/Ohio, 1971), von Stuart M. Kaminsky: *American Film Genres: Approchaes to a Critical Theory of Popular Film* (Chicago, 1974), von Will Wright: *Sixguns and Society: A Structural Study of the Western* (Berkeley, 1975) und — übergreifend — von Stanley Solomon: *Beyond Formula. American Film Genres* (New York, 1976). Daraus leiten sich auch Fragen ab wie die folgenden:

— *In welchem Verhältnis steht der Film zu seinem Genre?*
— *Wie verhält sich dieser Film insgesamt zu (ggf.) anderen Filmen desselben Regisseurs? oder auch: desselben Filmproduzenten?*

Es war Helmut M. Artus, der erstmals in aller Deutlichkeit darauf hingewiesen hat, daß man sich bei der Filmanalyse „zwar expliziten und impliziten Ideologien gleichermaßen zuwendet, aber an der Analyse der künstlerischen Mittel, mit denen diese Ideologien filmisch realisiert werden, merkwürdig uninteressiert bleibt. Aspekte filmischer Dramaturgie werden allenfalls gestreift, die Beschäftigung mit ihnen bleibt bei vordergründigen Phänomenen wie Schwarz-Weiß-Zeichnung von Charakteren und Situationen, mangelnder Differenzierung, klischeehafter Darstellung usw. stehen. Dabei verdienen gerade die dramaturgischen Mittel größte Aufmerksamkeit, da ihre Kenntnis es ermöglicht, wesentliche Mechanismen der Ideologisierung aufzudecken und ihre Funktionsweise zu erklären."[39] Artus macht dabei vor allem die *Vertrautheit* als ein entscheidendes dramaturgisches Prinzip namhaft. In der Exposition beispielsweise, in der ein Film den Zuschauer in Ort, Zeit, Milieu, Figuren etc. der Handlung, aber auch in die dem Film zentralen Probleme einführt, geschieht mehr als nur die Grundlegung zum Verständnis des folgenden Geschehens[40] :

TEXT 13

Die Exposition gerät nämlich mit fast psychologischer Notwendigkeit zur *Beurteilungsbasis* des Zuschauers. Wenn er sich auf die Definition der Realität einläßt, die ihm die Exposition vermittelt — und das geschieht fast zwangsläufig —, dann übernimmt er mit den Informationen zugleich Wertungen, Sympathien bzw. Antipathien, selbst in Extremfällen, in denen seine eigene Werthaltungen jenen des Films diametral entgegengestzt sind. Zugleich übernimmt er (in der Regel) die Definition sozialer und politischer Situationen, sofern sie nicht im direkten Gegensatz zu seinen persönlichen Erfahrungen stehen. Fatalerweise dient diese Definition der (fiktiven) Film-Realität aber auch der *Erklärung und Legitimierung* von Werten, Normen und Verhalten im Film, so daß der Zuschauer — durch die spezifische Situation der Filmbetrachtung erst einmal von seiner Alltagssituation und ihren Werthaltungen getrennt — auf das Weltbild des Films festgelegt wird. Er unterliegt einem Zwang, den er — außer in krassen Fällen - in der Regel erst durch nachträgliche Reflexion brechen kann.

Wie dies geschieht, mit welchen dramaturgischen Mitteln dieser Zwang über die Exposition hinaus durchgehalten wird, ist zu untersuchten.

Artus meint dabei nicht nur die oft übliche Typisierung der Charaktere etwa in *good guys* und *bad guys* (siehe auch 6.3.), sondern vor allem quantitative und qualitative Mittel; wenn z.B. gemäß einer beibehaltenen Perspektive immer derselbe Weltausschnitt gezeigt wird und alles auf diesen hin strukturiert ist, so wird schon aufgrund der Häufigkeit des Gezeigten (z.B. des Helden) Ideologie erzeugt. Oder: Bestimmte Charaktere werden so ,tief' gezeigt, daß ihr Handeln, Denken, ihre Ziele, Motive, Werte, Bedürfnisse usw. begreifbar, nachvollziehbar, verständlich werden. Ihr Handeln wird erklärt, d.h. als bedingt und damit als zwanghaft gezeigt. Zwar wird die Figur damit nicht unbedingt glorifiziert, ihr Handeln nicht unbedingt legitimiert,

---

39 Helmut M. Artus. „Dramaturgie und Ideologie. Zur formalen Bedingtheit des kognitiven Gehalts von Spielfilmen". *Publizistik,* Jg. 22 (1977), H. 3, 261—274, hier 261.

40 *Ebd.,* 262.

aber „die Dramaturgie verhindert eine Verteufelung."[41] So kann beispielsweise die Schuld oder Unschuld einer Figur völlig durch die Dramaturgie aufgewiesen werden — je nachdem ob die Figur als bedingte gezeigt wird oder
ob sie nur einfach als der Böse (ohne seinen sozialen Kontext und wiederum
dessen Bedingtheiten) auftaucht. Ähnlich verhält es sich bei der Dramaturgie des Sterbens: „Der Tod der Chargen ist anonym (häufig kollektiv), banal, beiläufig und kurz: Chargen sterben, aber sie leiden nicht... Ganz
anders der Tod der Helden: Der Tod von Helden ist individuell und außer-
gewöhnlich, oft dekorativ; die Art und Weise des Sterbens trägt noch mit
zur Charakterisierung des Helden bei; Helden sterben bewußt; sie erleiden
den Tod, und dem Zuschauer wird Mit-Leiden ermöglicht"[42]. Auch Töten
und Gewalt können rein dramaturgisch, etwa durch die Erzählperspektive,
legitimiert werden. Hier spielt es nicht einmal eine Rolle, ob es sich um denselben Star handelt, der einmal wie Henry Fonda (in Hitchcocks ‚Der
falsche Mann') als Opfer bemitleidet, ein andermal (in ‚Spiel mir das Lied
vom Tod') als brutaler Killer abgelehnt wird.

Artus macht nachhaltig deutlich, daß nicht nur das Gezeigte bzw. das dem
Zuschauer als gezeigt Bewußte Weltsicht vermittelt, also Ideologie darstellt, sondern die Weise des Zeigens selber. Oft genug wird inhaltliche Ar-
gumentation durch dramaturgische Mittel ersetzt, werden Werte unabhängig vom gezeigten Inhalt gesetzt und vom Zuschauer auch dann akzeptiert,
wenn er sie außerhalb des Films eigentlich ablehnen würde. M.a.W. Es gehört
mit zur Ideologie eines Films (und wäre von der Ideologiekritik zu erfassen),
wenn etwa der Täter nur die Leiche liefern muß, wenn das Böse nur auftaucht um zu scheitern oder das Gute nur um letztendlich zu siegen. Und es
gehört auch zur Ideologie, was der Film nicht zeigt (z.B. Kinder, Alte, die
Motive des Täters). Die filmsprachlichen Mittel selber sind es auch, die Ideologie produzieren, und genau hier liegt die untrennbare Verknüpfung der
Analyse, der Interpretation und der Bewertung eines Films. Hilfreich kann
deshalb die Frage sein:
— *Welche dramaturgischen/filmsprachlichen Mittel sind für welche Ideolo-
gieteile hauptsächlich verantwortlich?*

6.6. Der einzelne Film und ‚Gesellschaft' im zweifachen geschichtlichen Kontext

Allerdings gilt in besonderem Maße für die Ideologie eines Films und selbst
für die verwendeten filmsprachlichen Mittel, daß sie nicht ‚im luftleeren
Raum', sondern nur im jeweiligen geschichtlichen Kontext zureichend be-

---

41 *Ebd.*, 263.

42 *Ebd.*, 265f.

griffen werden können. Nehmen wir als Beispiel das oben erwähnte quantitative Ergebnis: „45% aller Einstellungen im Film ‚Casablanca' sind Nahaufnahmen". Die Signifikanz eines solchen Resultats läßt sich am ehesten im *Vergleich* erkennen; Wenn also fast alle sonstigen solcherart analysierten Filme einen Prozentsatz von 45% Nahaufnahmen aufweisen, ist diese Quantität für ‚Casablanca' nicht spezifisch. (Die konventionelle Inhaltsanalyse bezieht sich bekanntlich in der Regel auf *mehrere* Objekte.) Der Vergleich wird noch ergiebiger, wenn dabei mehrere Faktoren und ihre Konstellation zueinander berücksichtigt werden, also z.B. in ‚Casablanca' Einstellungen, die zu 45% Nahaufnahmen sind, zugleich fast ausschließlich durch Bauchsicht und Parallelität von Handlungs- und Kameraachse gekennzeichnet sind, oder Nah- und Großaufnahmen überwiegend bei Liebes-, Halbnahaufnahmen und Halbtotale dagegen überwiegend bei Kampfszenen auftreten. Hier kommt das Problem der Norm ins Spiel, Norm verstanden einerseits als Durchschnitt, andererseits als Vorschrift oder Gesetz. Nun mag die Dominanz bestimmter Einstellungsgrößen oder bestimmter Faktoren-Konstellationen in einem begrenzten Zeitraum der Filmproduktion vielleicht durchgehalten sein (siehe 3.2./3.), dürfe aber kaum durchgängig gelten. Insofern stellt sich ein komparatistisches Vorgehen als *historische* Filmanalyse dar.

Freilich kommt einem quantitativen Resultat wie „45% aller Einstellungen sind Nahaufnahmen" auch eine in anderem Sinn *qualitative* Bedeutung zu, womit sich (systematische) Filmanalyse auch in anderem Sinn als historische erweist: Was für die Film*produktion* gilt, wird auch bei der Film*rezeption* relevant, d.h. das quantitative Resultat legt eine Interpretation des Zuschauers nahe (z.B. daß durch die Dominanz kleiner Einstellungsgrößen der Eindruck des Persönlichen, Intimen erweckt wird). Wenn der Regisseur ein Auto mit großer Geschwindigkeit direkt auf den Zuschauer (die Kamera) zufahren läßt und das als „bedrohend" empfunden und interpretiert wird, stellt sich die Frage nach der wissenschaftlichen Legitimation dieser zunächst rein subjektiv-willkürlichen Interpretation. Dieses Grundproblem ergibt sich auch dann, wenn eine größere Zahl von Zuschauern den gleichen Eindruck hatte bzw. ähnlich empfand. Man kann niemals *das* Verständnis eines Films zu erlangen trachten, sondern stets nur das unter bestimmten Bedingungen und zu einer bestimmten Zeit übliche (‚normale') Verständnis. Es muß sozialwissenschaftlich — durch repräsentative Befragungen, Tests usw. — erst jeweils ermittelt werden. Denn was heute als „bedrohend" empfunden wird, kann morgen vielleicht als „belustigend" oder völlig neutral aufgefaßt werden. Das läßt sich leicht nachvollziehen bei der Rezeption von Filmen aus den 20er und 30er Jahren. So ist beispielsweise auch bekannt, daß die ersten Großaufnahmen eines Gesichts auf der Leinwand als „schrecklich" empfunden wurden und zum Teil sogar Panik ausgelöst haben („ein Mensch ohne Körper").

Hier wird deutlich, daß die jeweils erhaltenen quantitativen Daten als solche bedeutungslos sind. Abgesehen davon, daß sie nur im Zusammenhang des *gesamten* Films betrachtet werden dürfen, bedürfen sie einer Interpretation in zweierlei Hinsicht:

— im Hinblick auf ihre Produktion im Verhältnis zu anderen Filmen und
— in Beziehung zu den entsprechend der unterschiedlichen Rezeption sich ändernden wahrgenommenen Bedeutungen.

Jegliche systematische Analyse der Inhalte eines einzelnen Films verweist mit Notwendigkeit auf außerfilmische Momente und charakterisiert sich damit unabdingbar als historische. Das gilt für die quantitative ebenso wie für die qualitative Filminhaltsanalyse.

Diese gleichsam gedoppelte Geschichtlichkeit eines (produzierten bzw. gesehenen, analysierten, interpetierten) Films, die ihn in einen zentralen gesellschaftlichen Kontext stellt, läßt sich durch Fragen erfassen wie z.B. die folgenden:

— *Zu welcher Zeit, zu welchen Bedingungen, in welcher Situation, mit welchen Zielen usw. wurde der Film produziert?*
— *Welche anderen Filme hat dieser Regisseur/dieser Produzent noch wann gedreht?*
— *Welche (ökonomische, künstlerische, genremäßige) Relevanz wurde dem Film bei seiner Erstaufführung und später zugesprochen?*
— *Welche Kameraeinstellungen, welche Kameragrößen, welche Schnitttechniken usw. waren zu dieser Zeit bei welchem Kameramann bzw. Produzenten etc. üblich?*
— *Wie hat der Verleih für den Film geworben und in welche Sprachen wurde der Film synchronisiert?*
Usw.

Ricarda Strobel hat jüngst am Beispiel des Hitchcock-Films ‚Lifeboat' aus dem Jahre 1944 u.a. offengelegt, in welchem Ausmaß die historische Situation (hier: der 2. Weltkrieg und die Rolle Amerikas nach Pearl Harbour) zum Verständnis des Plots und der Figuren eines Films unabdingbar ist[43]:

TEXT 14

In der allegorischen Deutung verkörpern die Amerikaner im Rettungsboot einen Querschnitt der demokratischen Kräfte in den USA mit Kovac als Exponenten des linken, sozialistischen Flügels und Rittenhouse als Vertreter des rechten, kapitalistischen Flügels im demokra-

---

43 Ricarda Strobel: *Elemente von Propagandafilm und Melodrama in Alfred Hitchcocks ‚Lifeboat'.* Bisher unveröff. M.A.-Arbeit. Tübingen, 1979 (Prof. Hans-Werner Ludwig), 40ff.

tischen Meinungsspektrum. Über ihren internen Querelen ist diese Gesellschaft zum einigen Handeln nach außen unfähig. Gegenüber dem nationalsozialistischen Deutschland sind sie zu schwach, um ihre Interessen durchzusetzen. Der Nazi dagegen weiß genau, was er will: durch eine Reihe von Heimlichkeiten und Betrügereien bringt er die Amerikaner ohne ihr Wissen vom Kurs auf Bermuda ab und steuert ein deutsches Versorgungsschiff an. Als der verdurstende Gus entdeckt, daß sich der Nazi auch noch einen heimlichen Wasservorrat zurückbehalten hat, schreckt dieser auch vor einem Mord nicht zurück und stößt Gus ins Meer. In der Allegorie verkörpert der Nazi das nationalsozialistische Deutschland, das mit Stärke und Einigkeit seine eigenen Ziele verfolgt und dazu vor Übergriffen auf die Interessen der demokratischen Gesellschaft nicht zurückschreckt.

Der Mord an Gus ist der Auslöser dafür, daß sich die Amerikaner alle auf einmal in blindem Haß auf den Nazi stürzen und ihn umbringen: schon beim erstenmal, als sie fähig sind, ohne langes Diskutieren und Überlegen gemeinsam zu handeln, gelingt es ihnen, ihren Feind zu besiegen. In allegorischer Verkleidung wird hier gezeigt, daß die demokratischen Kräfte gemeinsam den Kampf gegen das nationalsozialistische Deutschland aufnehmen müssen, und daß sie nur dadurch verhindern können, von den Deutschen unterjocht zu werden. Auf die weltpolitische Situation im zweiten Weltkrieg übertragen, handelt es sich dabei um eine Aufforderung an die USA, in den Krieg einzugreifen... [bzw. um eine] Rationalisierung des Kriegseintritts der USA, unter dessen Folgen zum Zeitpunkt der Produktion des Films die Bevölkerung zu leiden hatte. Die Rationalisierung dient zur moralischen Aufrüstung der Bevölkerung und damit einem vom Propagandaministerium geforderten Zweck... Die Konstruktion des Plot von ‚Lifeboat‘ als Allegorie und die durch sie vermittelte Message sind ... als Elemente des Propagandafilms zu bezeichnen.

Strobel arbeitet allerdings auch heraus, daß bei diesem Film die Ideologiekritik sozusagen gleich mitgeliefert wird, nämlich daß mit der Verwendung melodramatischer Dramaturgie (wie z.B. dem Mord am Nazi) und anderer Stilmittel (wie z.B. der Charakterisierung der siegreichen Amerikaner als autoritär und antidemokratisch) die manifeste Propaganda von der Überlegenheit der Demokratie gegenüber einem totalitären faschistischen Gesellschaftssystem latent wenn nicht zurückgenommen, dann doch in Frage gestellt wird. Entsprechend zwiespältig wurde der Film ja seinerzeit in den USA auch aufgenommen.

Dieses Filmbeispiel macht infolge der historischen Bedingtheit von Propagandainhalten zugleich auch die zweite Geschichtlichkeit deutlich, hier als

Relativierung: „eine Analyse von einem Standpunkt 35 Jahre nach der Produktion des Films aus wird zwangsläufig Aspekte und Untertöne des Films nicht mehr erkennen, die einem zeitgenössischen Publikum evident waren". Diese Problematik erhält unmittelbare Relevanz vor allem dann, „wenn es sich, wie im Falle von ‚Lifeboat', um einen Propagandafilm handelt, der ja durch eine unmittelbare Wirkintention in einer konkreten historischen Situation gekennzeichnet ist und der heute an sich nicht mehr als Propagandafilm rezipiert werden kann."[44] Ebenso wie bei der Ausstrahlung des Films ‚Lifeboat' im deutschen Fernsehen 1978 auf seinen Unterhaltungswert und nicht auf seinen Propagandaaspekt hingewiesen wurde, sah sich beispielsweise eine Programmzeitschrift genötigt, den Film ‚Die Frau, von der man spricht' aus dem Jahre 1942 bei der Ausstrahlung im deutschen Fernsehen 1979 mit folgendem Text anzukündigen[45]:

TEXT 15

> Der erste, und gleich ‚Oskar'-gekrönte gemeinsame Film des später berühmten Liebespaares Katharine Hepburn und Spencer Tracy. Das Thema: Eine Frau gibt aus Liebe zu ihrem Mann ihren Beruf auf und wird Hausfrau. Damals war das noch ein Happy-End.

Hier kann erneut bewußt werden, welche Bedeutung das Bewußtseins-, Bedürfnis- und Wertesystem des Zuschauers für das Verständnis eines Films haben kann. Die Protokollierung der subjektiven Rezeption des Films, wie es oben als unerläßliche Propadeutik wissenschaftlicher Filmanalyse vorgestellt wurde (5.4.), sollte nicht nur als Quelle von Fragen ausgewertet werden, die an den Film zu stellen sind, sondern auch gleichsam als Folie, die den (in den allermeisten Fällen üblichen) Kontrast zwischen dem ersten ‚naiven', emotionalen und unreflektierten Verständnis des Films auf der einen und dem zweiten, auf objektiven Einzelanalysen und wissenschaftlicher Ideologiekritik beruhenden Verständnis des Films auf der anderen Seite als rezipientenbedingte Geschichtlichkeit zugänglich und bewußt macht.

---

44 *Ebd.*, 77f.

45 *IWZ Illustrierte Wochenzeitung*, Nr. 47 (1979), v. 24. Nov., 14. — Der Film wurde am 27.11.1979 im ZDF gesendet.

7. Test

Die folgenden Testfragen sollen es dem Leser erleichtern, die bisher übermittelten Informationen zu sichern und den Erfolg der Lektürearbeit zu kontrollieren. Dabei soll der Leser versuchen, sich bei der Beantwortung jeder Frage den Kontext der Frage und ihren Ort im jeweiligen Problemfeld zu vergegenwärtigen. Erst dann können die Testfragen ihre Funktion hier erfüllen.

Frage 1: Zofia Lissa unterscheidet im wesentlichen die folgenden vier Funktionen der Filmmusik:

□ konnotativ
□ illustrativ
□ denotativ
□ kommentierend
□ einführend

□ Ausdrucksmittel psychischer Erlebnisse
□ Ablenkung
□ regressiv
□ Erzeugung von Spannung

Frage 2: Kommunikation als Wissenschaftsbegriff bedeutet:

□ Reden
□ Verständigung
□ verstehendes Miteinander

□ Unterhaltung
□ Informationsübertragung

Frage 3: Das Grundproblem der Filmrezeption besteht

□ in der Schwierigkeit, Langzeitwirkungen des Films zu erfassen
□ in Techniken der Erfassung der Filmrezeption
□ in der unzugänglichen Prädisposition der Kinobesucher
□ in der Beziehung zwischen objektiven Filmstrukturen und subjektiven Filmerfahrungen.

Frage 4: Welche Ideologiebegriffe werden von Heinz Robert Schlette unterschieden?

□ narzistisch
□ marxistisch
□ weltanschaulich

□ wissenssoziologisch
□ philosophisch
□ erkenntniskritisch-(neo)positivistisch

Frage 5: Das Problem der Filmsprache liegt vor allem darin begründet,

- □ daß die Filmsprache noch nicht weit genug entwickelt ist
- □ daß es so viele verschiedene Filme, Filmgattungen und Filmemacher gibt
- □ daß der gemeinsame Zeichenvorrat bei Filmemacher und Betrachter noch sehr klein ist
- □ daß Filme überwiegend von der Filmindustrie gemacht werden
- □ daß die Aussagen vieler Filme nicht klar genug sind.

Frage 6: Die Aufgabe des Filmdramaturgen besteht vor allem darin,

- □ Filme zu finanzieren
- □ die Dreharbeiten zu leiten
- □ die gesamte Produktion zu planen
- □ die dramatischen Momente eines Films zu gestalten
- □ das Treatment zu schreiben
- □ die Montage zu überwachen.

Frage 7: Kommunikationstheorien waren anfangs

- □ Transaktionstheorien
- □ philosophische Konzepte
- □ Stimulus-Response-Theorien
- □ semiotische Ansätze.

Frage 8: Das Licht geht in den Kinos *langsam* an und aus,

- □ weil sonst die teuren Scheinwerfer kaputt gehen
- □ damit der Kinobesucher nicht blinzeln muß
- □ damit der Übergang von Fiktion zu Realität bzw. umgekehrt leichter fällt.

Frage 9: Ein Filmprotokoll muß vor allem enthalten:

- □ die Handlung
- □ die wichtigsten Figuren
- □ das Kameraverhalten
- □ Musik und Geräusche
- □ Dialoge
- □ Monologe
- □ Kommentare des Filmwissenschaftlers
- □ Daten der Filmproduktion (Regisseur, Kameramann, Produzent)
- □ die zeitliche Dauer der Einstellungen

Frage 10: Von Bauchsicht spricht man,

- □ wenn sich das Objekt nach unten bewegt
- □ wenn ein Bauch zu sehen ist
- □ wenn aus Bauchhöhe gefilmt wird
- □ wenn sich das gefilmte Objekt in Bauchhöhe befindet.

Frage 11: Die zwei wichtigsten kommunikationstheoretischen Ansätze heute sind

- ☐ Kybernetik
- ☐ Semiotik
- ☐ Rhetorik
- ☐ Pragmatik
- ☐ Informationstheorie
- ☐ Ballistik.

Frage 12: Die Aufblende ist

- ☐ das Ende einer dunklen Einstellung
- ☐ ein technisches Mittel zur Veränderung des Bildrandes
- ☐ der Filmvorspann
- ☐ das Blenden des Zuschauers
- ☐ Teil der Kinoausstattung
- ☐ ein Einstellungsbeginn aus dem Dunklen.

Frage 13: Wie lauten die drei von Hansjörg Pauli unterschiedenen Beziehungen zwischen Filmbildern und Filmmusik?

- ☐ paraphrasierend
- ☐ kommentierend
- ☐ alternierend
- ☐ ironisierend
- ☐ polarisierend
- ☐ kontrapunktierend

Frage 14: Das Clearance-system ist

- ☐ die Schutzfrist für Erstaufführungstheater
- ☐ eine Art der Publikumsbefragung
- ☐ ein Fremdwort für Blockbuchen
- ☐ die Produktion nach einem klaren Drehplan.

Frage 15: Nach Bächlin hat sich der Filmstar als sicherster Erfolgsgarant der Produktion erwiesen. Ausschlaggebend für den Produzenten war(en) dabei vor allem

- ☐ das Aussehen (Schönheit)
- ☐ die stereotypen Charaktereigenschaften
- ☐ der box-office-value
- ☐ das clearance-system
- ☐ die Gag-men

Frage 16: Die kleinste Einheit eines Films nennt man

- ☐ Segment
- ☐ Montage
- ☐ Syntagma
- ☐ Einstellung
- ☐ Sequenz

Frage 17: Die vier wichtigsten Grundbestandteile jedes Kommunikationssystems sind

- □ Rollenwechsel
- □ Sender
- □ Kommunikation
- □ Empfänger
- □ Enkodierung
- □ Medium

- □ Dekodierung
- □ Technik
- □ Zeichenvorrat
- □ Rezeption
- □ Perzeption

Frage 18: Die Semiotik ist

- □ ein Teilgebiet der Semantik
- □ ein Oberbegriff für Einzelwissenschaften
- □ eine allgemeine Theorie der Zeichen
- □ ein philosophisches System
- □ eine Geheimsprache
- □ eine Bildsprache.
- □ eine Linguistik
- □ eine bloße Ideologie

Frage 19: Ein Grundproblem jeglicher Filmanalyse ist

- □ die objektive Erfassung der Filminhalte
- □ das Starwesen und seine Relevanz für den Erfolg des Films
- □ die Quantifizierung der Einstellungsgrößen und -perspektiven
- □ die Rezeption des Films
- □ die Qualifizierung quantitativer Daten.

Frage 20: Nach Cressey lassen sich drei Formen der Identifikation unterscheiden:

- □ Projektion
- □ Manipulation
- □ Assimilation

- □ Substitution
- □ Introjektion
- □ Kompulsion

Frage 21: Massenkommunikation unterscheidet sich von Individualkommunikation gemäß Wilfried Schulz durch

- □ Rollentausch
- □ Indirektheit
- □ Manipulationscharakter
- □ kapitalistische Interessen
- □ Öffentlichkeit
- □ Anspruchslosigkeit

- □ Mediumvermittlung
- □ Einseitigkeit
- □ Publikumsstruktur
- □ Synchronisierung
- □ Sprache

Frage 22: Von Schwenk spricht man,

- ☐ wenn die Kamera auf das Objekt zufährt
- ☐ wenn sich das Objekt nach rechts oder links dreht
- ☐ wenn die Kamera auf gleicher Ebene nach rechts oder links bewegt wird
- ☐ wenn das Drehbuch überarbeitet wird.

Frage 23: Prokop nennt u.a. zwei Strukturveränderungen der amerikanischen Filmindustrie als Ursache für den Übergang vom Monopol zum internationalen Monopol:

- ☐ die Methode des Block- und Blindbuchens
- ☐ die Produktion von Prestigefilmen
- ☐ der Rückgang der Nachfrage
- ☐ das Entflechtungsurteil
- ☐ die wachsende Anzahl der Stars
- ☐ die zunehmenden Produktionskosten
- ☐ die Zensur einflußreicher Verbraucherverbände.

Frage 24: Das Kino muß im Zusammenhang einer Filmanalyse vor allem deshalb besondere Aufmerksamkeit für sich in Anspruch nehmen,

- ☐ weil es sehr viele Kinos gibt
- ☐ weil Kinos häufig eine marktbeherrschende Stellung innehaben
- ☐ weil hier Angebot und Nachfrage unmittelbar aufeinandertreffen
- ☐ weil es die Filmrezeption mit strukturiert
- ☐ weil viele Leute ins Kino gehen.

Frage 25: Die Halbnahaufnahme ist die Sicht z.B. eines Menschen

- ☐ aus halber Nähe
- ☐ vom Kopf bis zu den Füßen
- ☐ aus sehr weiter Entfernung
- ☐ halb von der Seite.

Frage 26: Kracauer unterscheidet folgende vier Typen der Synchronisation:

☐ Synchronismus	☐ Parallelismus
☐ Kontrapunkt	☐ Zoom
☐ Absolutismus	☐ Monopolismus
☐ Standardisierung	☐ Leitmotiv
☐ Asynchronismus	☐ Deduktion
☐ Korrelation	☐ Redundanz

Frage 27: Was ist für die wissenschaftliche Filmanalyse unerläßlich?

☐ *script*	☐ *filmscript*
☐ Drehbuch	☐ Interpretationen
☐ Filmprotokoll	☐ Filmerlebnisprotokoll
☐ Textrolle	☐ Sekundärliteratur

Frage 28: Welche filmgeschichtlichen Konzepte muß man voneinander unterscheiden?

☐ politisch

☐ ökonomisch

☐ motivgeschichtlich

☐ linguistisch

☐ länderspezifisch

☐ chronologisch

☐ ,autoren'mäßig/produzentenorientiert

☐ genremäßig

☐ objektiv

☐ normativ

Frage 29: Ein Filmprotokoll ist für die Filmanalyse unabdingbar,

☐ weil Filme Bild *und* Sprache/Geräusche verbinden

☐ damit man weiß, was man zum Film jeweils assoziiert hat

☐ weil Filme teuer sind

☐ damit die Ergebnisse der Analyse objektiv überprüft werden können

☐ weil Filme weniger präsent und schwieriger einsehbar sind als etwa der gedruckte Text.

Frage 30: Zentrales Aufgabengebiet der Filmanalyse ist

☐ der Filminhalt

☐ die Filmgestaltung

☐ das Verhältnis von Film und Gesellschaft

☐ die Filmgeschichte

☐ die Filmproduktion

☐ die Intentionalität des Films

☐ die Filmkritik

☐ die Filmsprache.

8. Bibliographie

A Concise History of the Cinema, 2 vols., ed. Peter Cowie. London — New-York, 1971.

Adorno, Theodor W. und Hanns Eisler. *Komposition für den Film.* München, 1969 [oft fälschlich zitiert als Eisler, Hans. *Composing für the Films.* New York, 1947].

Albersmeier, Franz-Josef. „Einleitung: Filmtheorien in historischem Wandel". *Texte zur Theorie des Films,* hrsg. v. F.-J.A. Stuttgart, 1979, 3–17.

Albrecht, Gerd. „Die Filmanalyse — Ziele und Methoden". *Filmanalyse 2,* hrsg. v. F. Everschor. Düsseldorf, 1964, 233ff.

Altman, Charles F. „Filmscripts: A Manifesto". *Quarterly Review of Film Studies,* vol. 2 (1977), No. 1, 88–95.

Amrith, M.V. „Introjective and Projective Identification". *Samiksa,* vol. 29 (1975), No. 1, 1–12.

Andrew, J. Dudley. „Film and Power in American Universities". *Quarterly Review of Film Studies,* vol. 1 (November 1976), No. 4, 417–423.

Andrew, J. Dudley. *The Major Film Theories. An Introduction.* London etc., 1976.

Andrew, J. Dudley. „Film Analysis or Film Therapy: To Step Beyond Semiotics". *Quarterly Review of Film Studies,* Vol. 2 (1977), vol. 1, 33–41.

Ansichten einer künftigen Geschichtswissenschaft Bd. 1: Kritik — Theorie — Methode, hrsg. v. J. Geiss und R. Tamchina. München, 1974.

Arijon, Daniel. *Grammar of the Film Language.* London/New York, 1976.

Artus, Helmut M. „Dramaturgie und Ideologie. Zur formalen Bedingtheit des kognitiven Gehalts von Spielfilmen". *Publizistik,* 22. Jg. (1977), H. 3, 261–274.

Aufermann, Jörg. *Kommunikation und Modernisierung.* München-Pullach/Berlin, 1971.

Bächlin, Peter. *Der Film als Ware.* (1945) Frankfurt am Main, 1975.

Baxter, John, *Hollywood in the Thirties.* London — New York, 1968.

Baxter, John. *Science Fiction in the Cinema.* New York — London, 1970.

Bazin, André. *Was ist Kino?* Schauberg, 1975.

Beckmann, Peter. *Formale und funktionale Film- u. Fernsehanalyse.* Diss. Stuttgart, 1975

Benjamin, Walter. *Das Kunstwerk im Zeitalter seiner technischen Reproduzierbarkeit.* Frankfurt am Main, [2]1968.

Bentele, Günter. „Aufgaben der Filmsemiotik". *Publizistik,* 23 (1978), H. 4, 369–383.

Bentele, Günter und Ivan Bystrina. *Semiotik. Grundlagen und Probleme.* Stuttgart etc., 1978.

Berelson, Bernard. *Content Analysis in Communication Research.* Glencoe/ III., 1952.

Bergner, Heinz. *Versuch einer Filmwirtschaftslehre.* Berlin, 1962–66.

Best Film Plays of 1943–44, ed. John Gassner and Dudley Nichols. New York, 1945.

Beth, Hanno und Harry Pross. *Einführung in die Kommunikationswissenschaft.* Stuttgart etc., 1976.

Beyse, Jochen. *Film und Widerspiegelung: Interpretation und Kritik der Theorie Siegfried Kracauers.* Phil. Diss. Köln, 1977.

Bitomsky, Hartmut (unter Mitarbeit von Martina Müller). „Passage durch Filme von John Ford. Gelbe Streifen – Strenges Blau". *Filmkritik,* 22. Jg. (1978), H. 6; 23. Jg. (1979), H. 3.

Brinckmann, Christine Noll. „Analyse eines Hollywood-Spielfilms: ‚Holiday' von 1938". *Amerikastudien,* Sonderheft, hrsg. v. Martin Christadler und Günter H. Lenz. Stuttgart, 1977, 170–222.

Burzlaff, Werner. „Semiotische Taxonomie des kinetischen Bildes". *Die Einheit der semiotischen Dimensionen,* hrsg. v. der Arbeitsgruppe Semiotik. Tübingen, 1978, 217–231.

Cawelti, John G. *The Six-Gun Mystique.* Bowling Green/Ohio, 1971.

Ceveceres, Irma A./E. Hussong/J.L. Carrion/J. Lechuga. „The Concept of Projection in Sigmund Freud" [in span. Sprache]. *Revista Mexicana De Psicologia,* vol. 5 (1971), No. 2, 73–83.

Charters, W.W. *Motion Pictures and Youth. A Summary,* New York, 1933.

Chatman, Seymour. „Discussion of Gilbert Harman's Paper ‚Semiotics and the Cinema' ". *Quarterly Review of Film Studies,* vol. 2 (February 1977), No. 1, 25–32.

The Cinema Audience. A National Survey. Screen Advertising Association. London, 1961.

Cook, David. „In Praise of Theory". *Quarterly Review of Film Studies,* vol. 2 (Febr. 1977), No. 1, 114–130.

Cressey, Paul G. „Der soziale und psychische Hintergrund der Filmerfahrung" *Materialien zur Theorie des Films,* hrsg. v. D. Prokop. München, 1971, 382–388.

Dadek, Walter. *Die Filmwirtschaft. Grundriß einer Theorie der Filmökonomik.* Freiburg 1957.

Dobenstein, Arthur. *Lexikon des internationalen Films,* Bd. 2. München, 1975.

Dröge, Franz, Rainer Weißenborn und Henning Haft. *Wirkungen der Massenkommunikation.* Frankfurt am Main, 1973.

Duyckaerts, Fr. „The Origin of the Concept of Projection in Psychoanalysis" [in franzōs. Sprache]. *Feuillets Psychiatriques De Liege,* vol. 3 (1970), No. 4, 480–502.

Ebert, Jürgen. „Kracauers Abbildtheorie". *Filmkritik,* 21. Jg. (April 1977), H. 4, 196–217.

Eco, Umberto, „Die Gliederungen des filmischen Code". *Sprache im technischen Zeitalter,* H. 27 (1968), 230–525.

Eco, Umberto. „On the Contribution of Film to Semiotics". *Quarterly Review of Film Studies,* vol. 2 (1977), No. 1, 1–14.

Einführung in die Kommunikationswissenschaft. Der Prozeß der politischen Meinungs- und Willensbildung, Teil 1. Erarbeitet von einer Projektgruppe am Institut für Kommunikationswissenschaft der Universität München, 1976.

Ernest Dichter International Ltd. *Bericht zu einer motiv-psychologischen Studie über die Einstellung des deutschen Publikums gegenüber dem Kino bzw. Filmtheater in seiner derzeitigen Erscheinungsform.* Ausgearbeitet für die Filmförderungsanstalt Berlin, Oktober 1969 (masch.-schr.). Teilw. abgedruckt in *Materialien zur Theorie des Films,* hrsg. v. D. Prokop. München, 1971, 339–382.

Estermann, Alfred. *Die Verfilmung literarischer Werke.* Bonn, 1965.

Farocki, Harun. „Memo From David O. Selznick". *Filmkritik,* 20. Jg. (1976), H. 4, 146–157.

Faschingbauer, Thomas R. „Substitution and Repression Models, Base Rates, and the Clinical Validity of the Mini-mult". *Journal of Clinical Psychology,* vol. 32 (Jan. 1976), No. 1, 70–74.

Faulstich, Werner. *Thesen zum Bestseller—Roman.* Bern/Frankfurt/M., 1974.

Faulstich, Werner. „Zur Textverarbeitung durch die institutionalisierte Literaturkritik: Rezensionen des Romans ‚Geschichte der O' in der Bundesrepublik und in England". *Ders., Domänen der Rezeptionsanalyse. Probleme – Lösungsstrategien – Ergebnisse.* Kronberg/Ts., 1977, 32–67.

Faulstich, Werner. „Zum Schein des Objektiven als Problem der Fernseh-Nachrichten. – Überlegungen anhand einer Fallstudie". *Lili,* Nr. 29 (1978), 127–140.

Faulstich, Werner. „Thesen zum Verhältnis von Literaturwissenschaft und Medienwissenschaft". *Kritische Stichwörter zur Medienwissenschaft,* hrsg. v. W.F. München, 1979, 9–25.

Faulstich, Werner und Hans-Werner Ludwig. *Arbeitstechniken für Studenten der Literaturwissenschaft.* Tübingen, 1978.

Faulstich, Werner und Hans-Werner Ludwig. „Die Rezeption von Paul Thompsons Drama ‚The Lorenzaccio Story': Ein Vergleich von Theaterkritik und Zuschauerrezeption". *anglistik & englischunterricht,* Bd. 7. Trier, 1979, 133–152.

Faulstich, Werner und Ingeborg Faulstich. *Modelle der Filmanalyse.* München, 1977.

Federation of British Film Makers. *Cinema Going in Greater London.* London, 1963.

Film and/as Literature, ed. John Harrington. Englewood Cliffs, N.J., 1977.

Film und Fernsehen in Forschung und Lehre, hrsg. v. der Stiftung Deutsche Kinemathek (Redaktion: Helga Belach *et. al.*). Berlin, 1978ff.

Film Semiotik. Eine Bibliographie, hrsg. v. Achim Eschbach und Wendelin Rader. München etc., 1978.

Filmmusik — eine Dokumentation, hrsg. v. Hartmut Engmann. München, 1968.

Fogarasi, Bela. *Dialektische Logik.* Berlin, 1954.

Forster, E.M. *Aspects of the Novel.* London, 1971.

Freud, Sigmund. *Die Traumdeutung* (1900). Frankfurt/M., [8]1964.

Die Funktion der Geschichte in unserer Zeit, hrsg. v. E. Jäckel und E. Weymar. Stuttgart, 1975.

Geduld, Harry. „Film Music: A Survey". *Quarterly Review of Film Studies,* vol. 1 (May 1976), No. 2, 183—204.

Gehrmann, Wolfgang. *Disparate Kommunikation. Grundlagen der sozialwissenschaftlichen Medientheorie.* Bochum, 1977.

Geschichte — Ereignis und Erzählung, hrsg. v. R. Kossellek und W.-D. Stempel. München, 1973.

Gilbert, Steven J. *A Review of Identification Theories, with an Exposition and Experimental Demonstration of a Self-Attribution Theory of Identification.* Diss., Clark University, 1975.

Glasgow University Media Group. *Bad News,* vol. 1. London etc., 1976.

Gomery, J. Douglas. „Film Industry Studies: The Search for a Theory". *Quaterly Review of Film Studies,* vol. 1 (1976), No. 1, 95—100.

Gottesmann, Ronald. „Film Culture: The State of the Art". *Quarterly Review of Film Studies,* vol. 2 (May 1977), No. 2, 212—226.

Gow, Gordon. *Hollywood in the Fifties.* London — New York, 1971.

Gregor, Ulrich. *Wie sie filmen. Fünfzehn Gespräche mit Regisseuren der Gegenwart.* Gütersloh, 1966.

Gregor, Ulrich. „Das Berliner Arsenal". *Theorie des Kinos,* hrsg. v. Karsten Witte. Frankfurt/M., 1972, 256—264.

Gregor, Ulrich und Enno Patalas. *Geschichte des Films.* Gütersloh, 1962 (Reinbek, 1976).

Grigat, Rolf. *Die Gewalt im Film oder die Gewalt des Films. Empirische Untersuchung zur Wahrnehmung und Wirkung eines Films mit aggressiver Thematik.* Psychol. Diss., München 1973.

Grimm, Gunter. „Einführung in die Rezeptionsforschung". *Literatur und Leser. Theorien und Modelle zur Rezeption literarischer Werke,* hrsg. v. G. Grimm. Stuttgart, 1975, 11—84.

Groeben, Norbert. *Rezeptionsforschung als empirische Literaturwissenschaft. Paradigma — durch Methodendiskussion.* 2. Aufl. Tübingen, 1980.

Der Große Brockhaus. Wiesbaden, 161955.

Groves, David L./Harvey Kahalas/David L. Erickson. „A Suggested Modification to Maslow's Need Hierarchy". *Social Behavior & Personality,* vol. 3 (1975), No. 1, 65—69.

Gustmann, Kurt. „Zusammensetzung und Verhalten des Filmpublikums in der Großstadt". *Filmstudien III.* Emsdetten, 1957, 1—11.

Habermas, Jürgen. „Soziologische Notizen zum Verhältnis von Arbeit und Freizeit". *Arbeit, Erkenntnis, Fortschritt. Aufsätze 1954—1970.* Amsterdam, 1970, 56—74.

Habermas, Jürgen. „Thesen zur Theorie der Sozialisation". *Arbeit, Erkenntnis, Fortschritt. Aufsätze 1954—1970.* Amsterdam, 1970, 376—429.

Handel, Leo A. *Hollywood Looks at its Audience.* Urbana, 1950.

Harmann, Gilbert. „Semiotics and the Cinema: Metz and Wollen". *Quarterly Review of Film Studies,* vol. 2 (1977), No. 1, 15—24.

Harris, Thomas. „The Building of Popular Images: Grace Kelly and Marylin Monroe". *Studies in Public Communication,* 1 (1957), 45—48.

Held, Karl. „ ‚Kommunikationstheoretische' Analyse". Ders., *Kommunikationsforschung — Wissenschaft oder Ideologie? Materialien zur Kritik einer neuen Wissenschaft.* München, 1973, 151—157.

Hickethier, Knut. „Lexikon der Grundbegriffe der Film- und Fernsehsprache". *Film- und Fernsehsprache I. Texte zur Entwicklung, Struktur und Analyse der Film- und Fernsehsprache,* hrsg. v. J. Paech. Frankfurt, 1976, 45—57.

Higham, C. and J. Greenberg. *Hollywood in the Forties.* London — New York, 1968.

Hild, Michael und Wolfgang Längsfeld. „Materialien zu einer Propädeutik der Medienerziehung". *Jugend — Film — Fernsehen,* 3 (1972), 3ff. und 4 (1972), 3ff.

Hoffmann, Hilmar. „Kommunales Kino". *Theorie des Kinos,* hrsg. v. Karsten Witte. Frankfurt/M., 1972, 265—280.

Hohendahl, Uwe. „Einleitung: Zur Lage der Rezeptionsforschung". *Zeitschrift für Literaturwissenschaft und Linguistik* (Lili), Jg. 4, (1974), H. 15.

Holland, Norman. *The Dynamics of Literary Response.* New York, 1968.

Holzer, Horst. *Kommunikationssoziologie.* Reinbek, 1973.

Hondrich Karl Otto. *Menschliche Bedürfnisse und soziale Steuerung.* Reinbek, 1975.

Hopf, Christel. „Zur Struktur und Zielen privatwirtschaftlich organisierter Zeitungsverlage". *Kapitalismus und Pressefreiheit,* hrsg. v. P. Brokmeier. Frankfurt/M., 1969; abgedruckt in *Massenkommunikationsforschung 1: Produktion,* hrsg. v. D. Prokop. Frankfurt/M., 1972, 193–211.

Horkheimer, Max. *Traditionelle und kritische Theorie.* Frankfurt am Main, 1970.

Horkheimer, Max und Theodor W. Adorno. „Kulturindustrie. Aufklärung als Massenbetrug". Dies., *Dialektik der Aufklärung.* Frankfurt/M., 1969, 128–176.

Horn, L.A. Ten. „Maslow's Theory of Basic Needs More Closely Investigated". *Sociale Wetenschappen,* vol. 18 (1975), No. 1, 59–76.

Ideologie – Ideologiekritik und Wissenssoziologie, hrsg. u. eingel. v. K. Lenk. Neuwied, 41970.

Imbasciati, A. „The Concept of Projection" [in italien. Sprache]. *Archivio Die Psicologia, Neurologia E Psichiatria,* vol. 28 (1967), No. 2, 169–182.

Iros, Ernst, *Wesen und Dramaturgie des Films.* Zürich, 1957.

Isaksson, Folke und Leif Fuhrhammer. *Politik und Film.* Regensburg, 1974.

Iser, Wolfgang. *Die Appellstruktur der Texte.* Konstanz, 1970.

Jarvie, J.C. *Film und Gesellschaft. Struktur und Funktion der Filmindustrie* (orig. *Towards a Sociology of the Cinema.* London, 1970). Stuttgart, 1974.

Kaemmerling, Ekkat. „Rhetorik als Montage". *Semiotik des Films,* hrsg. v. F. Knilli unter Mitarbeit von E. Reiss. München, 1971, 94–109.

Kaminsky, Stuart M. *American Film Genres: Approaches to a Critical Theory of Popular Film.* Chicago, 1974.

Kino-Debatte. Texte zum Verhältnis von Literatur und Film, 1909–1929, hrsg. v. Anton Kaes. Tübingen, 1978.

Kites, Jim, *Horizons West: Anthony Mann, Budd Bretticher, Sam Peckinpah: Studies of Authorship within the Western.* Bloomington, 1969.

Klaus, G. *Semiotik und Erkenntnistheorie.* Berlin, 1963.

Klotz, Volker. *Geschlossene und offene Form im Drama.* München, 61972.

Knilli, Friedrich. „Medium". *Kritische Stichwörter zur Medienwissenschaft,* hrsg. v. Werner Faulstich. München, 1979. 230–251.

Knilli, Friedrich und Erwin Reiss. *Einführung in die Film- und Fernsehanalyse. Ein ABC für Zuschauer.* Steinbach/Giessen, 1971.

Koslow, Leonid. „Einige Aspekte der Methodologie in der gegenwärtigen Filmwissenschaft". *Filmwissenschaftliche Beiträge,* ed. Hochschule für Film und Fernsehen der DDR, vol. 17 (1976), H. 2, 7–48.

Kracauer, Siegfried. „The Challenge of Qualitative Content Analysis". *Public Opinion Quarterly,* vol. 16 (1959), No. 4, 631–641.

Kracauer, Siegfried. *Theorie des Films. Errettung der äußeren Wirklichkeit.* Frankfurt am Main, 1964.

Kreimeier, Klaus. *Kino und Filmindustrie in der BRD. Ideologieproduktion und Klassenwirklichkeit nach 1945.* Kronberg/Ts., 1973.

Kreimeier, Klaus. „Film". *Kritische Stichwörter zur Medienwissenschaft,* hrsg. v. Werner Faulstich. München, 1959, 127–164.

Kritische Stichwörter zur Medienwissenschaft, hrsg. v. Werner Faulstich. München, 1979.

Kuchenbuch, Thomas. *Filmanalyse. Theorien, Modelle, Kritik.* Köln, 1978.

Kübler, Hans-Dieter. *Das Fernsehen: Produktion, Kommunikate, Rezeption. Eine Einführung.* Tübingen, 1980.

Kurowski, Ulrich. *Lexikon Film.* München 1972.

Lämmert, Eberhard. *Bauformen des Erzählens.* Stuttgart, 1955.

La Valley, Albert. „The Emerging Screenwriter". *Quarterly Review of Film Studies,* vol. 1 (1976), No. 1, 19–44.

Lewis, Howard T. *The Motion Picture Industry.* New York, 1933.

Lexikon des internationalen Films, Bd. 1 u. 2, hrsg. v. Ulrich Kurowski unter Mitarbeit von Jürgen Römhild. München, 1975.

Lissa, Zoffia. (*Estetyka muzyki filmowej.* Krakau, 1963) dt. *Ästhetik der Filmmusik.* Berlin, 1965.

Loch, Wolfgang. „Identifikation — Introjektion". *Psyche,* Jg. 22 (1968), H. 4, 271–286.

London, Kurt. *Film Music.* (London, 1936) New York, 1970.

MacBean, James Roy. „Contra Semiology: A Critical Reading of Metz". Ders., *Film and Revolution.* Bloomington — London, 1975, 285–311.

Maletzke, G. *Psychologie der Massenkommunikation.* Hamburg, 1963.

Mannheim, Karl. *Ideologie und Utopie.* (1929). Frankfurt/M., 31952.

Manvell, Roger and John Huntley. *The Technique of Film Music.* London — New York, 1957, 1971, erw. v. R. Arnell und P. Dag 1975.

Marx, Karl. *Das Kapital,* London, 1867.

Maslow, A.H. *Motivation and Personality* (1954). New York, 1970.

Mast, Gerald. „Film History and Film Histories". *Quarterly Review of Film Studies,* vol. 1 (1976), No. 3, 297–314.

Materialien zur Theorie des Films, hrsg. v. Dieter Prokop. München, 1971.

May, Mark A. and Arthur A. Lumsdaine, *Learning from Films.* New Haven, Conn., 1958.

McLuhan, Marshall. *Understanding Media. The Extensions of Man.* London, 1964.

Meissner, W.W. „Correlative Aspects of Introjective and Projective Mechanisms". *American Journal of Psychiatry,* vol. 131 (Febr. 1974), No. 2, 176–180.

Memo From David O. Selznick, selected and edited by Rudy Behlmer with an introduction by S.N. Behrman. New York, 1972.

Metz, Christian. *Essais sur la signification au cinema.* Paris, 1968/1972.

Metz, Christian. *Language et Cinema.* Paris, 1971.

Metz, Christian. „The Fiction Film and Its Spectator: A Metapsychological Study". *New Literary History,* vol. VIII (Autumn 1976), No. 1, 75—105.

Merten, Klaus. *Kommunikation. Eine Begriffs- und Prozeßanalyse.* Opladen, 1977.

Morin, Edgar. „Die Stars" (Ausschnitt aus „le cinema, fait social", Universite libre de Bruxelles, Institut de Sociologie Solvay, Bruxelles 1960, 85—94; Übersetzung und Bearbeitung v. H. Jakob). *Materialien zur Theorie des Films,* hrsg. v. D. Prokop. München, 1971.

Morris, Ch. W. *Foundations of the Theory of Signs.* Chicago, 1938.

Morsberger, Robert E. and Katharine M. „Screenplays as Literature: Bibliography and Criticism". *Literature/Film Quarterly,* vol. 3 (1975), No. 1, 45—59.

de la Motte-Haber, Helga. „Komplementarität von Sprache, Bild und Musik am Beispiel des Spielfilms". *Zeichenprozesse. Semiotische Forschung in den Einzelwissenschaften,* hrsg. v. Roland Posner und Hans-Peter Reinecke, Wiesbaden, 1977, 146—154.

Mucchielli, Roger. *Kommunikation und Kommunikationsnetze.* Salzburg, 1974.

Müller-Schwefe, Gerhard. „Spielfilm und Fernsehspiel in Hochschule und Schule. Ein Beitrag zur Neuorientierung des Literaturstudiums". *Literatur in Wissenschaft und Unterricht,* Bd. VI (1973), H. 1, 52—70.

Naschold, Frieder. „Kommunikationstheorien". *Gesellschaftliche Kommunikation und Information,* Bd. 1, hrsg. v. J. Aufermann, H. Bohrmann und R. Sülzer. Frankfurt am Main, 1973, 11—48.

Nau, Peter. „Über Filmkritik". Ders., *Zur Kritik des Politischen Films. 6 analysierende Beschreibungen.* Köln, 1978, 7—10.

Negt, Oskar und Alexander Kluge. *Öffentlichkeit und Erfahrung.* Frankfurt am Main, 1972.

Noelle, Elisabeth. *Umfragen in der Massengesellschaft.* Reinbek, 1967.

Nowell-Smith, Geoffrey. „Facts about Films and Facts of Films". *Quarterly Review of Film Studies,* vol. 1 (1976), No. 3, 272—275.

Pauli, Hansjörg. „Filmmusik: Ein historisch-kritischer Abriß". *Musik in den Massenmedien Rundfunk und Fernsehen. Perspektiven und Materialien,* hrsg. von Hans-Christian Schmidt. Mainz, 1976, 91—119.

Pauson, Layton R. *An Aesthetic Response to Maslow's Hierarchy of Human Needs.* Diss., Northern Illinois University, 1973.

Perkins, V.F. „A Critical History of Early Film Theory". *Movies and Methods. An Anthology,* ed. Bill Nichols. Berkeley etc., 1976, 401—422.

181

Petric, Vlada. „For a Close Cinematic Analysis". *Quarterly Review of Film Studies,* vol. 1 (Nov. 1976), No. 4, 453—477.

Philologien in der Planung, hrsg. v. Thomas Finkenstaedt. (*LiLi,* H. 25) Göttingen, 1977.

Philosophie. Fischer-Lexikon, hrsg. v. A. Diemer und J. Frenzel. Frankfurt am Main, 1967.

Philosophisches Wörterbuch, hrsg. v. G. Klaus und M. Buhr. 2. Bd. Berlin, 1972.

Plack, Arno. *Die Gesellschaft und das Böse.* München, [7]1970.

Platz-Waury, Elke. *Drama und Theater. Eine Einführung.* Tübingen, [2]1980.

Popper, Karl. R. *Logik der Forschung.* Tübingen, [2]1966.

Positivismusstreit in der deutschen Soziologie. Mit Beiträgen von Adorno, Popper u.a. Darmstadt und Neuwied, [3]1974.

Powdermaker, Hortense. *Hollywood, the Dream Factory.* London, 1951.

Prokop, Dieter. *Soziologie des Films.* (1970) Darmstadt und Neuwied, 1974 (Sammlung Luchterhand, 160).

Prokop, Dieter. „Versuch über Massenkultur und Spontaneität". Einleitung zu *Materialien zur Theorie des Films,* hrsg. v. D. Prokop. München, 1971.

Prokop, Dieter. „Zum Problem von Produktion und Kommunikation im Bereich der Massenmedien". *Massenkommunikationsforschung 1: Produktion,* hrsg. v. D. Prokop. Frankfurt am Main, 1972.

Prokop, Dieter. „Zum Problem von Konsumtion und Fetischcharakter im Bereich der Massenmedien". *Massenkommunikationsforschung 2: Konsumtion,* hrsg. v. Dieter Prokop. Frankfurt/M., 1973, 9—41.

Prokop, Dieter. „Anmerkungen zur Produktanalyse". *Massenkommunikationsforschung 3: Produktanalysen,* hrsg. v. D.P. Frankfurt/M., 1977, 9—31.

Prokop, Dieter. *Einführung in die Medien-Produktanalyse.* Tübingen,1981.

Pryluck, Calvin. „The Film Metaphor Metaphor: The Use of Language-Based Models in Film Study". *Literature/Film Quarterly,* vol. 3 (1975), No. 2, 117—123.

Publizistik. Fischer-Lexikon, hrsg. v. E. Noelle-Neumann u. Winfried Schulz. Frankfurt/M., 1971.

Pütz, Peter. *Die Zeit im Drama.* Göttingen, 1970.

Reimann, Horst. *Kommunikation-Systeme. Soziologie der Vermittlungs- und Mitteilungsprozesse.* Tübingen, 1968.

Riesman, David. *Die einsame Masse.* (orig. 1950) dt. Hamburg, 1958.

Riley, John W., Jr., and Matilda White Riley. „Mass Communication and the Social System". *Sociology Today. Problems and Prospects,* vol. II, ed. Robert K. Merton, Leonard Broom, and Leonard S. Cottrell, Jr. New York, 1959, 1965, 537—578.

Ritsert, Jürgen. *Inhaltsanalyse und Ideologiekritik. Ein Versuch über kritische Sozialforschung.* Frankfurt am Main, 1972.

Rogge, Jan-Uwe. „Praxisbezogene Überlegungen zur Film- und Fernsehsprache als Analyseansatz". *Beiträge zur Medienforschung,* hrsg. v. Horst Dichanz und Günter Kolb. Köln, 1979, 46—80.

Rogge, Jan-Uwe. „Zur Kritik der Wirkungsforschung". *Beiträge zur Medienforschung,* hrsg. v. Horst Dichanz und Günter Kölb. Köln, 1979, 116—142.

Rossi-Landi, Ferruccio. *Semiotik, Ästhetik und Ideologie* (orig. 1972). München, 1976.

Rust, Holger. „Differentielle Filmanalyse. Ein Verfahren zur Untersuchung audiovisueller Informationen". *Rundfunk und Fernsehen,* 25. Jg. (1977), H. 4, 355—364.

Sarris, Andrew. „Towards a Theory of Film History". *Movies and Methods. An Anthology,* ed. Bill Nichols. Berkely etc., 1976, 237—251.

Saxer, Ulrich. „Literatur in der Medienkonkurrenz". Gekürzt erschienen in *Media Perspektiven* 12 (1977), 673—685.

Scaglia, Hector. „Preliminary Study of the Concept of Projective Identification" [in französ. Sprache]. *Bulletin De Psychologie,* vol. 29 (1975—76), No. 1—3, 84—120.

Schanz, Gunter. „Filmsprache und Filmsyntax". *Das glückliche Bewußtsein. Anleitungen zur materialistischen Medienkritik,* hrsg. v. M. Buselmeier. Darmstadt und Neuwied, 1974.

Schenk, Michael. *Publikums- und Wirkungsforschung. Theoretische Ansätze und empirische Befunde der Massenkommunikationsforschung.* Tübingen, 1978.

Scherhorn, Gerhard. *Bedürfnis und Bedarf.* Berlin, 1959.

Scheugl, Hans. *Sexualität und Neurose. Kinomythen von Griffith bis Warhol.* München 1974.

Schlette, Heinz Robert. „Ideologie". *Handbuch philosophischer Grundbegriffe,* hrsg. v. H. Krings, H.M. Baumgartner und C. Wild. Bd. II. München, 1973.

Schmidt, Hans-Christian. „Musik als Einflußgröße bei der filmischen Wahrnehmung". *Musik in den Massenmedien Rundfunk und Fernsehen. Perspektiven und Materialien,* hrsg. von H.-C. S. Mainz, 1976, 126—169.

Schmidt, Hans-Christian. „Wesensmerkmale und dramaturgische Funktion der Musik in Roman Polanskis Film ‚Rosemaries Baby' (1968)". *Musik in den Massenmedien Rundfunk und Fernsehen. Perspektiven und Materialien,* hrsg. v. H.-C. S. Mainz, 1976, 250—275.

Schöll, Norbert. „Die Methoden der Filmanalyse — eine Kritik ihrer Verwandlungen des Gegenstandes". *Medien und Erziehung,* Jg. 22 (1978), 3, 163—180.

Searle, Ann. „The Perception of Filmed Violence by Aggressive Individuals With High or Low Self-Concept of Aggression". *European Journal of Social Psychology,* vol. 6 (1976), No. 2, 175—190.

Selznick, David O. „Die Aufgaben des Producers und die Herstellung von Spielfilmen". *Filmkritik,* 20. Jg. (1976), H. 4, 182—187.

Seminar: Geschichte und Theorie. Umrisse einer Historik, hrsg. v. H.M. Baumgartner und J. Rüsen. Frankfurt am Main, 1976.

Semiotik. Anwendungen in der Literatur- und Textwissenschaft, hrsg. v. Rul Gunzenhäuser. (*LiLi,* H. 27/28) Göttingen, 1977.

Semiotik des Films. Mit Analysen kommerzieller Pornos und revolutionärer Agitationsfilme, hrsg. v. Friedrich Knilli unter Mitarbeit von E. Reiss. München 1971.

Shuttleworth, Frank K. and Mark A. May. *The Social Conduct and Attitudes of Movie Fans.* New York, 1933.

Silbermann, Alphons. „Systematische Inhaltsanalyse". *Handbuch der empirischen Sozialforschung,* hrsg. v. R. König. Bd. 4. 3. umgearb. u. erw. Aufl. Stuttgart, 1974.

Silbermann, Alphons und Heinz Otto Luthe. „Massenkommunikation". *Handbuch der empirischen Sozialforschung,* hrsg. v. R. König. II. Band. Stuttgart, 1969.

Solomon, Stanley. *Beyond Formula. American Film Genres.* New York, 1976.

Soziologie. Fischer-Lexikon, hrsg. v. R. König. Frankfurt am Main, 1967.

Stone, Philip J., Dexter C. Dumphy, Marshall S. Smith and Daniel M. Ogilvie. *The General Inquirer. A Computer Approach to Content Analysis.* Cambridge/Mass., 1966.

Storch, Ulrike. „Die Filmographie — Helke Sander". *Die Information,* 7. Jg. (1979), Nr. 1/2/3, 16—19.

Strobel, Ricarda. *Elemente von Propagandafilm und Melodrama in Alfred Hitchcocks ‚Lifeboat'.* Bisher unveröff. M.A.-Arbeit (Prof. Hans-Werner Ludwig), Tübingen, 1979.

Tennyson, G.B. *An Introduction to Drama.* New York etc., 1967.

Texte zur Theorie des Films, hrsg. v. Franz-Josef Albersmeier. Stuttgart, 1979.

Thennissen, Gert H. *‚Das Schweigen' und sein Publikum.* Köln, 1964.

Theorie des Kinos. Ideologiekritik der Traumfabrik, hrsg. v. Karsten Witte. Frankfurt/M., 1972.

Tudor, Andrew. *Film-Theorien.* (London, 1973) Frankfurt/M., 1977.

Wahba, Mahmoud A. and Larry Bridwell. „Maslow's Need Hierarchy Theory: A Review of Research". *Proceedings of the 81st Annual Convention of the American Psychological Association.* Montreal, Canada, vol. 8 (1973), 571—572.

184

Wahba, Mahmoud A. and Lawrence G. Bridwell. „Maslow Reconsidered: A Review of Research on the Need Hierarchy Theory". *Organizational Behavior & Human Performance,* vol. 15 (Apr. 1976), No. 2, 212—240.

Waldmann, Werner und Rose. *Einführung in die Analyse von Fernsehspielen.* Tübingen, 1980.

Wember, Bernward. „Filmische Fehlleitungen. Ideologische Implikationen des Dokumentarfilms ‚Bergarbeiter im Hochland von Bolivien' ". *Jugend — Film — Fernsehen,* 2—3 (1971), 90ff.

Wicks, Ulrich. „Literature/Film: A Bibliography". *Literature/Film Quarterly,* vol. VI (1978), No. 2, 135—143.

Wiener, P. „The Concept of Introjection According to Ferenczi" [in französ. Sprache]. *Bulletin De Psychologie,* vol. 28 (1974—75), No. 13—15, 688—693.

Die Wissenschaft von der Wissenschaft, Philosophische Probleme der Wissenschaftstheorie. Gemeinschaftsarbeit eines Kollektivs am Institut für Philosophie der Karl-Marx-Universität Leipzig. Berlin, 1968.

Wörterbuch der Kybernetik, hrsg. v. G. Klaus. Berlin, 1967.

Wolfenstein, Martha and Nathan Leites. *Movies: A Psychological Study.* Glencoe, Ill., 1950.

Wright, Will. *Sixguns and Society: A Structural Study of the Western.* Berkeley, 1975.

Yacowar, Maurice. „An Aesthetic Defense of the Star System in Films". *Quarterly Review of Film Studies,* vol. 4 (1979), No. 1, 39—52.

Zeichenprozesse. Semiotische Forschung in den Einzelwissenschaften [Sammelband der überarbeiteten Referate des Semiotischen Kolloquiums vom 1.—5. Oktober 1975 in Berlin], hrsg. v. Roland Posner und Hans-Peter Reinecke. Wiesbaden, 1977, 146—154.

9. Namensregister

186

10. Sachregister